3000 JAAR WERELDPOËZIE

IN 500 ONSTERFELIJKE GEDICHTEN

3000 JAAR WERELDPOËZIE IN 500 ONSTERFELIJKE GEDICHTEN

SAMENGEBRACHT DOOR
KOEN STASSIJNS & IVO VAN STRIJTEM

LANNOO | ATLAS

Opgedragen aan alle poëzievertalers

Met dank aan het Poëziecentrum en Bart Brigé, Eva Cox,
Louis Faucompret, Stefaan Goossens, Thomas Langerak, Eric Metz,
Ton Oosterhuis, Maja Panajotova, Jan Pieter van der Sterre,
Geert van Istendael en Jeannine Vereecken

VOORWOORD

In *The Prelude*, het omvangrijke gedicht van William Wordsworth, geschreven tussen 1799 en 1805 en waaraan hij almaar verder bleef werken, staan volgende opmerkelijke regels, gericht aan Samuel Taylor Coleridge:

'Beste vriend,
Vergeef me als ik durf beweren, ik die lang
Vol eerbied de idee gekoesterd heb
Dat dichters, evenals profeten, met elkaar
Verbonden zijn in een groots netwerk van waarheid;
Dat ze ieder voor hun bijzonder talent over een zintuig
Beschikken waardoor ze iets kunnen opmerken,
Iets nog nooit gezien'

Het is een idee die zeker niet alleen door William Wordsworth werd gekoesterd. Marina Tsvetajeva bijvoorbeeld beschouwde poëzie als 'bovenpersoonlijk'. Het woord 'dichteres' vond ze ook al om die reden ronduit beledigend, alsof vrouwen een aparte categorie dichters zouden zijn. Dat ze andermans werk mateloos kon bewonderen en er nooit een greintje afgunst bij voelde, illustreert wellicht nog het best haar overtuiging dat poëzie boven het individuele verheven is.

De in 1997 overleden Franse journalist, romancier en dichter Claude Roy geeft een merkwaardig antwoord als hem in 'Les livres de leur vie' (1994) naar zijn literaire voorkeuren wordt gevraagd. Nadat hij zijn appreciatie voor Stendhal heeft uitgesproken, vertelt hij over de waarde van poëzie in zijn leven: 'Ik heb enkele gedichten geschreven waar ik achtersta, dat is alles. Tezelfdertijd vind ik dat poëzie essentieel is en dat het lezen van dichters voor mij misschien wel belangrijker is geweest dan welke andere lectuur ook, én het meest verrijkend (...). Daarom ook wil ik er geen enkele dichtbundel uitpikken, alleen al omdat het de poëzie in zijn geheel is die mij heeft gevoed en waarmee ik mij wil voeden. Het komt me soms voor dat één enkele dichter, van Homeros tot vandaag, alle gedichten van de wereld heeft geschreven, dat het steeds dezelfde dichter is. Het komt me voor dat wat groot, waar en mooi is, vaak een niet persoonsgebonden karakter heeft; het is het werk van de gehele mensheid, en het is dezelfde dichter die alle mooiste gedichten van de wereld heeft geschreven, en het is dezelfde stem die we horen; in welke taal ook, wat ook de huidskleur is, poëzie is één.' Claude Roy schrok blijkbaar zelf een beetje van zijn eigen woorden, want hij rondt dit deel van het interview verontschuldigend af met 'Geloof niet alles wat ik hier zonet heb verteld; ik overdrijf om me duidelijk te kunnen maken, maar ik geloof wel dat er een grond van waarheid in steekt.'

Een netwerk van dichters die met elkaar 'in waarheid' verbonden zijn, poëzie die de persoon overstijgt, alle mooie gedichten geschreven door één en dezelfde dichter: het is niet niets, het boeit en stemt tot nadenken. Dit inzicht duikt meermaals op, in verschillende tijden, op verschillende plaatsen. Vanuit dit perspectief hoeft het ons niet te verwonderen dat in lang vervlogen tijden de 'handtekening' van de schrijver er minder toe deed en dus ook niet werd overgeleverd. Bekijk maar eens het respectabele lijstje 'anoniemen' dat in deze bloemlezing werd opgenomen. En zelfs een klinkende naam als Aleksandr Sergejevitsj Poesjkin beantwoordde de vraag naar een handtekening met een gedicht waarin de veelzeggende versregels:

'Mijn naam? Wat maakt hij jou toch uit?
Hij gaat teloor als droevig klotsen
Van golven tegen verre rotsen
...

Mijn naam? Hij zal vergeten zijn'

Poëzie als de oorsprong van de taal, als de uitdrukking van een diep doorvoelde lotsverbondenheid, je leest het wel vaker.

'Poëzie was met ons vanaf alle begin.
Zoals beminnen,
zoals honger, zoals pest, zoals oorlog.'

Zo stelt Jaroslav Seifert het in '*En vaarwel!*' en hij eindigt het gedicht met:

'Ik geloof dat het zoeken naar mooie woorden
beter is
dan doden en moorden.'

Een mooiere apologie kan een bloemlezer zich niet indenken.

Met een beetje goede wil – en die heb je sowieso als poëzieliefhebber – zou je de auteur van dit boek De Dichter kunnen noemen, waaronder voor alle duidelijkheid 'een selectie uit zijn oeuvre' vermeld staat. De 'dode dichters' schrijven én lezen - en leven! - over onze schouders mee.

'Maar als je, mijn vriend, zo af en toe
iets hoort als geestelijk gelach...
dan zijn het alle grote, dode, gekke dichters
die even binnenwippen om naar ons te luisteren'

schreef tien eeuwen geleden de Chinese dichter Kuan Hsiu. Noem al het voorgaande maar gerust de motivatie van een bloemlezer. Wij willen niets aantonen, wel tonen. Tonen hoe verscheiden, hoe origineel en tegelijk universeel poëzie in wezen is, hoe eigen accenten worden gelegd, hoe inhoud en vorm elkaar optillen om het uitspreken van het onuitsprekelijke mogelijk maken. Het is een onechte keuze de nadruk te willen leggen óf op de gemeenschappelijkheid óf op de diversiteit. Het Geheugen van de Poëzie opfrissen, dat willen we. Vijfhonderd geheugensteuntjes, al zijn het er meer. Vaak staan er twee of meer gedichten op dezelfde bladzijde te lezen. We namen ze op om onze keuzeverscheurdheid te omzeilen, de uitgever te misleiden en de lezer meer aan te bieden. Onze zoektocht liep door ruim drieduizend jaar poëzie. Poëzie uit alle windstreken, van monumenten en van illustere onbekenden, maar de pretentie volledig te zijn hebben we natuurlijk niet. In het woordenboek van de bloemlezer staat het woord 'volledig' nergens vermeld en dat is al bij al frustrerend. We vertrokken van de driehonderd gedichten die we in 'De mooiste van altijd', in 1999 verschenen, bij elkaar hadden gesprokkeld, vervingen een groot aantal, en vulden het aan tot de beoogde vijfhonderd en 'iets meer'.

Onze keuze werd natuurlijk beperkt tot gedichten die in het Nederlands zijn vertaald. Ook 'deze bloemlezing is opnieuw een hulde aan het hardnekkige maar lovenswaardige fenomeen van de poëzievertaler. In het register kun je merken hoe talrijk ze zijn. Hun monnikengeduld, onderzoek, inlevingsvermogen, creativiteit, vreemdetalenkennis en taalvakmanschap leiden telkens tot een herschepping van het oorspronkelijke gedicht.' Zo stelden we het in het voorwoord van 'De mooiste van altijd', en dat willen we nogmaals onderstrepen. Dit boek is eerst en vooral hun realisatie.

Wat vertalingen betreft komt Thomas Mann, die een onbekende Fransman citeert, misschien nog het leukst uit de hoek: 'Vertalingen zijn net minnaressen: als ze mooi zijn, zijn ze niet trouw, en als ze trouw zijn, zijn ze niet mooi.'
Bij Robert Frosts uitspraak 'Het wezen van poëzie is dat wat bij vertaling verloren gaat' zal menig poëzievertaler als eerste reactie het voorhoofd fronsen. Maar lees het nog eens en het klinkt als een uitzonderlijk compliment. Want net dat 'niet verloren laten gaan' bekommert de poëzievertaler het meest en onderscheidt hem van de letterlijk rechttoe rechtaan vertaler. Poëzie vertalen is een kunst. Van beeldende kunsten, architectuur, muziek, dans... kan iedereen zonder meer genieten. Maar taal, laat staan de taal van de poëzie, is een andere zaak. 'Van poëzie genieten die in een andere taal dan de onze is geschreven, is genieten van het begrijpen van het volk bij wie die taal hoort, een begrijpen dat op geen andere wijze kan verkregen worden,' aldus Thomas Stearns Eliot.

Dit boek dragen we op aan alle poëzievertalers. Omdat ze geen grafdelvers zijn, wel goudzoekers. Omdat ze verder kijken, grenzen uitgommen, zielsverwantschap plaatsen boven een verderfelijk 'eigen poëzie eerst' en omdat ze ons via hun naarstige arbeid iets laten ontwaren 'iets nog nooit gezien'.

In een van haar onsterfelijke gedichten schrijft Emily Dickinson:

Ik schat zo – stel dat ik het tel –
Eerst – Dichters – Dan de Zon maar –
Dan Zomer – Dan Gods Hemel –
En dan – dan is het Lijstje klaar –

Herlees ik het nog even – dan bevat
Het Eerste blijkbaar het Geheel –
Een nodeloze Show lijkt al het Andere –
Dus schrijf ik – Dichters – dat is Alles –

Of de lezer het met deze gedurfde uitspraak eens is, moet hij zelf uitmaken. De lezer heeft het laatste woord, zonder hem bestaat het gedicht niet.

De samenstellers

LANDSCHAPPEN | DWARS DOOR EEN WOLK VOLG IK DE OUDE WEG

ONRECHT | EN DAN DRINKEN WE DE ROODSTE WIJN DIE ER IS

DOOD | ALLES WAT DOOD IS, IS WONDERBAAR EN ONUITSPREKELIJK

LANDSCHAPPEN

DWARS DOOR EEN WOLK VOLG IK DE OUDE WEG

GENIETEN VAN DE REGEN IN EEN LENTENACHT

Goede regen kent haar eigen tijd,
zij verschijnt niet eerder dan de lente,
komt achter de wind heimelijk de nacht binnen,
spreidt geruisloos haar glans over de dingen.
Een weg door de vlakte met alleen zwarte wolken,
een boot op de rivier waar een kaars helder brandt,
rode wasemplekken aan de vroege ochtendhemel,
zware bloemen en zijden heren in de stad.

Du Fu

Rainer Maria Rilke

HERFSTDAG

Heer, het is tijd. Het was een grootse zomer.
Leg nu uw schaduw op de zonnewijzers
en laat de wind over de velden komen.

Gebied de vruchten vol te zijn,
verleen hun nog twee zuidelijker dagen,
stuw ze naar de voldragenheid en jaag
de laatste zoetheid in de zware wijn.

Wie nu geen huis heeft, bouwt het ook niet meer,
wie nu alleen is, zal het lang nog blijven,
zal waken, lezen, lange brieven schrijven
en rusteloos de lanen op en neer
gaan als de wind de blaren voort zal drijven.

Meng Haoran

DE KOLK VAN DE BERG DE WANSHAN

Ik hengel, zittend op een platte rots:
Mijn hart is stiller dan het klare water.
Een vis gaat door de bomen rond de kolk,
Een aap hangt in de klimop op het eiland.
Hun kleinood schonken feeën aan een mens –
Men zegt wel dat dat was op deze berg
Maar hoe je zoekt, ze blijven steeds onvindbaar
En zingend roei ik huiswaarts op de maan.

Charles d'Orleans

RONDEEL

Het weer liet weer zijn mantel uit
van wind, van kille kou en regen
en kleedde zich in gouddoorregen
borduurselwerk van zon en zuid.

Elk met zijn eigen keelgeluid
roept beest en vogel ons nu tegen:
het weer liet weer zijn mantel uit
van wind, van kille kou en regen.

De beek, de stroom, de bron die spuit,
hebben een blij livrei gekregen:
zilv'ren galons met goud ertegen.
En alles draagt een nieuwe huid,
het weer liet weer zijn mantel uit.

Ho Nansorhon

WOORDEN OP DE VIER SEIZOENEN

LENTE

Het regent in de hof: abrikozenbloesems vallen in de diepte.
Op de wal met de magnolia zingt de ronddwalende wielewaal.
Lentekou glipt door gordijnen met draden van borduurwerk,
en wierook vervliet van de elfenbergvormige brander.
Is ze eenmaal wakker, maakt het mooie meisje zich weer op.
Op haar riem van geurige zijde ligt ingebreid de mandarijneend.
Haar oprollen van de zware blinden toont het ijsvogelgordijn,
niet echt kwiek speelt ze op de zilveren citer het feniksenlied.
Waarheen ging jij op jouw met goud ingelegde zadel?
Precies aan dit ene venster kwettert de tedere parkiet.
Een vlinder speelt tussen het gras, dwaalt ver door het veld,
danst achter de balustrade, tussen het bloemenfiligraan.
Ze zingen, spelen op een oude fluit in het huis bij de vijver.
De maan beschijnt goede wijn, door goud groot omvangen.
's Nachts valt de vrouw, eenzaam en vol zorgen, niet in slaap,
bij het krieken van de dag bevlekken tranen rode zijde.

ZOMER

De zelkova overschaduwt de aarde, de bloemen schaduwen dun.
Jaden mat en zilveren bed vinden ruimte in het hoge parelen huis.
Aan jasje en rok, wit en van ramie, parelt het zweet aaneen,
op de wind van de zijden waaier wuift het zijden gordijn.
Naast de traptreden van jade bloeit de granaatappelboom.
Zonnestralen schuiven: de schaduw van de blinden trekt scheef.
Onder de spanten lengt de dag: de zwaluw lokt zijn jongen.
In de kruidentuin is niemand; enkel de bijen kwebbelen daar.
's Middags worden van naaien en borduren haar ogen zwaar.
Op het brokaten kussen valt de haarpin van haar dromende hoofd,
en parkietgeel kleven op het voorhoofd de sporen van de slaap.
De dwalende wielewaal wekt uit de droom van de zuideroever.
Over de zuidervijver varen vrouw en vriend met de magnoliaboot.
Ze plukken en plukken lotusbloemen, steken het water weer over.
Roeien luchthartig en zingen 'wij vergaren de waterkastanjes',
verschrikken van tussen de golven een koppel meeuwen.

HERFST

Met het lengen van de nacht dringt kou door het gazen gordijn.
Dauw glijdt over het lege veld, koud is het parelenkamerscherm:
de lotusvijver verwelkt onder de duisternissen van de nacht.
De parasolboom bij de bron verliest blad; herfst zonder schaduw.
Op de wind weerklinkt in het westen de oostelijke waterklok.
Talrijk de ijspegels buiten aan de blinden; nachtinsekten jammeren.
Ze knipt met een gouden schaar blanke zijde van het weefgetouw,
droomt van de Jaden Poort, schrikt: somber het zijden gordijn.
Ze maakt kleren om mee te geven op zijn verre reis:
kaarslicht beschijnt vol liefde en verlangen de donkere muren.
Onder tranen schrijft en verzegelt ze een brief
om bij ochtendlicht per koerier te zenden naar het zuiden.
Brief en kleren drukt ze tegen het lijf, ze betreedt het veld:
in de schemering schitteren de sterren van de Melkweg.
Van het woelen onder de koude dekens kan ze niet slapen.
De ondergaande maan gluurt teder binnen bij het kamerscherm.

WINTER

Lang ligt de koude nacht rond de koperen pot van de waterklok.
De maan beschijnt het gazen gordijn, kil zijn de zijden dekens.
De bronemmer kraakt: de kauwen van het paleis stuiven uiteen.
Door schemertinten overvallen ligt het zolderraam in de schaduw.
De dames, bijeen bij de blinden, gieten de gouden kruiken vol.
Ruw in de hand ligt het jaden vat, maar vol aroma is de rouge.
Ze vaart uit tegen de handen die bergen in de lente tekenden;
de parkiet in de gouden kooi heeft een hekel aan de ochtendvorst.
De twee buurvrouwen giechelen en kwebbelen onder elkaar.
Zijn gelaat, als jade zo mooi, verbleekt in haar gedachten.
Boven de houtskool gloeit het komfoor; ze bespeelt de feniksenfluit.
Geitenkalfjeswijn raakt onder het gordijn omgezet in lentewijn.
Ze leunt en denkt: ben verloochend door de man uit de grensstreek.
Wil te paard, met de gouden speer, wil naar het Blauwe Meer.
Overrompelt dan een wind vol sneeuw en zand mijn zwarte bont,
denk ik gedwee, zakdoek betraand, aan de donkere vrouwenkamer.

Carl Sandburg

De maan in de stroom, moeder, is rood,
een rode maan vannacht.
Ik ga hier vandaan, op de wilde, wervende maan,
zo rode maan op de stroom vannacht,
moeder.

Een man met een wilde droom op zijn tong,
een doldrieste droom in zijn hoofd en zijn hart,
een man is hier met een hitsende trom in zijn romp
met scheuten zon in de scheuten van zijn bloed.

Ik ga hier vandaan op de rode, wilde, hollende maan.
De maan in de stroom, moeder, is rood vannacht.
De mist op de stroom is wit en de maan is wit
op de mist.
Ik weet nog, moeder, weet hoe hij kwam bij een
rode maan met de hitsende trom in zijn romp.
'k Weet ze nog, moeder, de scheuten zon in de
scheuten van zijn bloed en de doldrieste
droom op zijn tong.

Ik weet dit vannacht weer, vannacht met de mist
op de stroom wit en de maan in de mist wit.

Iets is er weg – is hij nu weg of is het de rode,
wilde, wervende maan die weg is?

Alcman

NACHT

Over kloven en ravijnen
over hoogten en bergtoppen en lover
hangt donker thans de nacht.

Nu slapen de reptielen
en al wat de vruchtbare aarde voedt:
het wild in de bergen,
het bijenvolk,
en de monsters in de diepte van de luidbruisende zee.

En ook de wijdgevlerkte vogels slapen.

Adam Mickiewicz

ALOESJTA BIJ DAG

De berg opent zijn nevelgordijnen,
Het graan ruist knielend neer, een golf van goud;
Als uit 's kaliefen bidsnoer schudt het woud
Granaten uit zijn lokken en robijnen.

De weide bloeit; boven de weide deinen
Ook bloemen – vleugelige – zover 't oog schouwt;
't Insectenheir veelkleurig zwermend, bouwt
Hoog in de lucht briljanten baldakijnen.

Maar als de rots zijn donkere gezicht
In 't water spiegelt, wordt de zee ontsticht:
Een dreigend grommen spelt de stormfanfaren

Terwijl de branding tijgerogig licht;
Maar over d' afgrond wiegen stil de baren
Waarover zwanen drijven, schepen varen.

William Wordsworth

GESCHREVEN OP WESTMINSTER BRIDGE, 3 SEPTEMBER 1803

De aarde kan niet nog iets mooiers tonen;
Alleen een saaie ziel heeft nimmer tijd
Voor deze aanblik vol van majesteit.
Nu laat de stad zich sierlijk kronen
Met schoonheid van de ochtend; stil en naakt
Vertonen torens, koepels, elke kerk,
Theaters, schepen zich aan land en zwerk,
Een schittering die alles open maakt.
Geen rots, vallei of heuvel, ongestoord
Door rook, werd ooit doordrenkt van zon zo pril.
Nooit zag of voelde ik zo'n vredig oord!
En zacht volgt de rivier zijn eigen wil;
O God! De huizen sluimeren schijnbaar voort,
En heel dit kolossale hart ligt stil!

Llywarch Hen

DE WINTERDAGEN

In de wintertijd is het graan hard,
de blaren rillen, het moeras is vol,
al 's morgens vroeg voor het ontwaken.
Wee diegene die zijn vertrouwen in de vreemdeling stelt.

De wintertijd, dat is de tijd dat men in zijn huis blijft,
de woedende wind brengt storm.
Het is moeilijk een geheim te bewaren.

In de wintertijd zijn de herten mager,
geel zijn de kruinen van de berken,
verlaten is het zomerhuis.
Wee diegene die ten onrechte verwijt.

In de wintertijd buigen de uiteinden van de takken,
het woord van een slecht mens sticht verwarring.
Waar geen aangeboren gave is, is geen wetenschap.

In de wintertijd, is de koude streng,
het is niet zoals in het begin van de lente.
Er is niets goddelijks buiten God.

In de wintertijd, is het gevederte van de vogels
grijs, de dag is kort, en triest is de koekoek.
Het erbarmen is de grootste weldaad van God.

In de wintertijd is de koude scherp en droog,
zeer zwart is de raaf,
snel is de pijl die uit de boog vertrekt.
Wanneer een grijsaard stottert,
glimlacht de jongeling.

In de wintertijd hongert het hert.
Wee de zieke! Als hij zich warmt, zal het
slechts van korte duur zijn.
De waarheid is, dat het beter is vriendelijk
te zijn, dan mooi.

In de wintertijd is de heide naakt
en afgebrand, de ploeg zit in de voor,
de os is aan het werk.
Het is moeilijk een vriend te vinden onder de mensen.

Bai Juyi

BIJ DE VIJVER | twee knotverzen

I

Twee monniken, gezeten aan het bord
En op hun spel de schaduw van de bamboes.
Verborgen door de bamboes niet te zien –
Maar soms hoor je het klikken van de stenen.

II

Het kleine meisje in het kleine bootje
Heeft stiekem witte lotussen geplukt.
Ze heeft haar sporen niet kunnen verbergen:
Een baan ligt open in het drijvend kroos.

Asclepiades van Samos

SNEEUW IN DE ZOMER

Sneeuw in de zomer, als je dorstig bent
Na de winter de eerste krokus
Maar het allerzachtst is de donzen deken
Die ons dekt

Emile Verhaeren

DE BOOM

Eenzaam,
Wiegend in zomer, bevend in winterseizoen,
Met zijn kruin berijpt of van bladeren groen,
Altijd, terwijl men dagenlang streelde of hakte,
Beheerste zijn leven groot en zonder zwakte
De vlakte.

Hij ziet dezelfde velden sinds tweehonderd jaar,
Dezelfde zaaier en dezelfde maaier;
Ogen van voorouders, lang reeds gestorven,
Hebben gezien hoe zijn schors hij als waaier
Stukje bij beetje heeft verworven
En jaarringen aaneen heeft geregen.
Hij overzag rustig en kalm hun bewegen;
Zijn ruige voet gaf hun van mos een vacht;
Hij waakte over hun middagrust
En zijn schaduw was zacht
Voor hun kinderen die leefden in liefdes lust.

Vroeg in de morgen zal in de dorpen het volk,
Naar gelang hij zingt of huilt, het weer voorspellen.
Hij kent het geheim van de heftige wolk
En van de zon die pruilend over de kim zal hellen;
Hij is heel het verleden over de droeve velden,
Maar hoe ze ook zijn, die herinneringen
Waar zijn hout van vertelde,
Zodra januari komt binnendringen
En weer boomsap door zijn oude stronk zal zakken
Met al zijn knoppen, met al zijn takken,
– Met dartele lippen en de armen breed –
Slaakt hij langdurig een aangehouden kreet
Naar de komende dingen.
En dan, met stralen van regen en licht,
Maakt hij het weefsel van zijn blaren dicht;
Balt hij zijn knoesten en strekt hij zijn twijgen
Als wil hij omhoog naar de hemel stijgen;
En graaft zo zijn sponzige wortels diep in de grond
Tot hij voedsel in poelen en aarde vond
En soms houdt hij even op, een beetje verbaasd
Over zijn stille hardnekkige arbeid, zo ongehaast.

Maar voor hij zijn vreugde en kracht heeft herkregen,
O de gevechten, die hij 's winters moet doorstaan,
De zwaarden van storm, de snijdende regen,
De razende winden, de beukende orkaan,
IJzel dat als scherp vijlsel hem bijt,
Al die haat en al die strijd,
Hagel uit het Oosten, sneeuw uit het Noorden
En de doodse witte vorst wiens tanden boorden
Tot in zijn bast, waar al zijn vezels zijn,
Die allemaal wringen en beven van pijn,
Terwijl toch naar men kent
Op geen moment
Zijn energie verdween
Om stevig te wensen door de jaren heen
Mooier te worden in iedere lente.

In oktober, als het goud triomfeert in zijn vacht,
Heeft mijn voetstap mij weer, hoewel zwaar en vermoeid,
Dikwijls op een lange pelgrimstocht gebracht
Naar die boom van de herfst waar de wind mee stoeit.
Terwijl hij een reusachtig vuur van brandend lover toont,
Staat hij rechtop, rustig onder het blauwe azuur,
Naar het schijnt door miljoenen zielen bewoond
Die zachtjes zingen in zijn bladeren van vuur.
Ik liep naar hem toe met ogen die straalden.
Ik raakte hem aan, met mijn vingers, mijn handen,
Ik voelde zijn beven dat diep in de aarde daalde
Alsof een bovenmenselijke kracht hem overmande.
En ik heb hem omhelsd, zo heftig, zo vurig,
Met zoveel liefde, dat ik zijn ritme voelde,
Dat mij doordrong en met zijn kracht gedurig
Mijn hart bereikte en in mijn aderen woelde.
Toen versmolt ik met zijn prachtig leven,
Ik hechtte mij aan hem als een deel van het bos,
Hij werd het voorbeeld waarnaar ik moest streven.
Ik hield van de aarde, het water, het mos,
De wijde vlakte waar de wolken passeren.
Ik had nu kracht genoeg voor mijn vergezicht,
Mijn armen wilden de ruimte beheren,
Mijn spieren en zenuwen maakten mijn lichaam licht

En ik riep: 'Heilig is deze macht.
De mens moet zijn stempel drukken met volle kracht
Op al zijn roekeloze plannen om zich te bewijzen,
Hij houdt de sleutels van de paradijzen
En met zijn grote vuist doet hij de poorten springen.'
En ik kuste de knoestige stam, nogal fervent,
En toen de avond neerdaalde uit het firmament,
Verloor ik mij weer tussen alle dode dingen
En liep rechtdoor, doelloos, een beetje verward,
Kreten slakend uit het diepst van mijn dwaze hart.

John McCrae

IN VLAAMSE VELDEN

In Vlaamse velden klappen rozen open
Tussen witte kruisjes, rij op rij,
Die onze plaats hier merken, wijl in 't zwerk
De leeuweriken fluitend werken, onverhoord
Verstomd door het gebulder op de grond.

Wij zijn de Doden. Zo-even leefden wij.
Wij dronken dauw. De zon zagen wij zakken.
Wij kusten en werden gekust. Nu rusten wij
In Vlaamse velden voor de Vlaamse kust.

Toe: trekt gij u ons krakeel aan met de vijand.
Aan u passeren wij, met zwakke hand, de fakkel.
Houdt hem hoog. Weest gij de helden. Laat de doden
Die wij zijn niet stikken of wij vinden slaap noch
Vrede – ook al klappen zoveel rozen open
    In zovele Vlaamse velden.

Du Fu

TWEE KWATRIJNEN

De aarzelende zon kleurt het landschap.
De lentewind brengt de geur van gras.
De aarde dooit. Zwaluwen scheren
en paartjes eenden slapen in het warme zand.

Bij de dofgroene rivier zijn de vogels nog witter,
bloemen vlammen op tegen grijze bergen.
Dit is lente: wat je ziet is al weer weg.
En welk jaar keer jij terug?

Victor Hugo

VOOR DAG EN DAUW

Voor dag en dauw, als licht al aanbleekt op het lover,
Ga ik op pad. Ik weet wel dat jij op mij wacht.
Ik trek de bossen door en trek de bergen over,
Ik heb te vaak te ver van jou mijn dagen doorgebracht.

Ik ga, hoor geen geluiden, kijk niet om me heen
En houd mijn ogen slechts gericht op mijn gedachten:
Een onbekende, met gekruiste handen, krom, alleen,
Verdrietig, en mijn dagen zullen zijn als nachten.

Ik kijk niet hoe het avondgoud wordt ingebed
Noch naar de zeilen die Harfleur haast binnenglijden;
En eenmaal bij je grafsteen leg ik een boeket
Van groene hulst vermengd met bloesemende heide.

Emil Aarestrup

IN DE SNEEUW

Over de pleinen en straten,
die nacht, in het licht van de maan,
door de sneeuw die er lag, de witte,
zag ik je haastig gaan.

In sprookjesachtige schoonheid
straalde de stad kristalklaar,
en als een magisch luchtkasteel
verblindde de Burchtgevel haar.

De mof die zich wond rond je handen
had reden zich te verblijden,
en rond je knieën hoorde ik
de kreet van de gladde zijde.

Je adem die als rozengeur
onzichtbaar was voor het oog,
stroomde nu door je voile als
een zilveren wolk omhoog.

En zingend liet de sneeuw zich
door jouw voetjes betreden,
je schaduw fladderde voorbij
op het zachte tapijt beneden.

Die zag ik haastig zwevend
over 't geglinster glijden
van de gave, ijle vlakte –
een ander aan haar zijde.

Het was mijn eigen schaduw!
in ongekende haast
bewoog die zich onrustig
en langgerekt ernaast.

En in verwarring naderend
heeft die toen – het is heus waar –
het eigen zwarte wezen
vermengd met dat van haar.

Ze zwollen beiden op en
als het maanlicht zich verloor,
– een beeldhouwwerk van Canova –
gingen zij weer teloor.

Om dan in een zalig omhelzen,
ongekend voor mijn vlees en bloed,
weer in het gezicht te komen,
mijn schaduw deed zich te goed!

Muhammad ibn Ghalib al-Rusafi

BLAUWE RIVIER

De rivier van diafaan water,
murmelend tussen zijn oevers,
zou je doen geloven dat hij
een stroom parels is.

's Middags leggen hoge bomen
hun schaduw over hem
en kleurt hij als tin.

En nu zie je hem blauw,
ingepakt in brokaat,
als een geharnaste krijger
die rust in de schaduw van zijn banier.

Su Shi

DE KLUIZENAAR VAN DE RIVIER

Een halve maan hangt in een oude eik,
de waterklok is vol, mensen bedaren,
het uur ziet slechts een kluizenaar in eenzaamheid passeren,
hij is alleen, een vage schim, een zwaan.

Dan plotseling verschrikt wendt hij het hoofd,
hij voelt een pijn die mensen niet begrijpen,
hij speurt de koude takken af maar kiest geen slaapplaats daar:
een wilg ligt omgevallen in het water.

Werner Aspenström

SNEEUWBRIEF

Een brief stuur ik jou nu
zuster op de blauwe veranda
een brief geschreven in sneeuw
met antwoord op je vele vragen.
Een paard en een ruiter van sneeuw
zullen hem naar je deur dragen.

Het is waar dat de vlakte pijnlijk weids is
en dat de koning streng is in zijn stilte.
Geef mij een berg en een echo zegt de stem
om een milde horizont smeken de ogen vaak.
Je onrust zuster is niettemin te groot:
vogeltorens kunnen zich oprichten op deze velden
en witte duiven kunnen de nachtnevel doorkruisen
herinneringen hun grotten bouwen dromen
hun lantarens aansteken.

Het is waar wat je vraagt over de wind.
Vaak werden wij per vergissing naar buiten gelokt
iemand hoorde stappen iemand stemmen.
Altijd was het dezelfde snijdende wind
die sneeuw met sneeuw vermengde.
De dag kan daarom lang worden maar zij die wachten
delen altijd hun wachten tezamen
zij die wakker zijn delen hun wakkerheid de slapenden
spraken af in hun slaap.

Natuurlijk is er warmte tussen ons
hoewel we sneeuwmensen zijn geworden
een kampvuur waarnaar we onze handen uitstrekken
ook al brandt het zonder vlammen.
Zij die lang hebben geleefd onder gewelven van vorst
kunnen plotseling opgetild worden als door een golf
kunnen doorstroomd worden van een ongekende liefde
een niet gehoord koraal zoals de dunne orgelpijpen van het bloed
nooit hebben laten horen.

Een brief schrijf ik jou
zuster op een blauwe veranda
een groet dat ik denk te blijven
dat ik misschien nooit meer terugkeer.
Ik dronk wijn van sneeuw
ik houd van een vrouw van sneeuw.
Van sneeuw is de ruiter en het paard
die nu de brief naar je deur dragen.

Maria Pawlikowska-Jasnorzewska

LA PRECIEUSE

Ik zie je, verscholen in een bontjas,
aarzelen boven een kleine plas,
onder je arm een pekinees, een paraplu en een roos.
En hoe ga je die stap in de oneindigheid zetten ?

RAMMELENDE DAGERAAD

De toorn van het firmament is afgekoeld.
Grauw en lelijk is nu de hemel.
Uit de verte komt,
op een rammelkar,
de dageraad gereden...

Maak ruim dit Bed –
Maak het met Ontzag
Wacht erin op Oordeelsdag
Eerlijk en Volmaakt.

De Matras zij recht –
Het Kussen rond –
Geen geel geluid van vroege zon
Mag storen deze Grond –

Alphonse de Lamartine

HET MEER

Kunnen wij nooit op deze oceaan van jaren
één dag het anker werpen, steeds gedreven weer
naar nieuwe kusten, nachten zonder einde varen
    en zonder wederkeer?

O meer, de jaarkring amper rond en bij je water
waarvan zij hield en dat zij wou terugzien, ach,
kom ik me zetten op die steen geheel verlaten
    waar jij haar zitten zag!

Zo bruiste jij beneden tegen diepe rotsen,
zo brak op hun gekloofde flank je hoge vloed,
zo bliezen waaiwinden je schuim en golven klotsend
    op haar aanbeden voet.

Wij roeiden rustig, hoorden tussen lucht en water
alleen geluiden – weet je nog? de avond viel –
van verre slagen en van riemen op je baren
    in maat en harmonie.

Plots galmde uit de tover van de overkant
de echo van onaardse tonen, ongehoorde.
Het water luisterde, de stem mij aanverwant
    ontvielen deze woorden:

'Tijd, vlucht niet verder! Uren van genade, vlucht
niet, laat uw loop vertragen!
Laat langzaam ons genieten van de vlugge vrucht
    van onze mooiste dagen!

Stumperds genoeg die hier beneden om u smeken.
Vlieg voort voor hen, vlieg voort,
neem met hun dagen ook de zorgen weg die wegen.
    Laat ons maar onverhoord.

Maar tevergeefs vraag ik dat jij me nog iets laat:
op slag ontsnapt de tijd.
Ik vraag de nacht: 'Loop trager.' Komt de dageraad,
    de duisternis verglijdt.

Liefde, alleen maar liefde! Haast je en geniet
nu van het vluchtig uur.
Geen haven voor de mens, geen tijd in het verschiet,
    wij zijn van korte duur!'

Jaloerse tijd, als wij met lange teugen drinken
van liefde en geluk, kan die bedwelmde dag
al even vlug en ver vervliegen en verklinken
    als jaren tegenslag?

Zeg me, blijft van die roes dan niet het minste spoor?
Wat! Wég voor eeuwig? Wat! Vergaan tot nimmermeer?
De tijd die mij hem gaf, door wie ik hem verloor,
    brengt hij die nooit meer weer?

Niets, Eeuwigheid, Verleden, afgronden van duister,
wat doet u met de dagen die u steeds verslindt?
Spreek: geeft u ons al die vervoeringen vol luister
    weer, die u bij ons vindt?

Meer! stille rotsen! grotten! wouden vol obscuur!
de tijd behoedt u of maakt u weer jong en fris.
Bewaar van deze nacht, bewaar, mooie natuur,
    minstens de heugenis!

Bewaar haar in je rust of in je woeste stormen,
mooi meer, in zichten op riante heuvelwanden,
in donkere dennen, rotsen die in wilde vormen
    boven je golven hangen!

Bewaar haar in het even suizen van de zefier,
in klanken die je oevers naar je oevers kaatsen,
in zilver maanlicht dat je watervlak met wit siert
    en zachte klaarten!

Het kreunen van de storm, het klagen van het riet,
de lichte geuren van je balsemlucht en winden:
dat álles wat men ademt, wat men hoort en ziet,
    nu zegge: 'Zij beminden!'

Li Bai

NA EEN BEZOEK AAN DE KLUIZENARIJ VAN DE EERWAARDE YONG

De groene pieken reiken tot de hemel,
Van zorgen vrij vergeet je dag en jaar.
Dwars door een wolk volg ik de oude weg
En hoor, geleund tegen een boom, de bron.
  Bij warme bloesems ligt een zwarte buffel,
Op hoge dennen slapen witte kranen.
Terwijl we spreken deemstert de rivier
En eenzaam daal ik naar de koude nevel.

Matthew Arnold

HET STRAND VAN DOVER

De zee is kalm vannacht.
't Is vloed, de blanke maan
Ligt op de Straat; het Franse kustlicht
Komt en gaat; de krijtrotsen van Engeland
Staan hoog en blinkend in de stille baai.
Kom naar het raam, de nachtlucht is zo zacht!
Alleen, vanaf de lange lijn van schuim,
Daar waar de zee het maangebleekte land ontmoet,
Klinkt, luister! in het bruisen het geschraap
Van kiezels, door de golven weggehaald
En bij hun terugkeer hoger op het strand gesmeten,
Aanzwellend, plots verstillend, en dan andermaal,
In trage, aarzelende regelmaat, een droef verhaal
Van eeuwig komen en weer gaan.

Toen Sophocles in 't ver verleden
Ditzelfde hoorde aan 't Egeïsch strand,
Deed het hem denken aan de troebele onzekerheden
Van 't menselijk lot; ook ons,
Aan deze verre noordelijke kust,
Doet dit geluid een overweging aan de hand.

De Zee van het Geloof
Vierde ook eens hoogtij, en haar vloed
Lag als een glanzend snoer
Gespreid om 's werelds kust.
Maar nu is alles wat ik hoor
De langgerekte jammerklacht
Van haar terugtocht langs de eindeloze stranden
En kale kiezelvlakten van de wereld in de nacht.

Ach, liefste, laten wij elkaar
Toch trouw zijn! want de wereld,
Die ons nu nog een dromenland toeschijnt,
Zo mooi, zo boeiend en zo nieuw,
Biedt ons in werkelijkheid geen vreugde, liefde, of licht,
Geen zekerheid, geen vrede, geen remedie voor verdriet;
En wij staan hier als op een duistere vlakte
Bestormd door het verward rumoer van angst en lijden,
Waar blinde legers elkaar 's nachts bestrijden.

Ibn 'Iyad

GRAANVELD

Kijk naar het rijpe graan
dat zich buigt voor de wind

als legers verslagen ruiters
op de vlucht, bloedend
uit de wonden van de klaprozen.

Luis de Góngora y Argote

Bleek zonlicht, steeds weer door het zwerk omsloten.
Meiden volvet, van bilwerk, bolle toet
en koeientieten, op zevenmijlsvoet.
Grond niet zozeer bevloeid als volgespoten.

Akkers welig met taaie brem doorschoten,
monsters van kool en knol in overvloed,
krielkippen, de kroes wijn een vingerhoed.
slonzige plunjes rond horten en stoten.

Wegen bergop die in zonnevuur raken.
Maïskoeken onder doorgewalmde daken.
Kaarsen van knetterhars, geelzucht gelijk.

Gierstebrij in de nap van hout geschonken.
Bergpassen scherp van kloven en spelonken.
Dat is het dan, het Galicische rijk.

Samuel Taylor Coleridge

GEVANGEN IN DIT LINDEBOOMPRIEEL

Nu, ze zijn weg en ik moet achterblijven,
Gevangen in dit lindeboomprieel!
Verloren zijn de schoonheid en gevoelens
Die 't zoetst voor mijn geheugen zouden zijn,
Al had ook de ouderdom mijn blik verduisterd! –
Terwijl mijn vrienden, die 'k misschien nooit weerzie,
Blij dwalen over verend heideland,
Langs heuveltoppen, en wellicht afdalen
Naar 't galmend dal waarvan ik sprak,
Het galmend dal, bebost en nauw en diep
En door de middagzon alleen bespikkeld;
Waar de es zijn ranke stam van rots tot rots
Spant, als een brug gewelfd; – es zonder takken,
Klam, zonloos, met een enkel arm geel blad
Dat in de storm nooit trilt, maar toch nog trilt,
Bewaaierd door de waterval! Mijn vrienden
Zien 't groene snoer van lang en buigzaam onkruid
Dat eensgezind (een feëriek gezicht!)
Nog knikt en druipt onder de blauwe kleirand
Die druipt.
        Mijn vrienden komen nu tevoorschijn
Onder de wijde wijde Hemel – zien weer
Het welig landschap met zijn vele torens,
Glooiende velden, weiden, en de zee
Met een mooi schip misschien, waarvan het zeil
Het strakke blauw hoogt tussen 't schaduwpaars
Van twee eilanden! Ja! Ze dwalen voort,
Allen verheugd, maar jij het vrolijkst, lijkt me,
Beminnelijke Charles! Want jij hebt jaren
Gehunkerd en gesmacht naar de Natuur,
Vastzittend in de stad, waar jij je weg vond
Met droef maar duldzaam hart, door kwaad en pijn
En ongekende rampspoed heen! Zink langzaam
Achter de westerkim, jij grootse zon!
Straal in het strijklicht van de hemelbol,
Jij paarse hei! Brand rijker, jullie wolken!
Leef in het gouden licht, verre bosschages!
Ontgloei, blauwe oceaan! opdat mijn vriend
Door vreugd getroffen staat zoals ik stond,

In sprakeloze duizeling; ja, rondtuurt
Over het wijde landschap, totdat alles
Minder lichamelijk grof lijkt, tinten tonend
Waardoor de Almachtige Geest gesluierd wordt,
Die toch aan geesten zich onthult.
        Verrukking
Doordringt opeens mijn hart en ik ben blij,
Als was ik zelf daar! Ook in dit prieel,
Dit lindeboomprieeltje, heb ik veel
Bespeurd dat mij vertroost. Bleek in de gloed
Hing het doorzichtig lover, ik bekeek
Een breed en zonnig blad en zag genietend
De schaduwen van blad en stam erboven
Vol stippels zonlicht! Ook die notenboom
Was rijk gevlamd; en diepe gloed vervulde
Het oud klimop dat de olmen aan de voorzij
Bezet houdt en nu met diepzwarte massa
Hun donkere takken lichter glanzen doet
In de avondval. Al cirkelt nu de vleermuis
Geluidloos rond en kwettert er geen zwaluw,
Toch zingt de solitaire hommel nog
Waar bonen bloesemen! Voortaan besef ik
Dat de Natuur nooit hen verlaat die wijs zijn
En puur. Geen tuin zo nietig, of zij is daar,
Geen woestenij zo leeg of ieder zintuig
Geeft zij een taak en houdt het hart ontvankelijk
Voor Liefde en Schoonheid! En soms is het goed
Beroofd te zijn van een beloofd genot:
Zo kunnen wij de ziel verheffen, blijde
De vreugd beschouwen die wij nu niet delen.
Beminnelijke Charles, toen in de schemer
De laatste roek zijn rechte baan naar huis vloog,
Toen zegende ik hem: zijn zwarte vleugel
(Een vage vlek, verdwijnend in het licht)
Had, naar ik dacht, de wijde pracht des hemels
Doorkruist terwijl jij tuurde; of vloog krassend
Over jouw hoofd toen ’t stil was, jou bekorend,
Beminnelijke Charles, voor wie geen klank
Een wanklank is als hij getuigt van Leven.

Fujiwara no Sadaie

DRIE TANKA'S

Heen en weer waaien
de mouwen van de reiziger
in de najaarswind;
de eenzame avondzon beschijnt
de hangbrug in de bergen.

Ik denk aan vroeger –
al groeit het wilde onkruid
over mijn dakrand,
even helder straalt omlaag
de maan van de voorjaarsnacht.

Onder het pijlkruid
staan paarsblauwe irissen
tussen hen in bloei –
een reiger op jacht naar vis
zoekt er zich een weg doorheen.

Johann Wolfgang von Goethe

HET VIOOLTJE

'n Viooltje op de weide stond
Onmerkbaar, in zichzelf gekromd;
Het was een lief viooltje.
Daar kwam een jonge herderin
Met lichte tred en blij van zin
Erheen, erheen,
De weide door, en zong.

Ach! denkt 't viooltje, was ik maar
Al was het dan heel even maar,
Van de natuur de mooiste,
Totdat het lieve kind me plukt
En aan haar boezem heeft gedrukt!
Ach maar, ach maar
Een klein kwartiertje lang!

Ach! nogmaals ach! Het meisje dat
Geen oog voor het viooltje had,
Vertrapt het arm viooltje.
Het zonk en stierf en lachte nog:
En sterf ik nu, dan sterf ik toch
Door haar, door haar,
En aan haar voeten toch.

Baqi

GHAZEL

De lente ging, de lente die geen sporen laat;
Het blad viel van de tak, door iedereen versmaad.

Als de plataan de koude wind al bevend wenkt
Hullen de bomen zich in schamelheids gewaad.

Een gouden modderstroom omsluit en streelt hun voet;
Daarvan verwachten alle bomen overdaad.

Laat dan de jonge boom, ontdaan van zijn kledij,
Maar dansen op de wind – zijn vlagen slaan de maat.

Is niet het blad op 't grasveld, Baqi, een pleidooi
Tegen de grillen van de wind die jagen gaat?

Paul Valéry

DE ROEIER

Gebukt tegen de stroom, voeren mij mijn riemslagen
Met tegenzin voorbij het lachend oeverland;
O ziel met zware hand, die hecht de riem omspant,
De hemel gaat teloor, waar trage golven klagen.

Terwijl ik rondom mij laat rijpen kring na kring,
Hardvochtig, nauw bewust van 't schoon dat ik hier teken,
Wil ik met brede slag 't vermaarde rijk doorbreken
Van vuur- en blaadrenspel, dat ik fluistrend bezing.

Bomen, waarop ik vaar, gelijk gevlamde zijde,
Met loof beschilderd water en volmaaktheids vree,
Verscheur hen, o mijn schip, en breek hun beeld in twee
En laat een brede plooi de grote rust doorsplijten.

Nooit werd, o dag, nooit werd uw schoon zozeer belaagd
Door een rebel in eigen afweer onverschrokken:
Doch, daar de zonnen mij vanuit mijn kindzijn trokken.
Keer ik weer tot de bron, waar zelfs een naam vervaagt.

Vergeefs belemmert de steeds stromende en grote
Nimfe mijn uitgeputte kracht met reine hand;
Langzaam zal ik verbreken band na kille band,
Niet langer houdt haar naakte macht mij meer omsloten.

Op vreemde wijs plaatst het heimlijk watergerucht
Mijn gulden dagen onder een blinddoek van zijde;
En niets stelt blinder de antieke rust terzijde
Dan 't onveranderend geluid van eendre vlucht.

Het diepe water voert mij mee onder de bruggen,
Gewelven vol met wind, met nacht en met geruis,
Maar van het voorhoofd is het trotse beenderhuis
Bestand tegen de macht van hun versteende ruggen.

Hun nacht gaat traag voorbij. De ziel sluit haastig haar
Tedere zonnen onder hen met zachte leden,
Als ik, door het gebaar dat mij met steen omkleedde,
Van zoveel doelloos blauw 't misprijzen binnenvaar.

Friedrich Hölderlin

BROOD EN WIJN | Voor Heinse

I

Rondom de stad, die rust; 't wordt stil in de verlichte straat,
de wagens ruisen in hun tooi van toortsen weg.
Verzadigd van de vreugde overdag zoeken de mensen in huizen rust
en op zijn kamer buigt een man zich wijs en welgezind
over verlies en winst; weg zijn druiven en bloemen:
de nijvere markt rust van haar handwerk uit.
Uit tuinen klinkt het verre spel van snaren; misschien
speelt daar een minnende ziel of een eenzame die aan zijn
verre vrienden denkt en aan zijn jeugd; en de fonteinen
ruisen eindeloos en fris bij 't geurend bloembed.
Stil in het schemerlicht hoor je gelui van klokken
en de uren indachtig roept de waker de tijd.
De wind staat op en hij beweegt de kruinen van het bos,
kijk, ook de maan, het schaduwbeeld van onze aarde,
komt heimelijk nabij; de dwepende, de nacht
vol sterren komt, hoe glanst hij daar de wondere,
hoe weinig met ons lot begaan en vreemd onder de mensen
die mooi en droef over de hoge heuvels rijst.

Miguel de Unamuno

VELDEN, RIVIEREN, VOREN

Opnieuw in de trein; de velden stromen voorbij,
de aarde komt en gaat,
en ik herinner me andere reizen;
andere? Altijd dezelfde, dezelfde eeuwige reis.
Ach, Castilië, blijf altijd
zoals je rivieren
die op weg naar zee altijd blijven!
Ach, Castilië, naast de voorbijrijdende trein
trekken de voren van stoppelvelden voorbij,
de voren van herinnering;
land van de zomerzonnewende, bruin als brood,
de voren van jaren,
en mijn herinneringen als meel van de korenaar,
meel voor het brood van de eeuwigheid.
Opnieuw in de trein; de velden stromen voorbij;
de aarde komt en gaat.

Gerard Manley Hopkins

GEVLEKTE PRACHT

Glorie zij God voor bontigheid,
voor hemelen, marmerend als koeienhuid;
voor bloemsproetjes uitgestippeld op vlugge forellen;
vers vonkgepoft kastanje-herfstlicht; vinkvlerk; wijd
landschap siergekaveld: eg-ploeg-braak geruit;
en alle beroepen, hun gerei, tuig, toestellen.

Ieder net ander, zeldzaam, eigenaardig ding;
alles wat grillig uitschift (en wie weet hoe uit?)
in snel, sloom; zoet, zuur; hel, gedoofd;
Hij vadert voort boven verandering:
Hij zij geloofd.

Georges Rodenbach

DE KLOKKEN

Sommige klokken zijn begijntjes,
Die uit hun klokkentoren aan komen zetten
Als een klooster bij de metten
En zich reppen in de kou, verkleumd en kleintjes
Alsof het gauw sneeuwen zou,
Klokken op zoek naar een hoekje hemelblauw.

Er zijn er in bronzen pijen,
Die luiden, luiden,
En zonder antwoord op hun klaaglijke geluiden
In de verte verder schreien.
Er zijn er als vrouwtjes,
Verkwijnende oudjes
Die in droefheid en in mist
Voortdurend lijken
Aan te sloffen achter lijken
In hun kist.

Nog andere zijn bisschoppelijke klokken
In grijze nevelrokken
Zij vinden carillons te luchtig,
Omdat ze te lichtzinnig zijn, en veel te duchtig;
En om ze te overstemmen gaan zij druk
Aan 't luiden in de lucht,
Die voor hen is beducht,
En slaan met hun kromstaf de Stilte stuk.

Ki no Tsurayuki

DRIE TANKA'S

Op zwarte bessen
leken mijn haren
Zou hun kleur veranderd zijn?
In mijn spiegel
is sneeuw gevallen.

Dagenlang viel sneeuw;
wit en dik ligt hij neer en
verduistert mijn kamer.
Mochten mijn zonden van dit
jaar smelten als deze sneeuw.

Diep in de bergen,
zonder dat iemand het zag,
viel het herfstblad af:
waarlijk brokaat gedragen
in het duister van de nacht!

Fjodor Ivanovitsj Tjoettsjev

Er is wanneer de herfst gaat vallen
Een korte maar ook wondermooie tijd –
De dagen glanzend als kristallen,
De avonden vol helderheid...

Waar eerst de sikkels suisden door de aren,
Daar is nu alles weids en leeg in 't rond,
Daar glinsteren slechts fijne haren
Van webben op de kale grond.

De lucht is leeg, geen vogel meer te horen,
De eerste sneeuwstorm ligt nog in 't verschiet –
Het warme, heldere azuur begiet
De rustig sluimerende voren...

Alphonse de Lamartine

DE HERFST

Ik groet de bomen die hun groen niet konden houden,
wat blaren op het gras vergelend en verdroogd.
De laatste mooie dag! gegroet natuur; uw rouwen
past goed bij mijn verdriet en het behaagt mijn oog.

'k Laat dromerig mijn stap het pad het bos in dwalen,
ik wens voor 't laatst nog eens in 't oude woud te zijn,
waarin de bleke zon met zijn verzwakte stralen
maar nauwelijks het stuk vlak voor mijn voet beschijnt.

Ja, op zo'n herfstdag schijnt de wereld te verstillen,
er liggen sluiers om de aanblik der natuur;
het is het afscheid van een vriend, het laatste stille
glimlachen van zijn mond voor 't nakend stervensuur.

Aldus verlaat ik nu het uitzicht van mijn leven,
en ween om zoveel hoop die met de tijd vervlood;
ik wend mij nog eens om en met jaloerse wrevel
beschouw ik al dat moois waarvan ik niets genoot.

Marin Le Saulx

SONNET CLVI

Wees zonder nacht, o nacht, vol reine helderheid:
Laat uit jouw sikkel 't licht zo krachtig overvloeien
Dat zij aan 't hemeldak in volheid moge groeien
Tot die gehoornde maan van horens is bevrijd

En jouw serene rust gelijk een rijk tapijt
Met haar kristallen licht een voorjaar doet ontbloeien
Waar heerlijk amarant zijn purperglans laat gloeien,
Over de bol die de hemel spant wijd uitgespreid.

Van alle nachten wees de allereerste nacht,
Nee wees een dag, geen nacht, in jouw verheven pracht:
Je nacht zij zonder nacht, een dag vol zonneluister,

Want jij onthulde mij in haar volronde trots
Mijn Phoebe die voorheen achter een hoge rots
Van 't gulden aangezicht de helft verhulde in duister.

Masaoka Shiki

ZES HAIKU'S

Och, kijk, een mus sprong
helemaal langs de veranda
met natte voetjes.

De wal en 't bootje
babbelen met elkander,
want de dag is lang.

Sneeuwvlokken vallen
op eenden in een oude
vijver, des avonds.

Een winterrivier,
waarin een hondenlichaam
is weggeworpen.

Elf ridders rijden
door een snijdende sneeuwstorm;
geen wendt het hoofd af.

Ik sloeg een spin dood,
en had daarna een koude,
eenzame avond.

John Keats

AAN DE HERFST

I

Seizoen van nevels, milde vruchtbaarheid,
   Jij hartsvriend van de zon, die samenspant
Met hem, opdat de druif groeit en gedijt
   In 't wingerdloof onder de strodakrand;
Met appels de bemoste bomenrij
   Bevracht, de vruchten rijpt tot in de pit;
      Pompoenen bolt en hazelnoten zoet
En vol maakt; meer en nog meer knoppen zet
   Voor latere bloemen, tot de honingbij
   Denkt dat het zomer blijft, nu 't warm getij
      Haar kleverige raten puilen doet.

II

Wie trof niet vaak jou bij je voorraad aan?
   Al wie jou zoekt in 't vrije veld, die vindt
Je zorgeloos zittend bij 't gedorste graan,
   Je haren wiegend op de wannende wind;
Of soezend in een halfgemaaide voor,
   Loom door papaverdamp: je sikkel spaart
      Het volgend zwad met heel zijn bloemfestoen;
Soms, als een arenlezer, til je door
   Een beek de lading die je hoofd bezwaart;
   Of bij een ciderpers kijk je bedaard
      Naar 't laatst gesijpel van het lang seizoen.

III

Ach, waar de lentezang nu wezen mag!
   Denk daar niet aan, jouw lied wordt ook gehoord.
Als 't wolkenfloers bloeit in de vege dag
   En rosse gloed over de stoppels gloort,
Dan klagen mugjes, en hun droeve kring,
   Tussen de oeverwilgen, waaiert uit
      Of krimpt, al naar het briesje zwelt of vlucht;
't Volgroeide lam blaat van de heuvelkling;
   De krekel zingt, terwijl met hoog geluid
   De roodborst in een kleine moestuin fluit;
      En zwaluwzwermen kwetteren in de lucht.

HET IS ONZE LIEFDE DIE SNEEUWT IN DE TAKKEN

ROMEO EN JULIA | 1.5, vv. 41-50

O, bij haar verliest het fakkellicht zijn kracht.
Zij hangt tegen de wang aan van de nacht
Als in een ebbehouten oor een edelsteen –
Een schoonheid, over aardse grenzen heen.
Sneeuwwitte duif. Dat licht, zo lichterlaaie.
Schamel zijn haar vriendinnen. Doffe kraaien.
Na deze dans wil ik haar hand aanraken –
Mijn hand zal, zo onaf, de hemel smaken.
Heb ik ooit liefgehad? Vergeet het, ogen.
Al wat ik zag aan schoons was maar gelogen.

William Shakespeare

...Ik zou met U willen leven
In een kleine stad,
Met eeuwige schemering
En eeuwig klokgelui.
En in een kleine herberg –
Het ijle getik
Van een oude pendule – als druppeltjes tijd.
En soms, in de avond, uit een zolderkamer –
Een fluit,
De fluitist zelf in het raam.
En grote tulpen voor de ramen.
En misschien zou u niet eens van me houden...

Midden in de kamer een grote tegelkachel,
Op iedere tegel – een afbeelding:
Een roos – een hart – een schip. –
En achter het enige raam –
Sneeuw, sneeuw, sneeuw.

Daar zou U dan liggen, – zoals ik U graag zie: loom,
Onverschillig en zorgeloos.
Af en toe het scherpe geknerp
Van een lucifer.
De sigaret gloeit op en dooft,
En lang – lang beeft aan het eind
Het korte grijze zuiltje van de as.
U bent zelfs te loom om het af te tikken –
En de hele sigaret vliegt in het vuur.

Percy Bysshe Shelley

FILOSOFIE VAN DE LIEFDE

Fonteinen mengen zich met stromen
En de stromen met de zeeën koel,
De winden mengen alle dromen
Met een zoet gevoel.

Niets in de wereld is apart gezet,
Alles mengt zich maar goedschiks
En dit bij goddelijke wet –
Waarom niet jij en ik?

Kijk, de hemel zoent de berg
Golven omhelzen graag elkaar;
Voor een bloem is het heel erg
Als zij niet houdt van die naast haar:

En de zon omhelst de aarde,
En de maan omarmt de kust.
Wat van dit alles is de waarde
Als jij mij toch niet lust?

Xie Lingyun

BEURTZANG OP DE DONGYANG-BEEK

I

Wie is toch die verleidelijke vrouw
Die in de stroom haar blanke voeten wast?
De volle maan tussen de wolken
O ver zo ver is onbereikbaar!

II

Wie is toch die verleidelijke man
Die op de stroom zijn blanke boot laat drijven?
Hij hoeft me maar te vragen wat ik voel
En uit de wolken valt de maan!

La Comtesse de Die

IN GROOT VERDRIET

In groot verdriet ben ik gekomen. sinds ik een ridder heb gehad. ik wou dat niemand ooit vergat. hoe ik met hem was ingenomen. ik zie nu hoe verkeerd ik deed. door hem mijn liefde niet te geven. ik heb een grote fout bedreven. in bed en toen ik was gekleed.

Ik drukte graag mijn ridder tussen. mijn naakte armen op een nacht. en had hem graag geluk gebracht. door mij te maken tot zijn kussen. ik wil hem nog meer liefde geven. dan Floris Blancefloer ooit gaf. ik sta mijn hart en liefde af. mijn ziel, mijn ogen en mijn leven.

Mijn mooie zoete teergeliefde. wanneer krijg ik je in mijn macht. en slaap ik met je op een nacht. en schenk ik jou een zoen van liefde. je mag wel weten dat ik meer. naar jou verlang dan naar mijn man. indien je mij beloven kan. alles te doen wat ik begeer.

Rūdakī

KWAM NAAR ME TOE

Kwam naar me toe –
Wie?
Zij.
Wanneer?
Bij zonsopgang, bang.
Waarvoor?
Woede.
Van wie?
Van haar vader.
Biecht op!

Tweemaal kuste ik haar.
Waar?
Op haar vochtige mond.
Mond?

Neen.
Wat dan?
Kornalijn.
Hoe was het?
Zoet.

Marie Nizet

DE TOORTS

Ik heb je lief, mijn lijf, jij wekte zijn verlangen,
Jij was zijn speelwei en zijn tuin der lusten, waar
De smaak van zijn genot altijd is blijven hangen,
Zoals een kostbaar vat een rijk parfum bewaart.

Ik heb je lief, mijn ogen, want je bleef verblind
Door de betovering die hem steeds begeleidde,
Of je twee putten bent en al zijn schoon daarin
Blijvende echo vindt, sinds ik ervan moest scheiden.

Ik heb je lief, mijn armen, jullie hebt zijn hals
Lenig omstrengeld in zo slome tederheden.
Ik heb je lief, mijn vingers, jullie wisten als
Volleerd waar zij het strelendst langs zijn lichaam gleden.

Mijn voorhoofd, 'k heb je lief, omdat je immer gistte
Van mijn denken aan hem dat mij aan 't zijne bond,
En dat zijn beet je bloeden deed, ja, daarom is het
Dat ik jou bovenal bemin, mijn fletse mond.

Ik heb je lief, mijn hart, jij wist de maat te slaan
Van mijn verliefde koorts: een luid en bitter ritme,
Mijn voeten heb ik lief, mijn knieën die zich aan
De zijne klonken, en mijn huid onder zijn lippen.

Ik heb je lief, mijn vlees, want jij was voor het zijne
Vurige tabernakel van volmaakte lust,
Jij maakte 't beste, 't liefste in hem tot het mijne,
Ik werd verzadigd maar het vuur werd nooit geblust.

En jou, mijn grage ziel, bemin ik om de dromen
Waarin je – nieuwe Isis – waagt op zoek te gaan
Naar zijn ontbonden staat en zijn verspreide atomen,
Omdat je ernaar dorst om daarin op te gaan.

Ik ben het heiligdom waar niets meer wordt aanbeden,
Het zinloos altaar dat geen godenbeeld meer heeft,
't Vuur in de haard die door eenieder wordt gemeden,
Een zotte toorts, een vuurgloed die geen warmte geeft.

Dat ik een liefde voed, één waarvoor in de dood
Geen plaats is, maakt dat ík het doel werd van mijn liefde,
Omdat ik jou, mijn lief, versmeltend in mij sloot,
Ben jij het die ik liefheb in mijn eigenliefde.

Luis Cernuda

MATROZEN ZIJN DE VLEUGELS VAN DE LIEFDE

Matrozen zijn de vleugels van de liefde,
Zijn de spiegels van de liefde,
De zee vergezelt hen,
En hun ogen zijn blond en de liefde
Is ook blond, gelijk hun ogen zijn.

De vurige vreugde waarmee zij hun aderen vullen
Is ook blond,
Net zoals hun onbedekte huid;
Laat hen niet lopen omdat ze lachen
Zoals de vrijheid lacht,
Verblindend licht opgericht boven de zee.

Als een matroos zee is,
Verliefde blonde zee die als gezang aanwezig is,
Wil ik niet de stad van grijze dromen;
Ik wil slechts naar de zee waar ik verdrink,
Bootje zonder koers,
Lichaam zonder koers wegzinken in zijn blonde licht.

Giovanni Boccaccio

EEN ZOET GEVAAR

Rondom een bronnetje, dat koel en klaar
tussen de bloempjes in het gras opwelde,
zaten drie jonge meisjes die elkaar
lachend van liefde en geluk vertelden,

waarbij een groene krans hun gouden haar
en lieve ogen hulde in schaduwvelden
en een verkwikkend vleugje wind zomaar
die beide kleuren streelde en vergezelde.

Ik hoorde toen hoe een van drieën zei:
'Stel dat degenen naar wie wij verzuchten
nu bij ons kwamen, hier in deze wei,

zouden wij dan uit bangheid voor hen vluchten?'
En de andere twee riepen toen allebei:
''t Zou dom zijn om zo'n zoet gevaar te duchten!'

Joseph Brodsky

DIDO EN AENEAS

De grote man keek door het raam naar buiten,
maar voor haar eindigde de wereld bij
de zoom van zijn doorwaaide tunica
die door de rijkdom van zijn plooien leek
op een tot staan gekomen zee.
        Maar hij
keek uit het raam; zijn blik was nu zo ver
van deze plaats verwijderd dat zijn lippen
verstarden als een schelp waarin geruis schuilt,
en onbeweeglijk was de horizon
in zijn bokaal.
        Haar liefde echter was
niet veel meer dan een vis, misschien bij machte
achter zijn zeilschip aan in zee te duiken,
de golven snel en soepel te doorklieven
en hem misschien zo in te halen, maar
hij stapte in gedachten al aan land.
Zodoende werd de zee een zee van tranen.
Maar, naar bekend, gaat juist wanneer je wanhoopt
de wind vanuit de goede richting waaien.
En dus besloot de grote held met spoed
Carthago te verlaten.
        Zij nu stond
daar voor de stapel hout die haar soldaten
onder de stadsmuur hadden aangestoken,
en zag hoe in de hitte van het hout,
de gloed die trilde tussen vuur en rook,
haar stad geluidloos een ruïne werd

al eeuwen voor de profetie van Cato.

Sulpicia

MIJN MISSTAP

Zo kwam de liefde toch: 't is beter voor mijn naam
dat ik haar niet onthul, maar mij erover schaam.
De Mingodin was door mijn liedjes zo ontroerd
dat zij die man recht in mijn armen heeft gevoerd.
Venus heeft mij verhoord: mijn vreugde mag bekend
worden gemaakt door wie er zelf nooit heeft gekend.
Ik wil mijn brieven niet verzegelen, zodat
geen ander ze zou kunnen lezen vóór mijn schat.
Mijn misstap spijt me niet, komedie spelen stoort
me wel. Ik was hem waard en hij mij, zeg het voort!

Zwaarmoedigheid kwam op een dag bij mij
en sprak: 'Ik blijf een poosje aan je zijde.'
Het scheen mij toe dat zij tezelfdertijde
Verdriet en Woede meebracht, dus ik zei:

'Weg jullie drie!' maar zij, in hovaardij
een Griek gelijk, wou niet meer van me scheiden:
ze bleef me redenerend begeleiden.
Toen zag ik Amor. Hij kwam naderbij,

in nieuwe kleding, zwart van kleur, gestoken,
met op zijn hoofd een hoed, als zij die rouwen;
de tranen liepen over zijn gelaat.

'Wat is er?' zo heb ik tot hem gesproken.
'Ik heb het voorgevoel dat onze vrouwe,
mijn lieve broeder,' zei hij, 'sterven gaat.'

Robert Burns

EEN RODE ROOS

Mijn lief is als een rode roos
In juni, jong en schoon:
Mijn lief is als een melodie
Gespeeld op zuivere toon.

Zo mooi ben jij, mijn meisje lief,
Zoveel hou ik van jou:
Als alle zeeën droogstaan, schat,
Dan hou ik nog van jou.

Als alle zeeën droogstaan, schat,
En de zon de rotsen smelt:
Ik zal nog van je houden, schat,
Als 't levenszand heensnelt.

En nu vaarwel, mijn enig lief,
Vaarwel nu voor een wijl!
Ik kom weerom, mijn enig lief,
Al was 't tienduizend mijl.

Antonio Machado

LIEDJES VOOR GUIOMAR II

Ik droomde van je, Guiomar,
in een tuin hoog boven de rivier,
een tuin uit een tijd die omheind is
met tralies van ijzeren kilte.
Een zeldzame vogel zingt
zacht in de elsbessenboom
naast het levende en heilige water,
een en al dorst en een en al bron.
In die tuin, Guiomar,
de saamhorige tuin die twee harten
paarsgewijs laten ontstaan,
versmelten onze uren en vullen
elkaar aan. De wijndruiven
van een droom – wij zijn samen –
persen we in een reine roemer uit,
en vergeten het dubbele verhaal.
(Eén: al zijn vrouw en man
als gazelle en leeuw,
ze komen samen drinken.
Het andere: zo gelukkige liefde
kan niet bestaan:
twee eenzaamheden in één,
zelfs niet van man en vrouw.)

Pierre de Ronsard

Neem deze roos aan, lieflijk zoals jij,
Zelf roos voor zelfs de allermooiste rozen,
Zelf bloem die de allerprilste bloem doet blozen,
En door haar geur vervoert tot dromerij.

Neem deze roos aan, en ontvang daarbij
In jouw beminde schoot mijn vleugelloze
Oprechte hart, dat daar voorgoed zal pozen
In ware trouw die niets ooit doodt in mij.

De roos en ik verschillen in één ding:
Eén zon zag hoe zij bloeide en onderging,
Wel duizend zagen steeds mijn liefde groeien;

Zo'n liefde is voor altijd en geeft niet op;
Had God haar maar, gehuld nog in haar knop,
Zoals een bloem, slechts één dag laten bloeien!

Goudgetroonde, onsterfelijke Afrodite,
dochter van Zeus, listenvlechtster, ik smeek je:
overweldig mijn hart niet met verdriet en
zorgen, machtige,

maar kom hierheen, zoals je vroeger ook deed
wanneer je mijn stem van heel ver weg vernam
hoorde je toe, verliet je vaders gouden huis
en kwam bij mij,

zodra je wagen bespannen was. Mussen, mooi
en snel, heftig klapwiekend met hun vleugels
brachten je dwars door de hemel boven de
donkere aarde,

opeens zwermden ze uit. En jij, gelukzalige,
met een glimlach op je onsterfelijke gezicht
vroeg mij wat ik nu weer geleden had en
waarom ik je riep,

wat ik met mijn razende hart het liefste
wilde dat gebeurde. Wie moet Overreding
dit keer als geliefde bij je brengen, wie,
Sapfo, wijst je af?

Nu vlucht ze nog, spoedig zal ze je volgen.
Nu weigert ze geschenken, ze zal ze geven.
Nu houdt ze niet van je, spoedig bemint zij
zelfs tegen haar wil.

Kom weer bij me, verlos mij van dit grote
verdriet, en vervul alles wat mijn hart
verlangt te vervullen en wees jij zelf
mijn medestrijdster.

Karel Hynek Mácha

MEI | uit het eerste gezang

't Was 's avonds laat – de eerste mei –
en avondmei – was liefdestijd.
Een duif riep op tot lieflijkheid,
waar dennen geurden zij aan zij.
Van liefde lispelde stil mos;
een boom in bloei loog liefdessmart,
een nachtegaal schonk 'n roos zijn hart
en rozengeur steeg op in 't bos.
Een glad meer in lommerrijk struweel
klonk donker van geheime pijn,
ofschoon omarmd door de oeverlijn;
en klare zonnen van 'n andere weerld
dwaalden daar langs azuren banen
hoog oplaaiend als liefdestranen.
Ze rezen in de flonkerende nacht,
die tempel van eeuwige liefde,
en smachtend tot elkaar gebracht
veranderden ze als geliefden
in uitgedoofde vonkenpracht.
Het schoon gelaat der vollemaan
– zo bleek en klaar, zo klaar en bleek,
een liefdesblik die langs haar streek –
kwam plots in roze gloed te staan;
in 't water zag ze toen haar beeld
en kwijnde weg, zozeer gestreeld.
Ginds blonk de witte schim der hoven,
die als in innige verstrengeling
steeds dichter naar elkander schoven
en tot slot in de schoot der schemering
steeds dieper in elkaar verzonken.
Daar wiegden bomen op hun stronken,
ver weg rees duistere bergnatuur,
een berk boog naar zijn nabuur,
een dennenboom, en golf na golf kliefde
een beekje. Want naar volle liefde
smacht – in liefdestijd – elk creatuur.

Prins Yuhara

Ja, zonder haar aan te
Raken kan ik in de maan
De nachtvlinder aanschouwen.
Maar hoe moet dat straks
Met mijn vriendin?

Christine de Pisan

BALLADE

Tot heden bleef mijn hart onaangeraakt;
de pijl die reeds zovelen kon verwonden
heeft zich in mij nog nimmer vastgehaakt,
dus bleef ik, God zij dank, nog ongeschonden
   en vrij van dwang
en smeken hoef ik niet in haar belang.
Ik leef in vreugde zonder liefdes les,
ik wens geen minnaar, ben geen minnares.

En denk maar niet dat men mij weker maakt
met blikken of geschenken, mij gezonden,
of dat een gladde tong zeer welbespraakt
mij ooit met mooie woorden krijgt gebonden,
   noch ben ik bang
dat ik door medelij aan iemand hang,
want eerder snijdt mijn woord hem als een mes:
ik wens geen minnaar, ben geen minnares.

Ik spot graag met een vrouw die zuchten slaakt
en had het zelf verstandiger gevonden
als met een mes zij 'n einde had gemaakt
aan zulk een eerloos leven als van honden
   in een gevang
waar elke dag te traag is en te lang.
Desnoods herhaal ik het een keer of zes:
ik wens geen minnaar, ben geen minnares.

Wat moet ik aan uw Liefdes Hof, Prinses?
Ik wens geen minnaar, ben geen minnares.

Dioscurides

DORIS

ik spreidde haar roze dijen
en zonk in haar
bloem als een god

met haar ranke benen om me heen
liep ze zonder te verflauwen
de wedloop van de liefde

met ogen die smachtten
en dekblaadjes die wild
sidderden in de storm

tot onze witte waanzin
was uitgewoed en zij slap
lag: een lam lichaam

Juana Inés de la Cruz

VOL LIEFDE

Vol liefde zoek ik wie mij wreed ontvlucht,
en wreed ontvlucht ik wie mij volgt vol liefde;
ik blijf vol liefde trouw aan wie mij griefde,
ik grief wie naar mijn liefde trouw verzucht.

Voor mijn geliefde ben ik louter lucht,
en hij is louter lucht voor zijn geliefde,
beducht bekijk ik wie mijn hart doorkliefde,
en ik doorklief het hart van wie mij ducht.

Als ik hem loon, verlies ik mijn verlangen;
als ik hem bid, krenk ik mijn eer als bruid;
zo moet ik tussen beide blijven hangen.

Wat kies ik mij als doel in 't leven uit?
Liever door wie ik niet bemin gevangen
dan van hem die me niet bemint de buit.

Bertolt Brecht

TERZINEN OVER DE LIEFDE

Kijk ginds die kraanvogels in grote bogen!
De wolken die hun mee werden gegeven
Trokken al mee met hen van toen ze vlogen

Van het ene leven naar een ander leven.
Op eendere hoogte en met eender ijlen
Leek het of beiden maar bijkomstig bleven.

Laat van die twee geen langer hier verwijlen,
Laat kraanvogels en wolken zo verdelen
De mooie hemel waar zij kort in vliegen.

En laat geen een iets anders zien dan het wiegen
Van de ander in de wind die beide voelen
Die nu al vliegend bij elkander liggen.

Dat zo de wind hen naar het niets ontvoere,
Als zij maar niet vergaan en bij elkander blijven,
Zolang kan geen van beide iets beroeren,

Zolang kan men hen overal verdrijven
Waar regens dreigen of waar schoten knallen.
Zo, onder zon en maan, welhaast verwante schijven,

Vliegen zij weg, elkaar zo welgevallig.

Waarheen dan?
                    Nergens heen.

Van wie vandaan?
                    Van allen.

Jullie vragen hoelang die twee al bij elkaar zijn?
Sinds kort.
               Wanneer zij uit elkaar gaan?
                                        Gauw.
Zo komt geliefden liefde voor als trouw.

Dante Gabriel Rossetti

MIDDAGSTILTE

Je handen liggen open, vingers kijken
als bloemen tussen 't lange gras omhoog.
Je ogen glanzen stil. Een wolk bewoog,
met hem een schaduw die het licht deed wijken.
Rondom ons nest, zover het oog kan reiken,
een gouden dotterveld, een zilveren boog
van bloesem langs de hagedoorn omhoog;
dit zijn seconden die als parels prijken.

De waterjuffer, roerloos in haar vlucht,
een blauwe draad verloren in de lucht,
zo werd tot stilstand dit gevleugeld uur gedwongen.
O laten wij voor eindeloze jaren
die bruidsschat stevig in ons hart bewaren,
toen samen zwijgend wij van liefde zongen.

Ik houd van dingen
die mij strelen
ik geloof dat
liefde
het zonlicht
weerspiegelt

Liefde
veroorzaakt pijn
en
vertelt sprookjes

Sir Philip Sidney

TOT EEN DROEVIGE MAAN

Hoe droevig, maantje, klom je weer omhoog!
Wat ben je stil, zo bleek is je gezicht!
Het is toch niet dat ventje met zijn boog?
Heeft hij zijn pijlen ook op jou gericht?

Jij, die zo vaak met een welwillend oog
geliefden hebt bezien, geef mij je licht,
zodat ik voelen kan wat mij bewoog.
Ik zie toch hoe je wegkwijnt, hoe je zwicht.

Als mannen nu onder elkaar, vertel:
schiet liefde daar bij jou ook steeds tekort?
Is liefde ook bij jou alleen maar spel?
Ze doet alsof ze graag veroverd wordt,
maar voor je 't weet ben je haar liefde kwijt.
En noemt men deugd ook daar – ondankbaarheid?

Huang E

UITGELEIDE

Er komt een dag dat ik al die werkloos
opgeslagen dekens en kussens weer
zal delen. Dat ik beschroomd mijn jurk
losknoop. Dat ik mijn zachte warme jaden zegel
zal verbreken. En ik kan je niet beschrijven
op hoe ontelbaar veel tedere manieren
ik de liefde met je zal bedrijven.

John Donne

ALLEMAAL BEST

Ik kan beminnen blond en zwart;
Haar die in weelde baadt, haar die in armoe leeft;
Haar die alleen wil zijn, en haar die feesten geeft;
Het plattelandse en het steedse hart;
Haar die vertrouwt, haar die het erop waagt;
Haar die met sponzige ogen klaagt,
En haar die kurkdroog is en zich gedraagt.
Ja, haar, en haar, en haar, en jou, en jou;
Allemaal, maar één ding mag ze niet zijn: trouw.

Trekt jullie dan geen andere ondeugd aan?
Is het niet bruikbaar meer wat jullie moeders deden?
Of werd dat saai en zoek je nu naar nieuwe slechtigheden?
Of ben je bang dat mannen trouw zijn? Waan!
Dat zijn we niet, wees net als wij:
Gun mij – en neem – er twintig bij.
Schud me uit, maar bind me niet, laat me weer gaan.
Ik reisde via jou, moet ik voortaan
Hier blijven – om jouw trouw – als je onderdaan?

Venus hoorde dit lied, en zij
Zwoer bij het zoetste deel der liefde: wisseling,
Een eind te maken aan zulk ongehoord gedwing.
Zij ging op onderzoek, kwam terug en zei:
'Ik trof wat liefdesketters aan,
Een stuk of drie, die in hun waan
Dat trouw geen kwaad kan, wachtend blijven staan.
Hun heb 'k gezegd: 'Als je niet anders kan,
Dan zal je trouw zijn aan 'n ontrouwe man.''

Charles Baudelaire

SARAH

Mijn minnares is geen illustere leeuwin:
Slechts in mijn ziel wordt deze slet een koningin,
Zij blijft onzichtbaar voor het spottende heelal,
Haar schoonheid bloeit maar open in mijn jammerdal.

Maar God zou lachen bij het zien van deze sloor
Die ooit haar ziel verkocht, zij kreeg er schoenen voor.
Ik aapte hoogheid na, deed alles voor de schijn,
Ik die mijn geest verkoop en schrijvertje wil zijn.

Zij draagt een pruik, dat is een schromelijk gebrek,
Haar mooie, zwarte haar verliet haar blanke nek;
Toch druppelen verliefde zoenen telkens weer
Op haar vervelde, haast melaatse voorhoofd neer.

Zij loenst, die vreemde blik diep in de schaduwlijn
Van wimpers, langer dan die van een serafijn,
Maakt dat geen oog waar ik mij blind op heb gestaard
Haar joodse, zwart omrande oog ooit evenaart.

Haar borsten zijn al slap, zij is pas twintig jaar,
Ze hangen als twee kalebassen naast elkaar,
Maar elke nacht kruip ik op haar en doe mijn ding,
Ik zuig haar uit en bijt haar als een boreling.

En ook al heeft zij vaak niet eens een rooie duit
Om zeep te kopen of een zalfje voor haar huid,
Toch lik ik haar in stilte met nog veel meer gloed
Dan hete Magdalena deed met Jezus' voet.

Het arme creatuur, amechtig door genot,
Heeft van de hese hoest een opgezwollen strot,
En ik kan raden bij haar ruwe ademstoot
Dat zij geregeld bijten moet op gasthuisbrood.

Haar grote, bange blik meent in de wrede nacht
Een andere blik te zien die in het steegje wacht.
Zo vaak schenkt zij haar hart aan ieder die het vraagt
Dat haar het donker met zijn spoken angst aanjaagt.

Dat zorgt ervoor dat zij meer ponden kaars verbruikt
Dan een geleerde die 's nachts in zijn boeken duikt
En dat zij honger en zijn kwelling minder vreest
Dan dat een dode minnaar haar verschijnt als geest.

Wanneer u haar ontmoet in opgetutte staat,
Geslopen naar een hoek van een verdwaalde straat,
Terwijl zij, hoofd en blik omlaag, een duif halfdood,
Met afgesleten hakken strompelt door de goot,

Spuw, mijne Heren, toch geen vloeken en gejouw
In het geverfd gezicht van de onkuise vrouw
Die op een winternacht, door hongersnood verplicht,
Haar rokken in de open lucht heeft opgelicht.

Die bohémienne is mijn alles, mijn gewin,
Mijn parel, mijn juweel, mijn kroon, mijn hertogin,
Zij die mij wiegde op haar glorieuze schoot
En die met beide handen warm mijn hart omsloot.

Guillaume de Lorris

DE ROMAN VAN DE ROOS | fragment

Opeens ging 't beuken deurtje open:
daar stond een maagd, jong en zeer knap,
het haar blond als een koperen nap,
haar huid als kiekenvlees zo blank,
het voorhoofd glad, de wenkbrauw rank,
haar neusbrug niet te smal, te klein,
maar breed, zoals die hoort te zijn.
Haar neus was recht en niet gebogen,
ze schitterde met valkenogen.
Haar zoete adem, vol van tover,
zou buit zijn voor een maagdenrover.
Haar blank gelaat bloosde gezond,
vollippig was haar kleine mond,
ze had een kuiltje in de kin.
Haar hals, volmaakt naar ieders zin,
was van een pukkelloze pracht,
het halsvlees als een vacht zo zacht;
daarom verklaar ik hier met klem:
er was tot aan Jeruzalem
geen vrouwe met een mooier hals,
zo glad in 't strelen en zo mals.
Haar borstenaanzet wit en licht
als sneeuw die op de takken ligt.

Heinrich Heine

ROMANCES I | Een vrouw

Zij hadden elkaar zo hartelijk lief,
Een deugniet was zij, hij was een dief.
Als hij weer boosheid betrachtte,
Wierp zij zich op bed en lachte.

De dag ging in vreugde voorbij,
En 's nachts lag zij warm aan zijn zij.
Toen zij hem de kerker in brachten,
Stond zij aan het raam en lachte.

Hij liet haar zeggen: 'O kom naar mij,
Ik roep jou, wil jou, wat dacht jij!
Naar jou blijf ik eeuwig smachten' –
Zij schudde het hoofd en lachte.

Om zes uur 's morgens hing men hem op,
Om zeven wierp men er aarde op;
Zij echter, reeds rond achten,
Dronk rode wijn en lachte.

Praxilla

Hoe bekoorlijk kijk jij door een kier het venster uit,
jij die van gezicht een meisje bent, daaronder: bruid.

Innokénti Fjódorovitsj Annenski

TWEE LIEFDES

Zo'n liefde die lijkt op rook –
in een klein kabinet bederft ze,
aan het open raam sterft ze
o als rook
zo herhaalbaar, zo doorzichtig ook.

Zo'n liefde die lijkt op schaduw –
ligt aan je voeten overdag,
lonkt naar je, kust je peluw 's nachts
o als schaduw
zo dubbelzinnig, zo licht schuw.

Shams al-Din Muhammad Hāfiz

HALVERWEGE DE NACHT

Halverwege de nacht
kwam ze bij mijn bed staan,
Wijn in de hand, haar hemd gescheurd
en 'r haar in de war,
Met ogen die lachten, ogen die huilden
en spottende stem.
Zij vleide haar hoofd op mijn borst
en kloeg:
Zo vroeg in slaap, mijn liefste?
Jij wordt de liefde ontrouw
Als je de wijn niet aanbidt
die je wordt ingeschonken;
Vergeet dat gepraat over zonde
van zeurende hypocrieten.
Sinds de wereld begon
stond onze maat vast.
Wat ons ook aangeboden werd
dronken we en het deerde ons niet
Of het nu wijn was uit het paradijs
of de droesem van een slecht jaar.
O Hāfiz, menige gelofte als die van jou
werd onherstelbaar gebroken
Door een meisje met een karaf wijn
en 'r haar in de war.

Gabriele d'Annuncio

OP EEN LENTEMORGEN

Op deze morgen hield slaap de geliefde verdoofd en geketend
  tussen het bedlinnen vast. Witter dan dat was haar huid.

Stil, onbeweeglijk gestrekt, leek ze diep in de uiterste sluimer,
  koud in de uiterste rust, vredig en mooi op de baar.

Ademen deed ze onhoorbaar. Het leek of haar lippen zich sloten,
  zuiver en ademloos stil, samengedrukt door de Dood.

'Niet wakker worden, niet wakker worden,' zo bad ik in stilte,
  diep in mijn hart, 'als je wilt dat ik voorgoed van je houd!

Mogen je lippen voor eeuwig gesloten en goddelijk blijven!
  Dan pas weer kus ik die mond met een wellustig genot.

Dan pas weer zullen mijn handen de tederste streling hervinden
  voor dat gelaat, voor die huid die ik ooit liefhad, voor die

oogleden die je ondragelijk dierbare blik nu verhullen;
  en die nu zwijgende mond kus ik met opperst genot.'

Imru l-Qays

DE VERLEIDER

Hoevele vrouwen die ik heb doen smachten
zijn reeds door mijn verleidingskunst verleid,
soms met een kind nog aan de borst gevlijd
en ook wel eens toen ze een kind verwachtten.

Zelfs toonden anderen zich zó bereid,
dat ze niet langer om hun kindje dachten,
maar liever míj hun liefdesgunsten brachten,
aan zoete zinsverrukking toegewijd.

Als dan het kindje, plotseling alleen
en bang geworden, uitbrak in geween,
boog zich de jonge moeder naar 't geschrei,

maar wel alleen van boven, mooi gewelfd,
want van haar lichaam bleef de onderhelft
gewillig voor mijn lust bij mij, bij mij.

Pierre de Ronsard

SONNET CXXXV | voor Cassandre

Tedere schoonheid, doodster van mijn leven,
ter plaatse van het hart heb jij een steen.
Je maakt dat ik verkwijn, vel over been,
door een begeerte, vol van lust, gedreven.

Je jonge bloed, dat liefde na wil streven,
brak door die ijzigheid van jou niet heen,
zo schuw en trots, voor wie het hoogste scheen
koud weg te kwijnen, zonder toe te geven.

Leer toch te leven, trotse vol van wreedheid.
Houd niet je pracht voor Pluto in gereedheid.
Hier moet men minnen zonder valse schaamte.

De dood is wie men zacht bedriegen moet:
onder de grond wordt strakjes evengoed,
zonder gevoel, het lichaam een geraamte.

Een diepe hartstocht greep mij aan:
Een minnaars oor alleen
Kan maar geheel en al verstaan
Wat mij bevreemdend scheen.

Mijn liefje was toen sterk en blij
Zoals een juniroos,
De avondmaan liep mee met mij
Toen ik haar richting koos.

Ik volgde in gezeten draf,
En met de maan voorop,
De weg waar ik zoveel om gaf,
Recht naar de heuveltop

En kwam toen bij een boomgaard aan.
Maar ik klom hoger, hoger maar.
Bij Lucy's huisje hing de maan
Nog dichter, groot en klaar.

Een zoete droom is mijn zacht bed,
Een gift van de Natuur.
De maan die hield gelijke tred
En zakte ieder uur.

Mijn paard ging door, mijn sterke ros.
Het klom met mij daarheen
Waar achter Lucy's dakrand plots
De maan voorgoed verdween.

Hoe sluipt soms in een minnaars hart
Een grillig, diepe nood:
'O God,' riep ik geheel verward,
'Mijn Lucy, is zij dood?'

Anoniem

HET STILLE MEISJE | uit de Oden van Bei

Het stille meisje is zo knap –
De stadsmuurhoek, daar zou ze op me wachten!
Ik houd van haar en zie haar niet,
Loop heen en weer en krab mijn hoofd.

Het stille meisje is zo lief –
Ze schonk aan mij een rode pijp.
Een rode pijp in lichterlaaie –
Verliefd ben ik op 't mooiste meisje!

Vanaf de wei bracht ze een riet,
Het is echt mooi en heel bijzonder!
Maar toch ben jij het mooiste niet –
Ik kreeg je van het mooie meisje!

Charles d'Orleans

RONDEEL

Klop niet meer op de deur van mijn gedachten,
doe zachtjes nu en wil geen leven maken,
want anders kunnen zij opnieuw ontwaken;
ze zijn vermoeid van slapeloze nachten.

We moeten stil zijn, stem en stap verzachten,
genezend in de macht van 't witte laken,
klop niet meer op de deur van mijn gedachten.

Want slapende verzamelen zij krachten,
ze moeten alle bezigheden staken
om van gezondheid straks te kunnen blaken;
dan zijn ze morgenvroeg tot meer bij machte.
Klop niet meer op de deur van mijn gedachten.

Kaccipettu Nannakaiyar

WAT ZE ZEI

Mijn minnaar die verschrikkelijk kan liegen
ligt 's nachts dicht tegen me aan
in een droom
die liegt als de waarheid.

Nog steeds bedrogen word ik wakker,
en streel het bed
terwijl ik denk aan hem.

Het is erg. Ik word mager
van eenzaamheid
als een waterlelie
waaraan een kever knaagt.

Pablo Neruda

VANNACHT ZOU IK

Vannacht zou ik zeer trieste verzen kunnen schrijven.

Bijvoorbeeld schrijven, 'De nacht is aan scherven gevallen
en ver weg huiveren de sterren blauw.'

De nachtwind kolkt in de lucht en zingt.

Vannacht zou ik zeer trieste verzen kunnen schrijven.
Ik hield van haar, zij soms van mij.

In nachten als deze hield ik haar in mijn armen
en kuste haar zoveel en zoveel onder de eindeloze hemel.

Ze hield van mij, ik soms van haar.
Hoe zou ik niet van haar grote stille ogen hebben gehouden.

Vannacht zou ik zeer trieste verzen kunnen schrijven.
Te denken dat ze niet de mijne is. Te voelen dat ik haar verloor.

De onmetelijke nacht te horen, nog onmetelijker zonder haar,
het vers valt dan in de ziel als de dauw op de weiden.

Wat maakt het uit dat mijn liefde haar niet vasthield.
De nacht is aan scherven gevallen en ze is niet bij mij.

En dat is alles. In de verte zingt iemand. In de verte.
Mijn ziel is ontevreden omdat hij haar verloor.

M'n blik zoekt haar om haar naderbij te brengen.
M'n hart zoekt haar en ze is niet bij mij.

Het is dezelfde nacht die dezelfde bomen wit maakt.
Maar wij, die van vroeger, zijn niet meer dezelfden.

Zeker, ik hou niet meer van haar, maar hoeveel hield ik van haar.
M'n stem zocht de wind om haar oren te beroeren.

Van een ander, een ander, zal ze zijn. Zoals vóór mijn kussen.
Haar stem, haar helder lichaam, haar eindeloze ogen.

Zeker, ik hou niet meer van haar, maar misschien toch hou ik van haar.
De liefde is zo kort, het vergeten zo lang.

Want in nachten als deze hield ik haar in mijn armen,
mijn ziel vindt geen vrede omdat hij haar verloor.

Hoewel dit de laatste pijn is die zij mij doet lijden
en dit de laatste verzen zijn die ik voor haar schrijf.

Tegen de rondborstige zei ik: 'Lig op het zand
Van deze grafplaats – er is geen kussen.'
En zij: 'In Gods naam, uw bevel is mijn gehoorzaamheid
Al is mij iets opgedragen dat ik niet gewoon ben.'
De lange nacht bleef ik kussen nemen
Van zoete muskusspeeksel, alsof ik honing puurde.
Toen het morgenen naderde zei zij: 'Je hebt mij onteerd'
Ga onverjaagd weg, of ga door als je wilt.'
Niets meer deed ik dan aan haar tandvlees sabbelen
Haar mond kussen en gesprekken wisselen,
Ik voedde mij met haar en hulde mij in haar lendendoek,
Zei tegen mijn ogen: 'Vanaf morgen kunnen jullie tranen.'
Zij stond op om met haar mantel haar plaats weg te vegen
En de parels van een gebroken snoer bijeen te zoeken.

Hugo von Hofmannsthal

HET PAAR

Zij droeg de beker in haar hand
– Haar kin en mond leek op zijn rand –,
Haar tred was zo licht en zo zeker,
Geen druppel spatte uit de beker.

Zo licht en zo vast was zijn hand:
Hij had als rijdier een jong paard
En met een achteloos gebaar
Dwong hij het sidderend tot stand.

Maar toen hij boog om uit haar hand
De lichte beker te aanvaarden,
Werd hij hun beiden al te zwaar:
Want beiden beefden voor elkaar
Zo dat geen hand de andere vond,
En donker rolde wijn ter aarde.

Lope de Vega

KLAVER

Klaver, Jezus dat ruikt lekker!
Klaver, Jezus wat een geur!
Klaver voor de pas getrouwde
die haar echtgenoot bemint;
evenzeer voor 't lieve kind,
tussen muren vastgehouden,
dat haar eerste lief vertrouwt en
hem verwelkomt aan de deur.
Klaver, Jezus dat ruikt lekker!
Klaver, Jezus wat een geur!

Klaver voor wie, druk bevreeën,
niet haar vrijheid af wil staan;
voor de weeuw die graag een tweede
keer naar het stadhuis zou gaan,
met een witte sluier aan
en een rokje, fel van kleur.
Klaver, Jezus dat ruikt lekker!
Klaver, Jezus wat een geur!

Apollon Nikolajevitsj Majkov

IN DE REGEN

Weet je nog: we dachten niet aan onweer, regen,
Tot we, ver van huis, opeens een stortbui kregen;
Haastig schuilden we onder bemoste bomen...
Aan de angst en vreugde leek geen eind te komen!
Regen viel door 't zonlicht; waar we ons bevonden
Leek het of we in een gouden kooitje stonden;
Om ons heen, alsof het parels waren, gleden
Druppels van de dennennaalden naar beneden,
Rolden op je hoofdje, glanzend als kristallen,
Of ze kwamen zo je keursje binnenvallen...
Weet je nog hoe onze lach steeds meer verstilde...
Hoe recht boven ons opeens de donder trilde –
Hoe je angstig in mijn armen bent gezegen...
O weldadig donderbuitje! Gouden regen!

Francesco Petrarca

CANZONIERE 3

Het was de dag waarop de zon haar stralen
uit deernis met haar Schepper tanen liet,
toen onverhoeds, want argwaan had ik niet,
uw heerlijke ogen mij mijn hart ontstalen.

Het was, dacht ik, geen dag om zich te stalen
tegen de Liefdesgod en ik verliet
mij zorgloos op mijzelf; zo zou 't verdriet
van 't ganse volk mijn dreigend leed bepalen.

Ontwapend bood ik Amor geen verweer,
de weg van oog naar hart lag nog ontsloten,
waar nu een stroom van bittere tranen vloeit.

Toch strekt zijn daad, vind ik, hem niet tot eer,
zijn pijl heeft hij in 't weerloos hart geschoten,
zijn boog liet u, bewapend, ongemoeid.

Francesco Petrarca

CANZONIERE 65

Ik was op Amors aanval niet bedacht,
die Vrijdag, toen zijn pijlen mij doorstaken.
Hij kon zich meester van mijn leven maken
en kreeg mij daarna steeds meer in zijn macht.

Ik had niet van zijn wapenen verwacht
dat zij mijn hart zo hevig zouden raken,
nadat zij door zijn harde pantser braken:
de straf voor wie zich onverslaanbaar acht.

Nu laat ik mij door Amor ringeloren,
omdat ik mij vergeefs verzet bespaar
en hoop dat hij mijn bede zal verhoren.

Mijn enige verweer is hem te smeken,
niet om mijn vuur te doen bedaren, maar
om deze vlam bij haar ook te ontsteken.

Paul Éluard

IK HOUD VAN JE

Ik houd van je om alle vrouwen die ik niet heb gekend
Ik houd van je om alle tijden dat ik niet heb geleefd
Om de geur van het ruime sop en de geur van warm brood
Om de sneeuw die smelt om de eerste bloemen
Om de zuivere dieren die de mens niet verschrikt
Ik houd van je om lief te hebben
Ik houd van je om alle vrouwen die ik niet liefheb

Wie anders spiegelt mij dan jij zelf zie ik mij amper
Zonder jou zie ik enkel een verlaten vlakte
Tussen vroeger en vandaag
Waren al die doden waar ik doorheen liep op stro
Ik kon geen gat in de muur van mijn spiegel boren
Ik moest het leven leren woord voor woord
Zoals men vergeet

Ik houd van je om jouw wijsheid die niet van mij is
Om de gezondheid
Ik houd van je ondanks alles dat enkel illusie is
Om het onsterfelijke hart dat ik niet beheer
Je meent twijfel te zijn en je bent slechts rede
Je bent de grote zon die mij naar het hoofd stijgt
Als ik zeker ben van mezelf.

edward estlin cummings

mag ik voelen zei hij
(ik ga gillen zei zij
één keer maar zei hij)
wel leuk zei zij

(mag ik zei hij
hoeveel zei zij
veel zei hij)
waarom niet zei zij

(vooruit zei hij
niet te ver zei zij
wat is te ver zei hij
waar je bent zei zij)

mag ik blijven zei hij
(hoe zei zij
zoals nu zei hij
als je kust zei zij

mag ik bewegen zei hij
’t is liefde zei zij)
als je wilt zei hij
(maar ik sterf zei zij

maar ’t is leven zei hij
maar je vrouw zei zij
nou zei hij)
wow zei zij

(tiptop zei hij
hou niet op zei zij
o nee zei hij)
langzaam aan zei zij

(k-k-kom je klaar zei hij
ummm zei zij)
je bent fijn zei hij
(je bent mijn zei zij)

Stéphane Mallarmé

RONDEEL

Laat ons beminnen als je wil
Met jouw lippen zonder te spreken
Zoek deze rozemond niet kil
Met stilzwijgen te onderbreken

Er is geen lied dat ooit zo pril
Een glans van glimlach zal ontsteken
Laat ons beminnen als je wil
Met jouw lippen zonder te spreken

Tussen de kringen stil zo stil
Zal purper als een vlammend teken
De sylfe van een zoen uitbreken
Tot aan het verste wiekgetril
Laat ons beminnen als je wil.

Anoniem

Die kou van de noordenwind,
die harde regen, die sneeuw,
als je lief bent en van me houdt
neem me bij de hand dan gaan we samen –
maar hij aarzelt, hij is zwak,
nu het er op aan komt.

Dat gefluit van de noordenwind,
die motregen, die natte sneeuw,
als je lief bent en van me houdt
neem me bij de hand dan gaan we samen –
maar hij aarzelt, hij is zwak,
nu het er op aan komt.

Een vos, zoals er geen rood is,
een raaf, zoals er geen zwart is,
als je lief bent en van me houdt
neem me bij de hand dan gaan we samen –
maar hij aarzelt, hij is zwak,
nu het er op aan komt.

Edgar Allan Poe

ANNABEL-LEE

Het was voor wel honderdmaal honderd jaar,
in een koninkrijk bij de zee;
daar woonde een meisje, ook gij toch kent haar,
want haar naam was Annabel-Lee;
zij zwoer slechts bij mij en ik zwoer bij haar
en geen liefd' ooit was groter, weleer.

Ik was een kind en ook zij was een kind,
in dat koninkrijk bij de zee;
en de wereld was heen en er bleef nog alleen,
ik en mijn Annabel-Lee, –
en wij minden zozeer dat het hemelse heir
afgunstig keek op ons neer.

En dat was de reden, dat, ach, lang geleden,
in dat koninkrijk bij de zee,
een spel werd bedreven, dat nam het leven
van de lieflijke Annabel-Lee,
toen zwoeren te zamen de eedlen van name,
en mijn liefste, ze namen haar mee,
en borgen haar op in een van de graven,
in dat koninkrijk bij de zee.

Nooit was het geluk der goden in Lethe
zo groot, en zij haatten ons zeer.
En dat was de reden (zoals men zal weten)
in dat koninkrijk bij de zee,
dat in stormachtig jagen hun ijskoude vlagen
haar doodden, mijn Annabel-Lee.

Maar ons beider beminnen, met hart en met zinnen
kon geen dezer verderven,
die heerst over leven en sterven;
noch zij, de stralende, hoog boven de wolken,
noch zij, die de donkerste diepten bevolken,
nooit zullen zij scheiden de harten dier twee;
van mij en van Annabel-Lee.

En geen macht kan nog komen of hij brengt me dromen
van mijn lieflijke Annabel-Lee;
en geen ster kan nog dalen of ze zal mij verhalen
  van mijn lieflijke Annabel-Lee.
Zo zijn al mijn nachten een steeds durend wachten
bij mijn lieve, mijn lieve en tederlijk zachte,
  in haar graftombe daar bij de zee,
  in haar graf bij de deinende zee.

Louise Labé

SONNET XVIII

Kus mij, kus mij opnieuw en blijf mij kussen,
Geef mij van je waanzinnigste er een,
Geef mij van je aanminnigste er een,
Ik geef er vier weer die niet zijn te blussen.

Ach, klaag je? Kom, laat mij je lijden sussen.
Ik geef er jou tien zoetere meteen,
Wij mengen onze kussen zacht dooreen
En vinden bij elkaar genot intussen.

Zo vangt voor elk een dubbel leven aan.
Elk zal in zich en in zijn lief bestaan.
Laat, Liefste, mij van zulke dwaasheid dromen:

Steeds voel ik wrevel om dit stil bestaan
En nooit ben ik geheel en al voldaan,
Zolang ik uit mezelf niet los kan komen.

Antonin Artaud

EERSTE SNEEUW

Jij zo heel zachte vrouw, heel mooi, heel bleek,
Zie de dag die straks op de witte mysteries omkomt;
En de stilte ruist zacht in het vertrek
In de occulte magie van de stervende avond.

Wij voelen ons gelukkig te weten dat de dingen
Evenals wij dit brokje klaarheid drinken
En met ons vluchten, de roze wolken binnen...
En op de ruit is de dag violet geworden.

In de zachtheid van de avond klagen de takken
Soms ligt op de wegen een vogel in doodsstrijd;
En 't is hier dat de hemel een waterkleur krijgt...
Mijn zuster het is onze liefde die sneeuwt in de takken.

Gaius Valerius Catullus

ZOENEN

Leven, Lesbia, is liefhebben
en geen rode duit geven
om het gebrom van ouwe heren.

De zon gaat uit, gaat aan.
Als ons licht eenmaal is uitgedoofd,
wacht ons de nacht – voorgoed.

Geef me duizend-en-een zoenen,
en duizend-en-een erbij,
en duizend-en-een tot slot.

En zo duizenden keren
tot we de tel verliezen
en het getal vergeten

zodat geen boze tong jaloers
kan zijn als hij te weten komt
hoeveel het er zijn geweest.

Paul Verlaine

KOSTSCHOOLMEISJES

Op kostschool deelden ze, vijftien en zestien jaar,
Dezelfde kamer en, meer nog, dezelfde sponde.
Het was op een septemberavond, loom en zwaar:
Hun ranke lijven, blauwe ogen, rode monden.

Ze hadden zich, omdat ze 't ongedwongen vonden,
Ontdaan van hun naar amber geurend nachthemd, maar
Nu welft de jongste zich en toont zich onomwonden;
Haar zuster, die haar beide borsten streelt, kust haar,

Laat zich dan op haar knieën neer en wordt echt wild;
Ze buigt haar mond onstuimig, van verstand beroofd,
Naar 't blonde goud en dieper naar de donkere plooi;

De jongste tuurt naar haar tengere vingers, telt
Intussen al de walsen die haar zijn beloofd
En glimlacht argeloos, maar aan een blos ten prooi.

Andrew Marvell

AAN ZIJN ZEDIGE GELIEFDE

Hadden wij volop wereld, volop tijd,
Uw zedigheid, Mevrouw, trof geen verwijt.
Wij zouden ons op ons gemak afvragen:
Waar slijten we onze lange liefdesdagen?
Gij aan de Ganges op robijnenjacht,
Terwijl ik aan de Humber klaag en wacht
En staar naar het getij: als het Hoogwater
Opkomt, is 't voor mijn liefde tien jaar later;
Ge mocht mij afwijzen, als dat u zint,
Tot ge het jodendom gekerstend vindt.
Mijn liefde zou weidser dan wereldrijken,
Maar als een plant en nog veel trager blijken.
Eén eeuw zou ik besteden om uw oog
Te prijzen, starend naar uw wenkbrauwboog.
Twee om uw beide borsten te vereren,
Driehonderd om de rest te celebreren;
Minstens een tijdperk voor zelfs 't kleinste part,
En 't laatste tijdperk toonde mij uw hart.
U bent het waard, Mevrouw, al die plichtpleging,
Zodat mijn liefde gaarne daarin meeging.

Maar 'k hoor de tijd die nadert achter mij
Met zijn gevleugeld span steeds dichterbij:
En voor ons uit ligt, gindse grens voorbij, de
Woestijn van eeuwigheid aan gene zijde.
Aldaar verzinkt uw schoonheid in het niet,
En in uw marmergraf weerklinkt geen lied
Van mij; wat gij zo zuinig moest bewaken,
Uw maagdenvlies, zal dan de worm wel smaken.
Stof wordt wat preuts en eerbaar aan u was,
En van mijn lust rest ook alleen maar as:
't Graf is een mooie plaats, en heel besloten,
Maar liefde wordt er, dunkt mij, niet genoten.

Dus nu uw jeugd, de frisheid die zij geeft,
Als ochtendglans nog aan uw leden kleeft,
En nu uw ziel uw poriën doet blaken
Van vuur dat u gewilliger moest maken,
Laat ons nu dartel zijn, zolang het kan,
En als gretige roofvogels (eer dan
Ons zuchtend in tijds trage muil te vinden)
Nu, nu meteen, al onze tijd verslinden.
Laat ons nu alle kracht in ons, en al
Ons lieflijks, samenballen tot één bal,
En ons genot een vaart en richting geven
Dwars door de ijzeren poorten van het leven;
Wij kunnen onze zon niet stil doen staan,
Wij zullen hem veeleer op hol doen slaan.

Pierre de Marbeuf

DE LIEFDE EN DE ZEE

De liefde en de zee delen hun bitterheid,
Ja, zee en liefde: even bitter zijn ze beide,
Op zee en in de liefde kun je schipbreuk lijden,
Er is geen zee, geen liefde, zonder storm en strijd.

Wie 't water vreest moet aan de wal zijn tijd maar beiden,
En wie het kwaad vreest dat ieder die liefheeft lijdt,
Moet zorgen dat hij 't felle vuur der liefde mijdt,
Dan weten beiden ook de schipbreuk te vermijden.

De moeder van de Liefde had als wieg de zee,
Liefde brengt vuur, en water bracht zijn moeder mee,
Maar water tegen vuur is van zijn kracht beroofd.

Dat jij van liefde brandt, doet mij zoveel verdriet,
Dat als zich liefdes brand met water blussen liet,
Ik met mijn tranenzee het vuur al had gedoofd.

Dante Gabriel Rossetti

LIEFDESNACHT

Hun monden zijn allengs uiteengegaan,
  Met pijn. Als bruisend water in een goot
  Dat weer tot rust kwam toen het onweer vlood,
Zo ebde beider hartekolk stilaan.
Hun lijven lieten elkaar los, ontdaan
  Als tweelingbloemen, aan de moederloot
  Met kracht uiteengebogen; gloeiend rood
Riep beider mond van ver de ander aan.

Ze zonken dieper dan het tij der dromen:
  Hun dromen lieten hen barmhartig vrij.
Traag zijn hun zielen weer omhooggekomen
  Naar vaag, verwaterd daglicht, totdat hij,
Uit een verbazend land van woud en stromen
  Ontwaakt, zich weer verbaasde: daar lag zij.

Elizabeth Barrett Browning

SONNETTEN VAN DE PORTUGESE XIV

Zo ge mij liefhebt, laat het dan vooral
Om liefdeswille zijn. Spaar mij een woord
Als dit: ‘Het is haar lach, de zoete val
Is ’t van haar stem, haar blik die mij bekoort,

Een lief geheim dat ik haar eens ontstal
En dat met mijn geheimste samenhoort’,
Want elk van deze dingen, liefste, zal
Zijn glans verliezen en wellicht verloort

Ge uw liefde zo. Noch zij ze mij gewijd
Uit medelij dat mijn verdriet wil stillen,
Want, wie uw zoete troost mocht voelen, schreit

Niet meer, en deed uw liefde zo verkillen!
Maar heb mij lief alleen om liefdeswille
Opdat zij duurt door liefdes eeuwigheid.

Elisabeth Barrett Browning

SONNETTEN VAN DE PORTUGESE XXVI

Ik woonde slechts met visioenen samen
en nooit met mensen, door de jaren heen;
ik vond hen goed gezelschap, er klonk geen
muziek die zij niet zongen voor mijn ramen.

Maar toen er vlekken op hun mantels kwamen,
hun luit ontstemd was, vals klonk en gemeen
en eindelijk mijn vriendenkring verdween,
was ik heel zwak en blind. Bij dat eenzame

verlaten meisje kwam de liefste, stralend
als eens de visioenen, mooier nog
(als een fontein die stromend water toch
in schoonheid overtreft); zingend, verhalend
bevredigt hij mijn ziel; wat God mij gaf,
daartegen legt de mooiste droom het af.

Pierre Louÿs

DE BORSTEN VAN MNASIDIKA

Zorgvuldig ontsloot zij met een hand haar tunica en reikte mij haar borsten: bloedwarm, zacht, zoals men een godin twee tortelduifjes levend offert.

'Bemin ze vurig,' zei ze mij, 'want ik bemin ze zelf zozeer. Het zijn twee liefjes, kleuterkleintjes. Als ik alleen ben zorg ik voor ze: dan speel ik met ze, doe ik ze plezier.

Dan baad ik ze in koele melk en poeder ze met bloemen. Mijn fijne haren die hen drogen zijn teder aan hun kleine knopjes. Vol huiver streel ik ze en bed ik ze in zachte wol.

En kinderen zal ik nimmer baren, wees jij daarom hun zuigeling. En te ver zijn ze van mijn lippen, kus jij ze daarom uit mijn naam.'

Abū Nuwās

DE PREUTSE

Zij kwam die avond op me toegetreden,
met gloeiend oog. Daar ze me niet weerstond,
stuurde ik speels haar mantel naar de grond,
en ook haar rok ging langzaam naar beneden.

De nacht hing zijn gordijnen in het rond.
Ik werd zeer opgewonden in mijn leden.
Ze wrong zich los, om zich weer aan te kleden.
'Je moet tot morgen wachten,' sprak haar mond.

Die dag, zo laat als ik haar had verwacht,
trof ik haar aan, en bracht bij haar naar voren
wat zij beloofd had, maar nog niet vervuld.

Ze zei: 'Maar gaat gefluister uit de nacht
niet door de drukte van de dag verloren?'
En met een glimlach zei ze: 'Heb geduld.'

Wystan Hugh Auden

TWELVE SONGS IX

Stop alle klokken, maak de telefoon kapot,
Belet de hond te blaffen met een lekker bot,
Leg de piano's het zwijgen op en breng met stille trom
De kist naar buiten, dat de rouwstoet komt.

Laat vliegtuigen cirkelen kermend boven ons hoofd
En in de lucht de boodschap kerven Hij is dood,
Knoop elke stadsduif crêpe strikken om de witte kraag,
Dat de verkeerspolitie zwartkatoenen handschoenen draagt.

Hij was mijn noord, mijn zuid, mijn oost en west,
Mijn werkweek en mijn zondagsrust,
Mijn dag, mijn nacht, mijn woord, mijn lied;
Ik dacht dat liefde eeuwig was: zo is het niet.

De sterren zijn niet welkom nu: doof ze terstond,
Omwikkel de maan en ontmantel de zon;
Giet oceanen leeg en veeg de bossen schoon,
Want er is niets meer nu waar ooit nog iets van komt.

Anoniem

EEN LENTELIED

Morgen moet de liefde komen
bij wie nooit heeft liefgehad,
bij wie ooit heeft liefgehad
moet de liefde morgen komen.

Een nieuwe lente! Vol geluiden
de lentelucht waaruit de wereld
geboren werd! Alles is liefde
en harmonie en al wat vleugels
heeft, huwt in lentetijd. De buien
bevruchten kruinen, als een bruid bindt
het woud de haren los. En Venus
die liefdebanden knoopt, vlecht morgen
met mirtetwijgen in het lommer
van bomen pril-groene priëlen.
Ja, morgen zetelt weer Dione
hoog op haar troon: haar woord zal wet zijn.

Morgen moet de liefde komen
bij wie nooit heeft liefgehad,
bij wie ooit heeft liefgehad
moet de liefde morgen komen.

Ludovico Ariosto

OLYMPIA

Olympia kon op een schoonheid bogen
Die zeldzaam is. Volmaakt was niet alleen
Haar voorhoofd – mooier wangen, neus en ogen,
Prachtiger hals en schouders had niet een.
Wiens blikken langs haar borst en lager togen
Naar heel de weelde die haar kleed voorheen
Verborgen hield, aanschouwde wat de aarde
Met al haar schoons wel nimmer evenaarde.

Blanker dan verse sneeuw waren haar leden
En bij 't betasten als ivoor zo glad;
Haar kleine welgevormde borsten deden
Denken aan volle melk zo uit het vat.
Daartussen glooide een dal zacht naar beneden
Als tussen heuvels een beschaduwd pad
Waar als de lente ons koestert met haar stralen
De laatste wintersneeuw nog lang blijft dralen.

Haar ronde heupen en haar slanke benen,
Haar buik, zo gaaf en vlak als spiegelglas,
En o haar blanke dijen, alle schenen
Mooier nog dan een werk van Phidias.
Dien ik nu ook mijn aandacht te verlenen
Aan wat zij wilde dat verborgen was?
Kortom, men zag in haar van hoofd tot voeten
Al wat er ooit aan schoonheid is te ontmoeten.

Had Paris haar gezien in Ida's dalen
Dan weet ik niet of deze herdersknecht
Venus, al won zij 't van haar twee rivalen,
De prijs der schoonheid wel had toegezegd
En Helena in Sparta was gaan halen
Met schending van het heilig gastenrecht.
Hij zou geroepen hebben: – Blijf jij maar
Bij Menelaus, ik wil enkel háár! –

Anoniem

VEEL TE DICHT

Veel te dicht om zijn ogen te verdragen
kijk ik neer naar mijn schoot.
Ik tracht de vele zachte woorden
in zijn adem niet te horen.
Ik leg mijn handen op mijn oren,
blaas mijn wangen op die branden
van de dingen die hij niet eens zegt.
Ik doe zo mijn best. Maar nu
raak ik helemaal van de wijs,
wat doe ik toch?

André Breton

DE VRIJE EENHEID

Mijn vrouw met het haardvuren haar
Met gedachten als bliksemflitsen
Met de zandlopertaille
Mijn vrouw met de ottertaille tussen tijgertanden
Mijn vrouw met de kokarde mond
En mond als een boeket van verre sterretjes
Met tanden als sporen van een witte muis op de witte aarde
Met de tong van gepolijst amber en glas
Mijn vrouw met haar dolkdoorboorde hostietong
Met de tong van een pop die de ogen opent en sluit
Met de tong van ongelofelijke edelsteen
Mijn vrouw met wimpers als schoonschrift
Met wenkbrauwen als de rand van zwaluwnestjes
Mijn vrouw met slapen van een leien serredak
En condens op vensterglas
Mijn vrouw met schouders van champagne
En met ijsoverdekte dolfijnenkoppen getooide fontein
Mijn vrouw met luciferranke polsen
Mijn vrouw met vingers van toeval en van hartenaas
Met vingers van gesneden hooi
Mijn vrouw met oksels van een marter en van beukennootjes
Van de Sint-Jansnacht
Van keelkruid en nest van schelpdieren
Met armen van meerschuim en schutsluis
En mengeling van koren en molen
Mijn vrouw met vuurpijlbenen
Met de bewegingen van uurwerk en wanhoop
Mijn vrouw met kuiten van vlierpitmerg
Mijn vrouw haar voeten als initialen
Met sleutelbossen voeten, voeten van zuipende brewers
Mijn vrouw met haar hals van ontparelde gerst
Mijn vrouw met haar borsten als de Gouden Vallei
Van rendez-vous in de bergstroomstortvloed van het eigen bed
Met borsten van de nacht
Mijn vrouw met borsten van zeemolshoopjes
Mijn vrouw met borsten, een smeltkroes van robijn
Met borsten als de rozenziel

Mijn vrouw met de schoot, een ontplooiing van de waaier der dagen
Met de schoot een reuzeklauw
Mijn vrouw met de rug van een vogel die loodrecht opstijgt
Met de kwikzilveren rug
Met de rug uit licht
Met de nek van zwerfsteen en vochtig krijt
En de val van een glas waaruit men zojuist dronk
Mijn vrouw met gondelheupen
Met luisterrijke kroonluchterheupen en pijlveren
En verenschacht van de witte pauw
Van onverstoorbaar evenwicht
Mijn vrouw met billen van zandsteen en amiant
Mijn vrouw met billen van een zwanenrug
Mijn vrouw met de lentebillen
Met gladiolengeslacht
Mijn vrouw met een geslacht als een goudmijn, als een vogelbekdier
Mijn vrouw met een geslacht van zeewier en suikergoed van vroeger tijden
Mijn vrouw met spiegelende sexe
Mijn vrouw met ogen vol tranen
Ogen gewapend als een violette wapencollectie en kompasnaalden
Mijn vrouw met de savanne ogen
Mijn vrouw met ogen als bronnen om je in gevangenschap te laven
Mijn vrouw met de ogen van het bos dat altijd voor de bijl gaat
Met ogen recht als watervlak, vlak als lucht, aarde en vuur

Alexander Pope

AAN EEN ZEKERE DAME AAN HET HOF

Ik ken een van die zeldzaamheden
(stil, Afgunst, luister, houd je in):
een vrouw die vatbaar is voor rede,
knap, geestig, en tóch een vriendin.

Geen drift mismaakt, geen roddel raakt haar.
Humeurig! Nooit! Zelden ontsticht.
Nooit dol en dwaas, nooit ongenaakbaar.
Soms wat verdrietig, nooit ontwricht.

'Heeft ze,' vraagt Afgunst, 'geen gebreken?'
Tja, ik geef toe, er is wel iets:
als men haar deugden gaat bespreken
dan is ze doof, dan hoort ze niets.

Pietro Aretino

SONNET XIII

Geef mij je tong en zet je schrap tegen de muur,
knijp met je dijen, hou me vast met kracht, met kracht!
Vooruit maar, achterover... want het bedje wacht
en naaien wil ik je met al mijn manlijk vuur.

– Zeg hé, jij schoft! Hoe hard en stijf is jouw natuur!
– Vind je? Welnee! Als hij 'n kut vóelt wordt hij al zacht!
– Goed dan, ik neem hem in mijn kont ooit op een nacht
en daar komt hij dan netjes uit, zelfs na een uur!

– Dank, lieve Lorenzina, voor je compliment.
Ik doe voor jou m'n best, duw jij dan net zo zwaar
als la Ciabattina, die de kunst ook kent.

Ik ben al haast zover... en jij? Kom jij al klaar?
– Direct! Als jij mijn mond maar met je tong verwent.
Ik sterf! – Ik ook, dankzij jouw dijenschaar!

Zeg, kom je nou nog klaar?
Ja nu, ja nu! Ik kom mijnheer, ik kom nu vlot,
ik kom op dit moment. – En ik kom ook! O God!

Huang E

MIJN HEILIGE GEHEIME LOTUSVIJVER

Je zocht mijn lotusbloesem met je lippen
om dan te spelen met de stamperknop.
O neushoornpoeder, niets kan aan je tippen
voor een langdurig felle hartenklop.

De hanenkam stond heel de nacht rechtop,
en geen moment liet ik hem mij ontglippen.
De honingbij bleef met zijn dikke kop
tussen de meeldraden naar binnen wippen.

Mijn eigen zoet bedwelmende juweel!
Mijn heilige geheime lotusvijver,
o heer en meester, valt slechts jou ten deel.

Iedere nacht mag jij op ieder uur
de lotus doen ontbloeien door je ijver,
en elke bloesem wordt een bloem van vuur.

Friedrich Gottlob Klopstock

HET ROZENSNOER

In voorjaarslommer vond ik haar
En bond haar vast met rozensnoeren:
Zij voelde 't niet en sluimerde.

Ik keek haar aan, mijn leven hing
Met deze blik vast aan haar leven:
Ik voelde het en wist het niet.

Toch fluisterde ik haar spraakloos toe
En ruiste met de rozensnoeren.
Toen schrok zij uit haar sluimer op.

Zij keek mij aan, haar leven hing
Met deze blik vast aan mijn leven.
En om ons was Elysium.

Christopher Marlowe

DE HARTSTOCHTELIJKE HERDER TOT ZIJN GELIEFDE

Kom leef met mij en wees mijn vrouw
En ik deel elk genot met jou
Dat heuvel, bos, vallei en vliet,
Woud, veld of steile bergtop biedt.

Vanop een rots zien wij verbaasd
Hoe ginds een kudde schapen graast,
Hoe, waar een waterval ontspringt,
Een vogelkoor meerstemmig zingt.

En vaak maak ik een rozenbed
En duizendmaal een broos boeket,
Een bloemenkrans, een sleepgewaad
Met mirte geborduurd brokaat;

Een avondjurk van wol zo fijn
Die van een prachtig lam moet zijn;
Tegen de kou een muiltjespaar
Met gespen van puur goud voorwaar;

Een riem van stro en jong klimop
Met rode haak en amberknop:
Als dit genot jou roeren zou,
Kom leef met mij en wees mijn vrouw.

De knechten dansen met gezang
Voor jouw genot een meimaand lang:
Als dit je geest ontroeren zou,
Dan leef met mij en wees mijn vrouw.

Anoniem

DE VERLOVING VAN INANNA EN DUMAZI | uit De Cyclus van Inanna

Inanna sprak:
　　'Ik baadde mij voor de wilde stier,
　　Ik baadde mij voor de herder Dumazi,
　　Ik zalfde mijn lichaam tot het heerlijk rook,
　　Ik spoelde mijn mond met frisgeurende amber,
　　Ik verfde mijn ogen met koolzwart.

　　Hij liet zijn blanke handen over mijn lenden gaan,
　　De herder Dumazi vulde mijn schoot met room en melk,
　　Hij wreef over mijn schaamhaar,
　　Hij besproeide mijn baarmoeder,
　　Hij legde zijn handen op mijn heilige vulva,
　　Hij verzachtte mijn zwarte boot met zalf,
　　Hij verfriste mijn smalle boot met melk,
　　Hij streelde mij op het bed.

　　Nu wil ik mijn hogepriester op het bed strelen,
　　Ik wil de trouwe herder Dumazi strelen,
　　Ik wil zijn lenden strelen, het herderschap van het land,
　　Ik verorden een aangenaam lot voor hem.'

—

Ninshubur, de trouwe dienaar van het heilige schrijn van Uruk,
Leidde Dumazi naar de heerlijke dijen van Inanna en sprak:
　　'Mijn koningin, hier is de keuze van je hart,
　　De koning, je geliefde bruidegom.
　　Moge hij lange dagen doorbrengen in de heerlijkheid
　　Van je heilige lenden.
　　Geef hem een goedgunstig en glorierijk leiderschap.
　　Verleen hem de herderstaf van gerechtigheid.
　　Verleen hem de blijvende kroon met het stralende
　　En nobele diadeem.'

George Gordon Noel, Lord Byron

SONNET VOOR GENEVRA

Het denken maakt je bleek, niet van verdriet,
maar toch heel mooi; als blijdschap was gekomen
en rood de plaats van wit had ingenomen,
kreeg jij een kleur die mij geen vreugde biedt.

Verblind mij met je blauwe ogen niet.
Er naar te staren doet mijn tranen stromen,
en in mijn blik verschijnen kinderdromen,
zacht als de regen die de hemel giet.

Door neergeslagen wimpers glanst de ziel
van al wat treurig is en teder straalt,
zoals een engel uit de hemel daalt:
hij kent geen pijn, wel deernis voor wie viel.
Zo'n majesteit met lieflijkheid verweven
zal eerbied, maar niet minder liefde geven.

Anna Andrejevna Achmatova

| voor N.V.N

Genegenheid kent ook een onbesproken grens,
Die niet door hartstocht of verliefdheid wordt geschonden
Met zaligheid die haast te veel wordt voor een mens
Of griezelig-doodstil versmolten monden.

En dan is vriendschap net zo zinloos als geluk,
Al is dat nog zo puur en duurt het jaren:
Je kunt je zo, bevrijd van alle druk,
Die stage martelgang – genot – besparen.

Wie tot die grens wil gaan is niet bij zijn verstand,
Wie hem bereikt zal zijn geluk verschoppen...
Begrijp je nu waarom onder jouw hand
Mijn hart niet heftiger begint te kloppen?

Anoniem

HET HOOGLIED | 4:1-5:1

HIJ:

Kijk zie   je bent mooi mijn liefste
Kijk zie   je bent mooi
Je ogen zijn duiven achter je sluier
Je haren als de kudde donkere geiten
die rollen van de berg Galaad

Je tanden als de kudde *witte* geschoren schapen
die uit het bad geklommen zijn
Geen is zonder tweelingzuster
en zonder jongen is er geen

Als een lint van scharlaken   je lippen
en je mond is mooi om te zien
Als de gespleten granaat   je wang
achter je sluier

Als de toren van David je nek
omringd door forten
De duizend schilden hangen er
alle schilden van de helden

Je twee borsten   *als twee hertenwelpen*
tweelingen van een gazelle
die naar de velden gaan
tussen de leliën   *de rozen*

Helemaal ben je mooi mijn liefste
er is geen vlek op jou

Sapfo van Lesbos

GELUKKIG ALS DE GODEN | Ille mi par esse deo videtur

Catullus, Carmina, LI

Gelukkig als de goden lijkt
mij de man te zijn die vlak
tegenover jou zit en luistert
    naar je mooie stem

en lieve lach, zodat plots
mijn hart in mijn borst bonst.
Zodra ik naar je kijk
    stokt mijn stem,

mijn tong is gebroken,
een licht vuur loopt door
mijn huid, ik zie niets meer,
    mijn oren suizen,

zweet stroomt van mij af,
een beven bevangt me,
ik voel me klammer dan gras,
    het lijkt of ik dood ga,

maar alles is te dragen
als...

Umberto Saba

GRENS

Mijn gezellin zit lang met mij te praten
over de droeve dingen die haar drukken,
als zware stenen op haar hart; een kluwen
van narigheden die geen mensenhand en
al zeker niet de mijne kan ontwarren.
                                        Een musje
rust even op de daklijst van de woning
hier tegenover, glanst daar in het zonlicht
en zoekt de blauwe lucht weer op.
                                        Die vogel,
geluksvogel! heeft vleugels en weet niets van
mijn heimelijk verdriet, dat van de mens die
de grens, de zekerheid bereikt heeft dat je
degene die je liefhebt niet kunt helpen.

Attila József

BIJBELS

Je haren stromen neer in dikke vlechten
zwart als goedgeurend teer
wanneer die dampend stroomt uit een gegolfd groot blik.
Ze zweven ook zoals drie vluchten
gitzwarte goedgebouwde raven.
Je borst, geliefde,
gelijkt op manden vol blond brood.

Je bent verwant
aan grote
warme koeien
die in naar melk geurende kudden
aan grazige oevers
zich naast elkander vlijen.
Laat ons gaan baden in de stroom, hart tegen hart,
ook wij zijn immers rein
en stromen in het reine water weg.

Ja, ik ben rein
omdat ik van je houd,
en ik zie God
zijn hart gewillig schenkend aan jouw hart,
dan zie ik ook
hoe hij in jou tot mij
zal komen, –
hij die mijn eeuwige liefde is
en eens mijn dood.

Geliefde, wij beminnen en begeren
zozeer, dat kleed noch schaamte ons iets zeggen,
wat ook met jou en mij geschiedt.

Misschien worden wij straks uiteengedreven,
ieder naar een andere uithoek van de wereld,
je krijgt een ander lief,
en saam beminnend roei je op tegen de stroom.

Als je maar God, geliefde,
mijn grote mooie God
in je bewaart.

Aleksandr Sergejevitsj Poesjkin

DE BRIEF VAN TATJANA AAN ONEGIN | uit Jevgeni Onegin

Ik schrijf aan U – wat meer te vragen?
Wat voeg ik toe aan dit begin?
U kunt mij thans de straf doen dragen
Van Uw verachting, zie ik in.
Maar bent U met mijn lot en plagen,
Maar iets, een beetje maar, begaan,
Dan laat U mij niet hulploos staan.
Eerst wilde ik hierover zwijgen;
Geloof me: nooit had U een woord
Van mijn beschaming maar gehoord
Als ik de hoop had mogen krijgen
Dat U bij ons zo nu en dan,
Al was 't per week maar één keer, kwam
En ik Uw stem weer kon vernemen
En zelf ook sprak, en daarna dacht
Aan steeds hetzelfde, dag en nacht,
Totdat U weer zou zijn verschenen.
Maar, zegt men, hier op 't platteland
Komt niets of niemand U gelegen,
En wij… We zijn wel niet briljant,
Maar wel oprecht U toegenegen.

Waarom bezocht U ons? Ik had
In onze uithoek anders zeker
Nooit U ontmoet op 's levens pad,
En niet zou mij het hart nu breken.
Mijn domheid was vanzelf geweken,
En ik (wie weet!) had mettertijd
Een ware vriend aan 't hart gesloten
En werd een trouwe echtgenote,
Een moeder, goed en toegewijd.

Een ander…! Neen, mijn hart geschonken
Aan iemand anders… Neen, dat niet!
De hemel heeft dit zo beklonken…
Ik ben van jou! God die ons ziet
Heeft in den hoge ons verbonden,
Ik wachtte slechts jouw komen af;
De hemel zelf heeft jou gezonden
En jij beschermt me tot aan 't graf…

Ja, jij verscheen aan mij in dromen,
Onzichtbaar stond je in mijn hart,
Reeds lang had mij jouw blik verward
En had mijn ziel jouw stem vernomen...
O neen, dat was geen dromerij!
Jij kwam bij ons als de verwachte,
Ik duizelde en, in gedachte,
Zei ik vol vreugde: hier is híj!
Niet waar, dat ik jouw stem reeds kende?
Jij sprak met mij als stilte viel,
Ik armen hielp in hun ellende
Of biddend mij ten hemel wendde
Om rust voor mijn gekwelde ziel.
Heeft niet, snel flitsend langs mijn sponde,
Jouw lieve schim in deze stonde
Het waas van duisternis doorboord
En teder zich naar mij gebogen?
Met blijde liefde in je ogen
Sprak jij tot mij geen troostend woord?
Wie ben je? Engel aan mijn zijde
Of boze geest die wil verleiden?
Ontneem mij deze twijfels toch.
Misschien zijn 't spoken die me storen
En is dit alles zelfbedrog
En is iets anders mij beschoren...
Zo zij 't. Mijn verdere bestaan
Ligt in jouw handen, toon ontferming;
Zie mijn verdriet en tranen aan,
Ik smeek je innig om bescherming...
Denk je toch in: ik ben alleen,
Ik kan niet duidelijk meer denken,
Geen mens die mij begrip kan schenken,
Ik zie geen uitweg om me heen.
Ik wacht op jou: laat hoop ontwaken
Door slechts een enkele blik vol gloed
Of breek de zware droom voorgoed
Door mij, helaas verdiend, te laken.

Ik sluit! O schrik, wat schreef ik neer...
Ik beef, ik schaam mij bovenmate...
Doch zekerheid biedt mij jouw eer,
Op haar durf ik mij te verlaten...

VOORBIJGAAN

DE WEG WAS LANG, WE WAREN MOE, DE MANKE EZEL BALKTE

Mijn naam? Wat maakt hij jou toch uit?
Hij gaat teloor als droevig klotsen
Van golven tegen verre rotsen
Als in het woud een dof geluid.

Hij laat een spoor na, bleek en vaal
Hier op je albumblad, wat lijnen
Waarvan de inhoud zal verdwijnen,
Een grafschrift in een vreemde taal.

Mijn naam? Hij zal vergeten zijn
In nieuwe stormen van je leven
En zo zal hij geen tere schijn
Aan jouw herinneringen geven.

Maar spreek mijn naam heel zachtjes uit
En zeg, als je verdriet voelt knagen:
Er is een hart dat mij omsluit,
Waarin mijn beeld nooit zal vervagen.

Aleksandr Sergejevitsj Poesjkin

Percy Bysshe Shelley

OZYMANDIAS

Ik trof een reiziger uit een oud land,
Hij zei: Twee hoge stenen benen staan
Romploos in de woestijn. Ernaast, in 't zand,
Ligt het gehavende gezicht, en aan
De frons, de kille machtsgrimas ervan
Ziet men: de maker las de passies goed
Die voortbestaan (op deze dode steen),
De hand vol hoon, 't hart dat ze had gevoed;
Op 't voetstuk ziet men deze woorden staan:
'Mijn naam is Ozymandias, opperheer:
Gij Groten, zie mijn werk en dispereer!'
Meer is er niet. En rond dit kolossaal
Verval strekt zich daar, alle kanten heen,
Het vlakke zand, oneindig, eenzaam, kaal.

Anoniem

ALLES HEEFT ZIJN VASTE TIJD | Prediker 3:1-8

Alles heeft zijn uur;
Voor al wat er onder de hemel gebeurt,
Is er een vaste tijd:
Een tijd van baren, en een tijd van sterven;
Een tijd van planten, en een tijd van ontwortelen;
Een tijd van moorden, en een tijd van genezen;
Een tijd van afbreken, en een tijd van opbouwen;
Een tijd van schreien, en een tijd van lachen;
Een tijd van rouwen, en een tijd van dansen.

Een tijd van stenen wegwerpen, en een tijd van stenen rapen;
Een tijd van omhelzen, en een tijd van afstoten;
Een tijd van zoeken, en een tijd van verliezen;
Een tijd van bewaren, en een tijd van verspillen;
Een tijd van scheuren, en een tijd van naaien;
Een tijd van zwijgen, en een tijd van spreken;
Een tijd van beminnen, en een tijd van haten;
Een tijd van oorlog, en een tijd van vrede.

Ivan Alexejevitsj Boenin

DE VERGETEN FONTEIN

Vervallen is het barnstenen paleis, –
De laan is zichtbaar tussen kale kruinen.
De adem van september, koud als ijs,
Verstrooit de wind over de lege tuinen.

Die waait de blaren op bij de fontein
Om ze dan plotseling weer te verspreiden;
Ze wervelen over de dorre weiden
Als zwermen vogels die geschrokken zijn.

Soms komt daar ook een meisje. Door de blaren
Sleept zij haar sjaal mee; eenmaal dichterbij
Staat ze een tijd naar de fontein te staren,
Op haar gezichtje sporen van geschrei.

Ze loopt daar hele dagen rond te waren,
De tijd verstrijkt... en kent geen medelij.

Giacomo Leopardi

DE AVOND VAN DE FEESTDAG

Zacht is de nacht en klaar en zonder wind,
en stil boven de huizen en de hoven
doezelt de maan, en 't bergland in de verte
rijst roerloos op in 't ijle licht. O liefste,
alom heerst rust en nog slechts hier en daar
schijnt op 't balkon de nachtelijke lamp:
jij slaapt, en in de kalmte van je kamer
lig je onbezorgd in vrede en rust verzonken
en je beseft helaas niet hoe je mij
diep in mijn binnenste hebt geraakt. Jij slaapt,
en ik, ik ga bij 't venster staan om deze
hemel, die zo goedgunstig lijkt, te groeten,
en de oude en alvermogende natuur,
die mij tot rampspoed voortbracht. 'Ik ontzeg jou
de hoop,' zo sprak zij, 'zelfs de hoop. En mogen
jouw ogen enkel nog glanzen van tranen!'
De zondag is weer om: jij rust nu uit
van je genoegens, en je droomt misschien
van al 't geluk dat jij vandaag ontving
en dat jij schonk, maar niet denk je aan mij
– ik hoop er niet eens op. Ik vraag me af
hoe lang 't nog door moet gaan. En huilend werp ik
mezelf ter aarde. O gruwelijke dagen
van mijn pas kort ontloken jeugd! En ach,
niet ver van mij hoor ik in de eenzaamheid
de zang van de ambachtsman die 's nachts nog laat
van zijn verstrooiing huiswaarts keert. En o,
mijn hart krimpt wreed ineen als ik bedenk
hoe alles wat op aarde leeft voorbijschiet
en haast geen spoor meer nalaat. Zie, de feestdag
is al weer om, en op dit feest volgt weer
een doodgewone dag, de tijd voert alle
dingen der mensen mee. Waar is de stem
van de oude volkeren? En waar de roem
van onze vaderen, en 't grote rijk
van Rome, de oorlogen, en 't krijgsgedruis
dat over land en oceaan weergalmde?
Alles is vreedzaam nu, op heel de wereld
heerst rust, en niemand praat nog over hen.
Al in mijn vroegste jeugd, de tijd dat men

reikhalzend naar de zondag uitziet, lag ik,
als hij weer om was, op mijn bed in 't donker
droevig en stil te peinzen, en ik hoorde
dan 's nachts nog laat een lied dat op de paden
langzaam verstierf. En op dezelfde wijze
als nu, zo kromp ook toen mijn hart ineen.

Friedrich Hölderlin

HALFWEG HET LEVEN

Met geel van peren
en vol wilde rozen
helt het land naar het meer.
En van kussen dronken,
lieve zwanen,
duiken jullie halzen
in het heilige, nuchtere water.

Helaas, waar haal ik, nu
het winter wordt, de bloemen, waar
het licht van de zon
en van de aarde de schaduw?
Sprakeloos, koud
staan de muren, weerhanen
krijsen in de wind.

Abū'l-Fath Omar Khayyām

DE WERELD GAAT

De wereld gaat en gaat, als lang na dezen
mijn roem verging, mijn kennis hooggeprezen.
Wij werden vóór ons komen niet gemist,
na ons vertrek zal het niet anders wezen.

OCHTEND-INSPIRATIE

Toen linkerhand van ochtendstond de kim
verlichtte, toen droomde ik. 'Hé pelgrim
(kroeggelach) sta op! Je ziel wil wassing
vóór leven zand is en de schenker schim...'

LEVEN

Zo tere bocht, zo zacht het oevergras
dat ik in elke vleug een engel las.
Op zo een plek moet men in lichtheid gaan –
groen ademt het wat lip en lichaam was.

PLAATSVERVANGERS

Mijn lippen op die mond in wild begeren
het eeuwig leven met de mond te leren.
Mij lispelt lip op lip de wijnkruik toe:
'Ontvang dan mij. Tot Dood u hier zal weren.'

GEWICHT

Men zaait de kiem die immer blind begint,
volwassen kennis wil alleen een kind.
Nu is die rijp en til ik aan mijn oogst:
'ik kwam als water en ik ga als wind.'

William Carlos Williams

LENTE: DE KLACHT VAN DE WEDUWE

Mijn eigen tuin veranderde
in verdriet. Mijn tuin,
waar het jonge gras als vroeger
wuift als vlammen, maar toen
nooit met het ijzig vuur
dat me dit jaar insluit.
Ik heb vijfentwintig jaar
met mijn man geleefd.
De pruimenboom werd vandaag
wit onder massa's bloemen.
Massa's bloemen bedekken
de kersenboom en geel en rood
bloeien de struiken,
maar in mij leeft het leed
feller dan zij; want zie,
hoewel ze vroeger deel waren
van mijn blijheid heb ik me vandaag
toen ik ze zag van hen afgekeerd
en al wat vroeger was, vergeten.
Vandaag zei mijn zoon
dat hij ginder aan de rand
van het donker woud, weiden
had gezien waar al de bomen
witte bloemen dragen.
Ik voel dat ik er heen wil,
me begraven in die bloemen
en wegzinken
in het moeras ernaast.

Leigh Hunt

RONDEAU

Jannie zoende me, uit de stoel
Waar zij in zat opgesprongen.
Tijd, jij dief, die elk gevoel
Op den duur hebt weggedrongen –
Noem mij oud, versleten, kaal,
Geef voor alles me onvoldoende,
Maar vergeet niet, dat me eenmaal
Jannie zoende.

Thomas Stearns Eliot

EAST COKER I

In mijn aanvang is mijn einde. Huis na huis
verrijst en stort in, verbrokkelt, dijt uit,
wordt verplaatst, gesloopt, hersteld, of maakt plaats
voor een open terrein, een fabriek of een rondweg.
Oude stenen voor nieuw bouwsel, oud hout voor nieuw vuur,
oude vuren tot as, en as in de aarde
die toch al vlees is, aanzetsel en bezinksel,
been van mens en dier, korenstengel en blad.
Huizen leven en sterven: er is een tijd voor bouwen
en een tijd voor leven en voor verwekking
en een tijd voor de wind om dakpannen te breken
en te rukken aan het schot waar de veldmuis trippelt
en aan het verfomfaaid tapijt met een stomme zinspreuk.

In mijn aanvang is mijn einde. Nu valt het licht
over 't open veld, en de laan ligt, achter
de luiken van haar takken, donker in de middag,
en je leunt tegen een bank als een vrachtwagen langskomt,
en de diepe laan wijst hardnekkig in de richting
van het dorp, in de trillende hitte onder
hypnose. In de nevel wordt de hete lucht
opgenomen, niet gebroken, door grijze steen.
De dahlia's slapen in de lege stilte.
Wachten op de vroege uil.
                                        In dat open veld,
als je niet te dichtbij komt, als je niet te dichtbij komt,
op een midzomernacht, daar hoor je de muziek
van de ijle fluit en de kleine trom
en zie je ze rond het vreugdevuur dansen
hand in hand, de man en de vrouw,
dansen, opregte trou verbeelden,
een waardig en passend sacrament.
Twee bij twee, noodzakelijke eenheid,
handen ineen en armen ineen,
en dit is harmonije. Rondom het vuur
springend door de vlammen, opgenomen in kringen,
landelijk plechtig of met landelijk gelach
zware voeten in plompe schoenen heffend,
aardvoeten, leemvoeten, in vrolijkheid geheven,
vrolijkheid van wie al onder de aarde

het koren koesteren. Zij houden de tijd vast,
houden het ritme vast in hun dans
zoals in hun leven de levende seizoenen
de tijd van de seizoenen en de gesternten
de tijd van het melken en de tijd van de oogst
de tijd van het paren van man en vrouw
en dat van dieren. Voeten rijzend en vallend.
Eten en drinken. Drek en dood.

De morgen breekt door, en een nieuwe dag
maakt zich op voor hitte en stilte. De vroege wind op zee
krimpt en dwaalt af. Ik ben hier
of daar, of elders. In mijn aanvang.

Yórgos Seféris

VLUCHT

Onze liefde was niet anders
ze vluchtte keerde weer en bracht ons
een neergeslagen ooglid heel ver weg
een versteende glimlach, verloren
in het ochtendgras
een vreemde schelp die onze ziel
hardnekkig trachtte te verklaren.

Niet anders was onze liefde zij tastte
voorzichtig tussen de dingen rond ons
om te verklaren waarom we niet willen sterven
met zoveel hartstocht

Als wij door lendenen omklemd werden, andere nekken
met alle kracht omhelsden,
onze adem mengden met de adem
van die mens,
als wij de ogen sloten, was zij niet anders
alleen dat grondeloos verlangen vast te houden
bij de vlucht.

Steinn Steinarr

HET KIND

Ik was een klein kind
en speelde bij het strand.
Twee zwartgeklede mannen
gingen voorbij
en groetten mij:
goedendag, klein kind,
goedendag.

Ik was een klein kind
en speelde bij het strand.
Twee bleekharige meisjes
gingen voorbij
en fluisterden:
ga met ons mee, jongeman,
ga met ons mee.

Ik was een klein kind
en speelde bij het strand.
Twee lachende kinderen
gingen voorbij
en riepen:
goedenavond, oude man,
goedenavond.

Alfred De Musset

DROEFENIS

Ik verloor mijn leven en mijn kracht,
En mijn vrienden en mijn lust;
Zelfs de fierheid is geblust
Die mij zelfvoldoening bracht.

Toen ik de Waarheid had ontmoet,
Leek het alsof ik Vriendschap vond;
Toen ik haar had gevoeld, doorgrond,
Dook weerzin op in mijn gemoed.

En toch is zij van alle tijden,
Wie haar beneden hier wou mijden
Weet niets over de werkelijkheid.

God spreekt. Wij moeten antwoord geven.
Het goede dat mij rest in 't leven
Is dat ik wel eens heb geschreid.

Michelangelo Buonarroti

LIEFDE EN OUDERDOM

Als een getemperde en milde gloed
een jeugdig hart zo snel al blijkt te schroeien,
hoe fel zal 't opgelaaide vuur dan gloeien
bij een oude man die weldra sterven moet?

Als iemand met de dood al in zijn bloed
de levenskrachten uit zich weg voelt vloeien,
wat zal er dan tenslotte voor iets groeien
uit de enorme brand die in hem woedt?

Hetzelfde als er uit mij zal groeien: as
die door de wind ontrukt wordt aan de maden
van mijn door liefdesvuur verteerd karkas.

Hoe kan mijn ziel, die vaak in tranen baadde
omdat mijn lichaam zo ontvlambaar was,
in deze brand nog hopen op genade?

Gelukkig, als Odysseus, wie veel heeft ervaren,
Of als de Argonaut die 't Vlies naar Hellas bracht,
En wijzer en voldaan zijn schone reis volbracht,
En nu in zijn gezin proeft van zijn laatste jaren.

Wanneer zal ik de rook van 't haardvuur weer ontwaren
Boven het kleine dorp waar ik ben grootgebracht,
De hof en 't arme huis, erf van mijn voorgeslacht,
En die geen hertogdom voor mij kan evenaren?

Dat vaderhuis, zo oud en klein, bekoort mij meer
Dan 't statige paleis van een Romeinse heer,
Meer dan zijn hard porfier onze gracieuze leien,

Meer dan de Palatijn mijn minuscuul Liré,
Meer 't Gallisch Loiredal dan Latiums valleien,
Meer mijn lieflijk Anjou dan de geur van de zee.

En wij gaan niet langer dolen
Zo laat nog in de nacht,
Al blijft liefde in het hart verscholen
En toont de vollemaan haar pracht.

Want het zwaard verslijt de schede
En de ziel verzwakt de lust,
Het hart wil eindelijk wat vrede
En de liefde zelf wil rust.

Al heeft de liefde 's nachts het hart gestolen,
En breekt de dag steeds te snel aan,
Toch gaan wij niet langer dolen
Bij het licht van de maan.

Su Shi

HET VERLEDEN HERDENKEND TE MIANCHI | Een gedicht geschreven met gebruikmaking van de rijmklanken van een gedicht van Ziyou

Waar zou het menselijk leven dan uiteindelijk op lijken?
Waarschijnlijk op een gans die op de sneeuw of modder neerstrijkt
En op de modder zullen dan de sporen achterblijven
Wanneer de gans is weggevlogen, niemand weet waarheen.
   De oude monnik is gestorven, werd een nieuwe stoepa,
De muur verviel – op geen manier ziet men ons vroeger opschrift.
Herinner jij je nog die ruwe bergrit van die dag?
De weg was lang, we waren moe, de manke ezel balkte.

Joseph Freiherr von Eichendorff

DE SERENADE

Door de bleke wolken dringen
Manestralen in de stad.
Een student staat daar te zingen:
Serenades voor zijn schat.

En de bronnen gaan weer bruisen
Door de stille eenzaamheid
En de hoge bossen ruisen,
’t Is de goede, oude tijd.

Zo verzon ik – zomernachten
Lang geleden en nog jong –
Op mijn luit de zoetste klachten
Die ik vrolijk voor haar zong.

Van de stille drempel gingen
Dragers met mijn lieveling,
En jij jongen, blijf steeds zingen,
Eeuwig vrolijk, zing, ja zing!

Gérard de Nerval

FANTASIE

Er is een melodie waarvoor ik graag
Heel Mozart, Weber en Rossini geef,
Een melodie, stokoud, treurig en traag,
Waarvan slechts ik de stille kracht beleef!

Steeds als ik luister naar die melodie,
Verjongt mijn ziel zich met tweehonderd jaren...
We leven Louis Treize, en ik zie
Bij avondzon het gelen van de blaren,

Dan een kasteel van klinkers en van steen,
Gebrandschilderde glazen, dieprood gloeiend;
En stromend door de parken eromheen
Een beek, de bloemen in haar loop bevloeiend;

En dan een vrouwe aan haar raam, verheven,
Blond, ogen zwart, oudmodisch van kledij,
Die ik wellicht al in een ander leven
Ooit eerder zag – en ik herinner mij!

De jongste nacht bracht regenbuien, stormwindvlagen,
Ondanks mijn diepe slaap voel ik nog steeds de wijn.
Ik vraag het aan het meisje dat het deurscherm oprolt –
'De appelbloesem,' antwoordt zij, 'is onveranderd.'
Ziet zij dan niet,
Ziet zij dan niet
Dat het moet zijn: 'Het groen werd vet, het rood werd mager'?

Dylan Thomas

VARENHEUVEL

Toen ik nu jong en onbezwaard was in de appelgaard
Nabij het jubelend huis en blij om het groen van het gras
En de besterde nachtlucht boven het dal,
Liet de tijd mij roepen en klom ik
Gouden in het glanspunt van zijn ogen,
En gevierd onder de wagens was ik prins der appelsteden
En ondertijds liet ik bomen en bladeren vorstelijk sieren
Met madeliefjes en gerst
Langs de rivieren van het neergewaaid licht.

En toen ik groen was en onbezorgd, befaamd onder de schuren
Nabij het blijde erf, en zong om de hofstee, mijn woon,
In de zon die maar eenmaal jong is,
Liet de tijd mij spelen en was ik
Gouden in de gunst van zijn gezag,
En groen en gouden was ik jager en herder, de kalveren
Zongen bij mijn hoorn, de vossen op de heuvels blaften klaar en koud,
En de sabbat klaterde traag
In de kiezels der heilige stromen.

Heel de zon lang was het rennen, het was heerlijk, het hooiveld
Hoog als het huis, de schoorstenen pijpten, het was
Wind en spelen, heerlijk en waterig
En vuur zo groen als gras,
En 's nachts onder de simpele sterren
Als ik slaapwaarts reed droegen uilen de hofstee weg,
Heel de maan lang hoorde ik, gezegend onder stallen, de zwaluwen
Vliegen met de mijten, en de paarden
Wegschieten in de nacht.

En dan te ontwaken, en de hofstee, als een zwerver wit
Van dauw terug te zien, de haan op haar schouder; het was al
Glanzend, het was Adam en maagdelijk,
De hemel ontstond opnieuw
En de zon werd rond diezelfde dag.
Zo moet het geweest zijn na de komst van het simpele licht
In de eerste, gonzende ruimte, de betoverde paarden warm
De hinnikend groene stal uitlopend
Naar de weiden van lof.

En gevierd door vos en fazant bij het montere huis
Onder verse wolken en blij om mijn mateloos hart,
In het zonlicht telkens opnieuw geboren,
Holde ik achteloos voort,
Mijn wensen renden door het huishoog hooi
En het deerde mij niet, in mijn hemelsblauw doen, dat de tijd
In zijn wentelzang zulke morgenliedjes nauw toelaat
Voor de kinderen groen en gouden
Hem reddeloos volgen gaan.

Het deerde mij niet, in die lamswitte jeugd, dat de tijd mij
Aan de schim van mijn hand naar de zwaluwenzolder zou voeren,
In de altijd wassende maan,
Noch dat ik, slaapwaarts rijdend,
Horen zou hoe hij vlood met de rijpe velden
En de hofstee zou zien, voorgoed weg uit het kinderloos land.
O, toen ik jong en onbezwaard was in de gunst van mijn gezag,
Hield de tijd mij groen en stervend
Al zong ik in mijn ketens als de zee.

Maurice Scève

DÉLIE

CXLIV

Ik leef in jou, al ben je ver afwezig,
Ik sterf in mij, in veeg aanwezig zijn;
Hoe ver jij bent, je bent altijd aanwezig,
Hoe na ik ben, het is afwezig zijn.
En klaagt Natuur in haar beledigd zijn,
Dat ik in jou en niet in mij wil leven,
De Almacht heeft, door treflijkheid gedreven,
De ziel die zij mijn lijf had toebedacht
Maar die daar onvolmaakt zou zijn gebleven,
In jou tot haar volkomenheid gebracht.

CXLVIII

Zie, als de winter huivert in zijn woonst,
Hoe in het vale veld de bomen kalen,
En dan, als 't voorjaar schittert op zijn schoonst,
Hoe al hun knoppen, bloemen, vruchten stralen;
De bomen, struiken, planten, hagen pralen
Weer met hun kroezend groen in beemd en wei.
In jouw ijskoud en grimmig wintertij
Zal nooit mijn hoop haar krullend blad ontsluiten,
En dan, bij de entrée van het lentetij,
Zal in een trots april mijn jaar ontspruiten.

Mihai Eminescu

DE STER

Soms komt van onwaarneembaar ver
Wat al bestond in zicht,
Onthult de nacht een nieuwe ster
In duizend jaar oud licht.

Misschien ging zij al eeuwen zacht
Vervagend weer teloor,
Toch dringt ze pas in deze nacht
Tot onze ogen door.

De ster is slechts een beeltenis
Van wat voorgoed verdween,
Een blik in de geschiedenis,
Een afdruk van voorheen.

Wanneer de hartstocht op den duur
Voor dof berusten zwicht,
Rest enkel van het oude vuur
De gloed die ons verlicht.

Philip Larkin

HOGE VENSTERS

Als ik een stel kinderen zie lopen
en denk dat hij haar neukt en dat zij
aan de pil is of een schildje heeft,
weet ik: dit is het paradijs

waar ouderen hun leven lang van dromen.
Banden, gebaren – het wordt afgedaan
als een versleten oogstcombine,
en iedereen die jong is gaat de glijbaan

af naar eindeloos geluk. Heeft iemand
veertig jaar geleden naar mij gekeken
en gedacht: *Dit wordt pas leven, geen*
God meer en geen klamme angst in 't donker

om dát en om de hel, moeten verbergen
wat je denkt voor de pastoor; hij en
zijn soort gaan ook de glijbaan af
als vrije klotevogels? En meteen

komt eerder dan woorden de gedachte
aan hoge vensters, zon-omvattend glas,
het diepe blauw daarachter, dat niets
aantoont, nergens is, er altijd was.

Publius Vergilius Maro

DIDO EN AENEAS

Onder die schimmen in het wijde mirtbos
zwierf de Carthaagse Dido, nog maar onlangs
bezweken aan haar wonde. Toen Aeneas
naast haar stond en haar donkere gestalte
herkend had tussen alle andere schimmen, –
als wie in het begin der maand de maan ziet
of meent te zien opkomen in de nevels, –
stortte hij tranen en met tedere liefde
sprak hij tot haar: 'Rampzaalge Dido, wààrheid
was dus de tijding die mij toen bereikte,
dat gij gestorven waart en met het zwaard u
het leven hadt genomen? Ach, was ik dan
de reden van uw dood? Maar bij de sterren,
de hemelgoden en de trouw die onder
de aarde moge zijn, vorstin, ik zweer u:
tegen mijn wil heb ik uw huis verlaten.
Mij hebben de bevelen van de goden,
die mij thans dwingen door het rijk der schimmen,
door oorden van verwildering en schimmel
en door de diepe nacht op reis te trekken,
destijds door overmacht vooruitgedreven.
Ook kon ik niet geloven dat mijn weggaan
u met zo grote droefheid zou vervullen.
Blijf nu, onttrek u nog niet aan mijn blikken.
Voor wie gaat gij op de vlucht? Immers, het noodlot
laat voor de laatste maal mij met u spreken!'
Met zulke woorden nu wilde Aeneas
haar woedend hart en woeste blik verzachten
terwijl zijn tranen onophoudelijk vloeiden.
Zij hield haar ogen afgewend en staarde
strak naar de grond. Haar aangezicht werd minder
bewogen door de aandrang van zijn woorden
dan harde rotssteen of Marpesisch marmer.
Ten laatste liep zij haastig weg en vluchtte
vijandig in het schaduwrijke mirtbos
waar haar voormalige gemaal Sichaeus
de zorgen met haar deelde en haar liefde
beantwoordt met even grote liefde.
Aeneas was al evenzeer gevoelig
voor haar beklagenswaardig lot en wenend
keek hij haar lang nog na vol medelijden.

Armand Sully Prudhomme

DE GEBROKEN VAAS

De vaas vol stervende verbena
Is door een waaierslag gescheurd;
De slag beroerde haar maar even:
Geen klank verried wat was gebeurd.

Maar deze nietige verwonding
Reet elke dag door het kristal,
Ze gleed onzichtbaar langs de ronding
En volgde haar geheel en al.

Het verse water liep en lekte,
Het bloemensap is traag vergaan;
Geen mens nog die de scheur ontdekte;
Raak de gebroken vaas niet aan.

Vaak heeft de hand van een geliefde
Een ziel beroerd en zo verwond,
Terwijl de ziel zichzelf doorkliefde,
Ging ook haar liefdesbloem te grond.

Uitwendig scheen ze ongeschonden,
Al groeide in geheim verdriet
De vlijmende en diepe wonde;
Ze is gebroken, raak haar niet.

Li Bai

DE WEG NAAR HUIS

Waar het oog reikt, stille bossen geweven in mist,
koude bergen in een keten van ondraaglijk groen,
duisternis dringt in de hoge toren,
daarbovenin een trieste man

die waakt over de leegte op het maanterras.
Vogels vliegen haastig naar hun nesten,
langs welke route kom ik terug naar huis?
Bij elke pleisterplaats wordt de weg langer.

Gavrila Romanovitsj Derzjavin

De stroom des tijds geeft in zijn vlieden
De mens noch wat hij maakt respijt,
Stort volkeren, tsaren, piramiden
In de afgrond der vergetelheid.
En wat zich dan nog laat herhalen
Door klanken van een hoorn of lier
Wordt door de eeuwigheid vermalen –
Een eender lot wacht alles hier.

Guillaume Apollinaire

DE PONT MIRABEAU

De Seine stroomt onder de Pont Mirabeau
En onze liefde
Moet ik daar weer van dromen
Geluk is altijd pas na leed gekomen

De nacht mag vallen uren slaan
De dag verdwijnt ik blijf bestaan

Kom leen me je oog leg je hand in mijn hand
De stroom die
Onze armbrug overspant
Heeft aan dat eeuwige gekijk het land

De nacht mag vallen uren slaan
De dag verdwijnt ik blijf bestaan

De liefde verdwijnt als dat stromende water
Liefde verdwijnt
Wat wordt het langzaam later
En wat is hoop een valse mensenhater

De nacht mag vallen uren slaan
De dag verdwijnt ik blijf bestaan

De dagen en weken verstrijken en komen
Liefde en tijd
Zijn ons voorgoed ontnomen
De Seine stroomt onder de Pont Mirabeau

Vasili Andrejevitsj Zjoekovski

LIED

Waarom zijt gij teruggekomen,
Betovering uit vroeger tijd?
Wie heeft de lang verstilde dromen
Gewekt uit de vergetelheid?
Een fluistering van lang geleden,
Een blik die doordrong in mijn geest,
Even werd zichtbaar in het heden
Wat lang onzichtbaar was geweest.

O dierbaar *Vroeger,* gast verheven,
Waarom komt gij mij zo te na?
Kan 'k zeggen tot de hoop: *blijf leven?*
Tot dat wat is geweest: *besta?*
Kan ik weer nieuwe glans verwekken
In dromen die al zijn vergaan?
Kan ik de naaktheid weer bedekken
Van het bekende aards bestaan?

Waarom toch tracht de ziel te reiken
Naar 't land van dagen van weleer?
't Zal onbevolkt, verlaten blijken,
't Ziet wat voorbij is nimmer weer.
Eén enkeling slechts zal daar wonen,
Getuige van de oude tijd;
Hij ligt tezaam met al het schone
In 't graf van de vergetelheid.

Edmond Haraucourt

PARTIR, C'EST MOURIR UN PEU

Weggaan is een beetje sterven,
sterven aan wat men bemint.
Je laat iets na van wat je vindt,
altijd weer, op alle erven.

Spijt zal steeds een eed bederven,
een vers verwaaiend in de wind;
weggaan is een beetje sterven.

En men gaat; het lijkt wel zwerven.
Tot het afscheid echt begint
kunnen vrienden, vrouw en kind
van elk afscheid iets verwerven.
Weggaan is een beetje sterven...

William Butler Yeats

ZEILEND NAAR BYZANTIUM

I

Een land voor oude mannen is het niet. De drang
Van jong volk in omhelzing, vogels in de herfst,
– Die stervende generaties – bij hun zang,
De zalmtrap, zee waar de makreel in zwerft,
Vis, vlees en vogels, prijzen zomers lang
Al wat verwekt, geboren wordt en sterft.
Verstrikt in hun muziek, vergeten ze respect
Voor monumenten van onsterfelijk intellect.

II

Een oude man is maar een lelijk ding,
Een jas aan flarden die te waaien staat,
Tenzij ziel in de handen klapt, zingt, luider zingt,
Voor alle flarden aan haar aards gewaad,
Geen zangles beter dan bespiegeling
Over haar vol, monumentaal ornaat;
En daarom zeil ik over zee en kom
Naar de heilige stad Byzantium.

III

O wijzen, die in Gods heilig vuur verkeren
Als in de gouden mozaïeken van een muur,
Kom om mijn ziel het zingen aan te leren,
Tol om uw as, treed uit het heilig vuur.
Verteer mijn hart dat ziek is van begeren,
Geketend aan een dier in stervensuur,
En niet weet wat het is; en begeleid
Mij naar het kunstwerk van de eeuwigheid.

IV

Eens buiten de natuur, zal ik verzaken
Aan lichaamsvormen die natuurlijk zijn;
Ik wil een vorm die Griekse smeden maken,
Gedreven goud, glazuur met gouden schijn,
Om een vermoeide keizer te doen waken,
Of op een gouden tak zing ik een zoet refrein
Voor edellieden van Byzantium
Van wat voorbij is of voorbijgaat of nog komt.

Henrik Johan Ibsen

HEEN!

De laatste feestelingen
brachten we tot het poortje;
op de nachtwind ging de
rest van het afscheid verloren.

In tienvoud lagen woning
en tuin nu verlaten,
waar zojuist zoete tonen
mij dronken maakten.

Het was een feest maar, –
voor de nacht zonder maan;
zij was een gast maar, –
en is nu heengegaan.

Wanneer je oud zult zijn en 's avonds bij de haard
Aan haspel of getouw mijn minnedicht zult zingen
En zeggen zult, verdiept in je herinneringen:
'Toen 'k mooi was heeft Ronsard mij nog zijn hart verklaard,'

Dan zullen, als jij dat je diensters openbaart,
Zij allen, die na 't werk de slaap maar nauw bedwingen,
Bij 't horen van mijn naam verwonderd jou omringen,
Lof zingend van jouw naam, in eeuwigheid vermaard.

Ik zal in de aarde zijn, als een ontvleesd fantoom,
Genietend van mijn rust onder een mirteboom,
Jij zult, gekromd en oud, bij 't haardvuur zitten weven,

En treuren om mijn hart, dat jij trots hebt versmaad.
Leef nu en stel niet uit, kom, morgen is te laat,
Pluk nu voor de avond valt de rozen van het leven.

Salvatore Quasimodo

KLACHT OM HET ZUIDEN

De rode maan, de wind, jouw kleur
van vrouw uit het Noorden, de sneeuwvlakte...
Mijn hart is voortaan op deze weiden
in deze wateren door nevelen omgeven.
Ik ben de zee vergeten, de diepe
schelp waarop Siciliaanse herders blazen,
Het trage lied van de wagens langs de wegen
waar de broodboom trilt in de rook van de stoppels.
Ik ben de trek vergeten van reigers en kraanvogels
in de lucht van de groene hoogvlaktes
naar de landerijen en rivieren van Lombardije.
Maar de mens schreeuwt overal het lot van een vaderland uit.
Niemand meer zal mij naar het Zuiden brengen.

O, het Zuiden is het moe zijn doden te verslepen
langs de oever van malariamoerassen,
is moe van eenzaamheid, moe van ketenen,
is moe in zijn mond
van de vloeken van alle rassen
die om de dood hebben geroepen met de echo van zijn putten
die het bloed van zijn hart hebben gedronken.
Daarom keren zijn kinderen terug naar bergen,
bedwingen hun paarden onder dekens van sterren,
eten acaciabloesems langs karrensporen
die opnieuw rood zijn, alweer rood, steeds weer rood.
Niemand meer zal mij naar het Zuiden brengen.

En deze avond, beladen met winter,
is nog steeds van ons, en hier herhaal ik voor jou
mijn absurde contrapunt
van zachtheid en woede,
een liefdesklacht zonder liefde.

Luis de Góngora y Argote

Zolang de zon wedijvert met je haren
laaiend van goud en niet haalt bij hun zwier,
zolang de leliën langs de rivier
je blanke oogopslag niet evenaren,

zolang meer ogen naar je lippen staren
dan naar de fris ontloken anjelier,
zolang je hals kristal met fier plezier
verblinden kan als het enige klare;

Geniet hals, lippen, haren, oogopslag
voordat je weelde dit alles doet zwijgen:
goud, lelie, anjer, kristal, vol ontzag,

verflauwt in het vioolblauw des verdriets –
om mét jezelf, zilver nog, neer te zijgen
tot leem, tot walm, tot stof, tot schim, tot niets.

Octavio Paz

DE EERSTE JANUARI

De poorten van het jaar
openen zich, als die van de taal,
naar het onbekende.
Vannacht zei je:
                    morgen
moeten we een paar tekens ontwerpen,
een landschap schetsen, een verhaal weven
op de dubbele pagina
van het papier en de dag.
Morgen moeten we opnieuw
de werkelijkheid
uitvinden van deze wereld.

Laat in de dag opende ik mijn ogen.
Voor een seconde van een seconde
voelde ik wat de Azteek voelde,
liggend op de uitkijk
op de steile rots van de kaap
naar de onzekere terugkeer van de tijd
door de kieren van de horizon.

Nee, het jaar was teruggekeerd.
Het vulde heel de kamer
en mijn blikken konden het bijna betasten.
De tijd had, zonder onze hulp,
in een orde identiek aan die van gisteren,
huizen in de lege straat geplaatst,
sneeuw op de huizen,
stilte op de sneeuw.

Jij lag aan mijn zijde
nog in slaap.
De dag had je al uitgevonden
maar jij had je uitvinding
op deze dag nog niet aanvaard.
De mijne evenmin.
Jij verbleef in een andere dag.

Jij lag aan mijn zijde
en ik zag je even als de sneeuw
slapend tussen de verschijningen.
De tijd vond, zonder onze hulp,
huizen uit, straten, bomen,
slapende vrouwen.

Wanneer jij je ogen opent
zullen wij, opnieuw, op weg gaan
tussen de uren en hun uitvindingen
en verblijvend tussen de verschijningen
zullen wij getuigen van de tijd en zijn vervoegingen.
Wij zullen de poorten van de dag openen
en binnentreden in het onbekende.

Folgore da San Gimignano

JANUARI

Voor januari zijn u toebedacht
zalen met knappend vuur in open schouwen
en slaapvertrekken met hun toegevouwen
lakens van zijde onder eekhorenvacht.

Konfijt en kruidwijn en de warme dracht
van wollen weefselen uit Henegouwen:
zo kunt gij u de winter toevertrouwen
als storm uit noord en west huilt door de nacht.

En overdag de witte sneeuw instuiven,
sneeuwballen met de meisjes jong en fris
die lachend om uw woning staan te wuiven,

en naar gelang van de vermoeienis
met heel de vriendenschaar weer méé aanschuiven
rondom de haard waar het goed rusten is.

De zoete geur der lentedagen
Heeft ons nog niet bereikt. 't Ravijn
Ligt nog vol sneeuw in dikke lagen,
En 's ochtends vroeg knarst nog de wagen
Op wegen die bevroren zijn.

Nog kan de zon geen warmte geven,
En is het berkje geel en kaal,
De linde is met rood doorweven,
Nog wordt geen triller aangeheven,
Zwijgt in de struik de nachtegaal.

Maar kranen komen aangevlogen,
Voorboden van een nieuw begin.
Met rode blossen overtogen
Volgt hen een meisje met de ogen,
Ver weg de wijde steppe in.

Andreas Gryphius

ALLES IS IJDEL

Je ziet, waar ook op aarde, enkel ijdelheid;
Wat deze heden bouwt, zal gene morgen slopen;
Waar nu nog steden staan, zal straks een grasland lopen,
Waarop een herderskind zijn lammeren dan weidt.

Wat nu nog prachtig bloeit, wordt weldra reeds verjaagd;
Wat nu nog pocht en snoeft, is morgen as en been;
En niets dat eeuwig duurt, geen erts, geen marmersteen.
Nu lacht het lot ons toe, straks worden wij belaagd.

De roem van grote daden moet als droom vergaan.
Zou dan de zwakke mens het tijdenspel doorstaan?
Ach, is iets anders al wat wij voor kostbaar houden

Dan louter nietigheid, dan schimmen, stof en wind,
Dan bloemen op het veld die men er niet meer vindt?
Nog wil geen enkel mens wat eeuwig is aanschouwen.

Marceline Desbordes-Valmore

DE ROZEN VAN SA'DI

Vanmorgen wilde ik met rozen naar je komen,
Maar in mijn kleed had ik er zoveel meegenomen
Dat mijn te strak gespannen gordel openging.

De knoppen sprongen los. De rozen gingen zweven
En werden met de wind mee naar de zee gedreven,
Waar hun vlucht op het water voor altijd verging.

De golven kleurden rood, zodat ze vlammen leken:
Vanavond blijft een balsemlucht mijn kleed doorweken...
Ruik hier op mij hun geurige herinnering!

Laatst bezocht ik weer
Het stukje land waar ik, onmerkbaar haast,
Als banneling twee jaren heb gesleten.
Tien zomers zijn voorbij sindsdien en veel
Verandering vond plaats in mijn bestaan,
Gehoorzaam aan de wetten van het leven,
Veranderde ook ik – maar hier ben ik
Weer helemaal terug in het verleden,
Het is als zwierf ik gisteravond nog
Door deze bossen.
Kijk, hier staat het huisje
Waarin ik met mijn njanja heb geleefd.
Het oudje is niet meer; ik hoor daarbinnen
Haar zware stappen thans niet meer weerklinken,
Verstild is nu haar nauwgezette pas.

Op deze dichtbeboste heuvel heb ik
Vaak ademloos gezeten en ik keek
Dan naar het meer, in droef gepeins verzonken
En zag weer andere oevers, andere golven...
Omzoomd door gouden akkers, groene beemden,
Ligt weids en glinsterend het blauwe water.
Een visser loodst zijn bootje langzaam door
Het mysterieuze water en hij sleept
Zijn karig net. De glooiing van de oever
Toont hier en daar een dorpje – en daarachter
Een scheefgezakte molen, moeizaam draaien
Zijn wieken in de wind...
Daar, op de grens
Van de voorvaderlijke gronden, daar
Waar steil een weg, door regen uitgesleten,
Naar boven gaat, weet ik drie dennen staan.
De een wat verderop, de andere twee
Wat dichter bij elkaar. Wanneer ik hier
Voorbijreed en de maan mijn pad verlichtte,
Werd ik begroet door een vertrouwd geluid –
Het ruisen van hun toppen in de wind.
Die weg nam ik opnieuw en zag die twee
Weer voor me staan. Ze zijn nog steeds als vroeger
Als vroeger ook klinkt hun vertrouwd geruis.

Maar nu is aan hun oud geworden wortels
(Waar indertijd een lege, kale plek was)
Een bosje opgeschoten, jeugdig, fris –
Een groen gezin, hun kroost verdringt zich
In de beschutting van het naaldendak.
Daar verder staat hun norse vriend, verlaten,
Een oude vrijgezel en om hen heen
Is alles net als vroeger leeg.
Gegroet
O jong en onbekend geslacht! Niet ik
Zal zien hoe jullie groot en machtig worden
En boven mijn drie dennen zullen rijzen,
Hun oude toppen aan het oog onttrokken
Van al wie langskomt. Maar mijn kleinkind zal
Naar ik mag hopen, jullie groeten horen,
Wanneer hij, na een avond met zijn vrienden,
Vol vrolijke en prettige gedachten,
Voorbijloopt in het duister van de nacht,
En aan mij denken moet.

Giacomo Girolamo Casanova

Nog dikwijls moet ik denken aan die stad
Zo oud, zo ijdel en zo decadent
Doortrokken van geheimen en geruchten

Daar is een woonstee die niet ieder kent
Alleen bereikbaar langs de Brug der Zuchten
Alleen verlaatbaar, zegt men, in een kist

De Loden Kamers... Nou, ik kon ontvluchten
Met lust ben ik vertrouwd, maar ook met list
Mijn leven is een dichtbeschreven blad

Ik heb geleerd, genoten en geboet
Wat jammer dat men ook nog sterven moet

Jakov Petrovitsj Polonski

EEN ANDER SOORT WINTER

Ik weet nog dat wij, jonge kinderen met blosjes,
Getweeën renden door het dik besneeuwde land,
Dat na het spel de winter met zijn stok ons losjes
Naar binnen joeg – hoe heerlijk was zijn ruige hand.
Laat op de avond sprankelden jouw twinkeloogjes,
Waarin de vlammen dansten van de open haard,
De oude kinderjuf onthaalde ons op sprookjes,
Zo van er leefde eens een rijke gierigaard.

Maar met het voorjaar is die winter weggegleden,
De zomer ging voorbij en herfst maakte amok,
December kwam, een nieuwe winter is ons heden,
Een barre winter, strenger, dreigend met zijn stok.

Ook met de kinderjuffer is het afgelopen,
Ze rust nu in haar graf en heeft het niet beleefd
Hoe jij, vermoeid, tegen mijn borst bent aangekropen,
Alsof je hoopt te horen wat mijn hart te zeggen heeft.
Het hart, net als de juf, onmachtig zich te weren
Tegen een streling, blies het vuur aan in de haard
Om jou die winternacht op sprookjes te trakteren,
Zo van er leefde eens een rijke gierigaard.

Troebel woelen rivieren uit de wouden,
uit berg en zwerk raken de regens vlot.
De bloemen op de velden staan verrot
en uit de dalen slaat een klamme koude.

De lente is heen, de zomer opgehouden.
Dingen vergaan, andere zijn aan bod –
weer is de wereld aan zijn eenzaam lot
overgelaten dat hij nooit vertrouwde.

De tijd schrijdt welbewust en afgemeten.
De wereld houdt zich moeizaam overeind
als ware hij van God en al vergeten.

Terwijl ons leven dag aan dag verkwijnt
in sleur en toeval, meningen en kreten,
en méér niet schijnt te zijn dan wat het schijnt.

Robert Herrick

AAN DE MAAGDEN, OM DE TIJD GOED TE GEBRUIKEN

Ga vlug op rozenknoppenjacht,
  De levensavond nadert;
Dezelfde bloem die heden lacht,
  Is morgen al ontbladerd.

De zon, de hemellamp die blaakt,
  Hoe hoger hij zal stijgen,
Hoe sneller hij zijn wedren staakt
  Hoe dieper hij zal neigen.

De eerste is de beste tijd,
  Als jeugd en bloed verhitten;
Maar uitgewoed, zal narigheid
  Hen op de hielen zitten.

Benut uw tijd dus, onbedeesd
  En laat de bruidsklok galmen;
Want is je jeugd voorgoed geweest,
  Kun je voor eeuwig talmen.

Robert Browning

MIJN LAATSTE HERTOGIN | Ferrara

Dat is mijn laatste hertogin, is 't niet
alsof ze leeft? Het fresco dat ge ziet
– een wonder – kwam in nauw een dag tot stand:
het werk van Fra Pandolfo's meesterhand.
Maar neem toch plaats en kijk op Uw gemak.
Dat ik daareven van 'Pandolfo' sprak
was niet voor niets. Steeds weer maakt dit gelaat,
waar diepe ernst met hartstocht samengaat,
dat vreemden die het zien aan mij (want geen
die dit gordijn bedient dan ik alleen)
lijken te vragen, als men durft, of ik
verklaren kan het raadsel van haar blik.
Gij zijt dus echt de eerste niet. Mijn Heer,
dat blosje op haar wang was niet ter eer
van mij alleen, haar echtgenoot. Misschien
zei Fra Pandolfo wel: 'Iets méér te zien
van Uw doorluchte pols was mij veel waard',
of: 'Mij ontbreekt de kunst die evenaart
de tere blos die wegsterft langs Uw hals'...
Zulk hoofs gepraat was ruim voldoende als
een bron voor 't blosje op haar wang. Ze had
een te gevoelig hart – hoe zeg ik dat? –
te licht gevleid; ze hield van wat ze zag
en liet haar blikken dwalen gans de dag.
Wat wilt ge: mijn hertogelijk kleinood
op haar gewaad, het kwijnend avondrood,
of in de tuin een kersenbloesemtak
die een of andere vleier voor haar brak,
het witte ezeltje waarop ze reed –
het maakt' haar alles even blij, of deed
haar minstens blozen. Dankbaarheid, ja goed!
Maar net of zij – ik weet niet hoe ze 't doet –
mijn negen eeuwen oude adeldom
gelijk stelt met n' importe quoi. Waarom
zich om zoiets verlagen tot verwijt?
Zelfs als men met genoeg welsprekendheid
– (die ik ontbeer) – zou zeggen: 'dit of dat
in U mishaagt mij; kijk, hier mist ge wat
of daar gaat ge te ver' – en zij zich daar

in schikte zonder tegenspraak, voorwaar,
en nederig excuus vroeg – ja, zelfs dan
zou ik me nog verlagen. En dat kan
mijn eer nooit dulden. Oh, kwam ik voorbij,
mijn Heer, dan was er ook die blik voor mij.
Maar voor wie niet? Dit groeide met de dag.
Ik gaf bevel – het eind van ied're lach.
Zou men niet zweren dat ze leeft? Welaan,
laat ons nu samen naar beneden gaan.
Nogmaals: Uw meesters rijkdom staat garant
voor redelijke eisen van mijn kant
terzake van een bruidsschat. Niettemin,
zijn schone dochter zelf – ik zei het in
't begin – is uiteraard mijn doel. Ik zie
het, gij hebt haast. Kijk daar, Neptunus die
een zeepaard temt. Een tamelijk zeldzaam brons,
zegt men, dat Claus von Innsbruck goot voor ons.

Zolang van lelies en van rozelaren
tinten zich spiegelen op je gezicht
en je in één oogopslag schroomvol en licht
harten in vlam zet en weer doet bedaren,

zolang de goudgloed door je volle haren
uitverkoren, in winden vederlicht
je trotse slanke hals blanker belicht
in bries en golving, van hun spelevaren,

pluk dan met volle hand de zoete vrucht
in milde lente, vóór de jacht der tijden
neersneeuwt over je haren en je hart

en rozen schrompelt in ijzige lucht:
hij komt je vlotte tijd ten onder wijden:
dat ligt hem zo, hij is er in gehard.

Heinrich Heine

LYRISCH INTERMEZZO V

Jouw aangezicht zo mooi en zacht,
Laatst zag ik het in dromenpracht,
Het was zoals een engel keek,
Maar ook zo bleek, zo pijnlijk bleek.

Alleen de lippen, die zijn rood;
Dra echter kust jou bleek de dood.
En ook het hemellicht verbleekt
Dat uit geloken ogen breekt.

Angelo Ambrogini Poliziano

BALLADE VAN DE ROZEN

't Was midden in de meimaand, meisjes, toen
ik 's morgens rondliep in een tuin vol groen.

Goudlelies en viooltjes stonden met
een keur van bloempjes 't groene gras te smukken
in blauw en geel en rood en violet.
Ik stak mijn hand uit om ze af te plukken
en bloeiend in mijn blonde haar te drukken
of als guirlande om mijn hoofd te doen.

Toen ik zo een boeket verzameld had,
zag ik de rozen die de perken kleurden.
Ik deed er heel mijn schoot mee vol, omdat
ze in hun puurheid zo welriekend geurden
dat ik in mij een zoet genot bespeurde
als de aanblik van een hemels visioen.

Hoe breng ik ooit, zo dacht ik toen ik keek,
de weelde onder woorden van die rozen?
De ene in de knop, de tweede bleek
en wat verwelkt, de derde pril en blozend.
En liefde zei: 'Waarom niet uitgekozen
de roos die 't sieraad is van haar seizoen?'

Als zij haar tere blaadjes openlegt,
aanvallig, ongerept en delicaat,
zorg dán dat je er een mooie krans van vlecht,
voordat haar schoonheid weer verloren gaat.
Och meisjes, pluk de roos die openstaat:
voor haar moet elke andere onderdoen.

't Was midden in de meimaand, meisjes, toen
ik 's morgens rondliep in een tuin vol groen.

Ariwara no Narihira

DRIE TANKA'S

Enkel de geur van
pruimenbloesem bleef achter
op mijn mouwenkleed –
zij, naar wie mijn hart uitgaat,
laat nooit meer van zich horen.

Cijfers te schrijven
in voorbijstromend water
is niet zo zinloos
als van iemand te houden
die geen liefde geven kan.

Het water dat stroomt
en de jaren die gaan en
bloesems die vallen –
en het woord: 'Wacht,' wie heeft dat
ooit ergens horen noemen?

John Milton

Hoe snel heeft Tijd, die zo tersluiks verging,
al drieëntwintig jaren weggevaagd!
Haastige dagen worden voortgejaagd,
mijn late lente draagt geen bloeseming.
Misschien lijk ik teveel nog jongeling
voor wat volwassen zijn reeds van mij vraagt,
nu rijpheid zich nog niet naar buiten waagt,
daar tijdelijk geluk haar steeds verving.

Maar zij het meer of minder, vlug of traag,
het maakt niet uit want strikt genomen staat
ons lot reeds vast, vernederd of verheven.
Waarheen de tijd mij leidt, omhoog, omlaag,
als Gods genade mij de ruimte laat
is al wat komt en gaat mij om het even.

Ons leven wordt allengs een afgedragen jas:
Hem dragen is gênant, van wegdoen is geen sprake:
We zijn ermee vergroeid alsof 't een broeder was;
En er is niemand die ons weer als nieuw kan maken.

Wanneer wij oud geworden zijn, is hij ook oud;
Als wij versleten zijn, dan is ook hij versleten,
Hij zit vol inktvlekken, maar die zijn zo vertrouwd
Dat je niet eens een dierbaarder patroon zou weten.

't Zijn spatten van de pen waaraan wij door de tijd,
In lichte blijde of bewolkte droeve dagen,
Alle geheimen toevertrouwden, alle spijt,
Alle bekentenissen, alle levensvragen.

En ook het leven draagt de sporen van 't verlee:
Ook dat is volgeklad met klachten en met zorgen,
Er hangt een schaduw over van verdriet en wee,
Maar daarin ligt een droeve lieflijkheid verborgen.

Die erfenis, de echo van verloren tijd,
Blijkt door 't geheugen van het hart nog steeds te leven,
En wij gedenken, als de dag ten einde schrijdt,
De frisse ochtend en de middaghitte even.

Nog kan ik houden van het leven dat ooit was,
Met zijn verdriet, de dingen die mij tegenzaten;
Met eerbied, liefde, koester ik mijn oude jas,
Zoals een krijgsman zijn tuniek met kogelgaten.

Pedro Calderón de la Barca

DE ROZEN

Die louter luister waren, gloed en pracht,
toen zij in 't morgengloren opengingen,
vanavond hangen zij als dode dingen
in de omhelzing van de koude nacht.

Geen blauwe lucht, geen zomergloed vermag 't
rood, wit en goud dier rozen te verdringen.
Zij zijn een beeld der menselijke dingen:
zó veel is in één dagduur saamgebracht!

De rozen bloeiden toen het licht verscheen
en zijn verouderd in die bloei, dat blozen:
een bloemknop is haar wieg en graf meteen.

Met mensen gaat het juist als met de rozen.
Zij bloeien open. Eén dag mag het duren.
De eeuwen die vergaan zijn lijken uren.

Sarangapani

DE BORDEELHOUDSTER TOT EEN JONGE COURTISANE

Pak de poen, al wat hij bij zich heeft,
die Venugopala,
en vergeet het verder.

Zoals men over koren zegt,
maak je geen zorgen
om het kaf.

Maakt het wat uit
naar welke vrouw hij gaat,
en hoe lang hij bij haar blijft?

Leef van dag tot dag,
zeg ja, zeg nee
tot de maand voorbij is

en pak de poen

Wat maakt het uit
of hij veel schulden heeft
of goed verdient?

Lig rustig, omzichtig
op de loer
als een kat op een muur

en pak de poen

Wat maakt het uit
of hij eerst met haar vrijt
en dan pas met jou?

Waarom zou je
jaloers zijn?
Als je jeugd voorbij is,
komt niets nog naar je toe

dus pak de poen

Ik deed de lamp opzij en ik ging zitten
op de rand van het slordig ledikant.
Zwijgend en somber bezag ik onbeweeglijk
de andere kamerwand.

Hoe lang ’k zo zat? Ik weet het niet. Toen de barre
dronkenschap van het verdriet mij achterliet
ging de lamp uit. Ik zag: op mijn balkon
lachte de zon.

Ook weet ik niet, van die verschrikkelijke uren,
waaraan ik dacht, wat door me is heengegaan;
alleen dat ik gehuild heb en gevloekt heb
en dat ik die nacht oud geworden ben.

Charles Baudelaire

BEZINNING

Gedraag je, o mijn Smart, probeer tot rust te komen.
Je vroeg om Duisternis; zij daalt neer, zij is daar:
Een donker waas heeft van de stad bezit genomen,
Dat sommigen de slaap brengt, anderen bezwaar.

Terwijl in slaafs vertier de vuige mensenstromen
Gegeseld door 't Genot, die wrede folteraar,
Op weg zijn naar de wroeging die hen zal betomen,
Kom mee, geef mij je hand, mijn Smart, en volg mij maar,

Ver van hen. Zie hoe aan de hemelbalustraden
De dode Jaren staan in oude lijfgewaden;
Hoe uit de diepten rijst de glimlachende Spijt;

Hoe de zon kwijnend inslaapt, door een boog omkaderd,
En hoor, mijn lieve, hoor hoe in het Oosten glijdt,
Een lang doodskleed gelijk, de zoete Nacht die nadert.

Ciro di Pers

ZANDLOPER

Het stof valt in gestage regelmaat
en toont hoe jaar en dag per uur verglijden,
maar ach, er is geen stonde zonder lijden
die zich het wrede lot ontwringen laat.

Die twee verbonden glazen geven aan
hoe elke wieg verwant is aan de grafzerk;
met recht dat woelig stof en breekbaar glaswerk
het eind voorzeggen van ons droef bestaan.

De Grieken maten eerst de tijd met water
dat langzaam door de nauwe doorgang droop,
maar hebben vocht door stof vervangen later;

en daarmee is alweer ons lot gegeven:
want enkel tranen is de levensloop
en na de dood blijkt enkel as gebleven.

De zon vlucht voor de zon, en leven doet
niet anders dan het leven zelf ontbinden;
vanuit de tijd, die eeuwig zijn gebroed
geslachten na geslachten blijft verslinden,

ontstaat het leven, en gelijk begint de
ontluistering die ons karkas doorwroet.
Wat vreest de mens nog dat hij sterven moet,
als hij slechts bij wat heen is steun kan vinden?

Wat is geweest, is weg; de toekomst is
nog niet in leven, en wat nu bestaat,
bestaat niet echt, omdat er niets beklijft.

Alleen wat wij niet weten is gewis;
de wereld, een op wind gestoelde staat
waarin toevalligheid de wet voorschrijft.

Anoniem

HET OUD WIJF UIT BEARE

Laagtij. De zee kruipt weg van mij,
laat vuil wier achter, dodenhaar.

Ik ben het oud wijf uit Beare,
ik was een schoonheid in mijn tijd.
Nu moet ik mijn lijf met vodden verbergen.
Ik krijg de kou niet uit mijn botten,
zelfs in volle zon heb ik een sjaal vandoen.

Deze stramme handen streelden prinsen.
Ik sliep met koningen,
reed in hun wagens, kreeg juwelen,
danste op een golf van de tijd.

Ik hield van mannen, keek op de vrouwen neer.
Van mijn geweten heb ik nooit last gehad
en alle kwezels werden vlugger oud.

Kom me over liefde niets vertellen,
die pas gevonden al verloren is:
de jonge soldaat die schreit omdat hij weg moet,
een koning die langzaam in de nacht vervaagt.

Laagtij. Toch stormt er nog een zee in mij:
de beelden van die doden.
Maria's Zoon zou graag hun plaats innemen:
zei ik ooit aan iemand nee?

De heuvels geeft Hij nieuwe kleren,
mij puisten op mijn vel,
korstmos op een oude eik.
Mijn ene oog heeft Hij gestolen, het andere blind gemaakt:
wil Hij dat ik op de tast de hemel vind?

Met koningen heb ik wijn gedronken.
Nu hurk ik neer tussen stinkende wijven
en herkauw opgerispte brokken gebed.
Wat denkt Gij mij door deze bitterheid te leren?

Ik hoor de winterstormen huilen,
onzichtbare riemen door het water gaan.
Een gemene wind naait zout in mijn gekloofde lippen,
krabben kruipen door mijn bloed.

Laagtij. De laffe zee ebt weg uit mij,
laat me achter tussen het opdrogend schuim,
droog als mijn dorre dijen,
als de voze tong tussen mijn tandvlees,
als de aders die door mijn lederhuid breken.

Anoniem

DRIE GEDICHTEN UIT ZI YE

Heel helder herinner ik me mijn verlangen,
en jij was zo onzeker van je gevoel.
In een paradijs dat in mist is gehuld
onderscheid je niet de witste orchidee.

Ooit verlangden we zo elkaar te kennen
dat we alleen maar één wilden zijn.
Een goede draad op een kapot getouw,
daaruit kan geen stof worden geweven.

Toen je wegging werd het lentegras groen,
nu je terugkomt ligt er sneeuw in het portaal.
Weet je, als je verlangend oud wordt,
groeien tussen je donkere haren witte.

Zi Ye is een verzamelnaam voor sommige gedichten
uit de 3de en de 4de eeuw, in China oorspronkelijk volksliedjes.

Francisco Quevedo y Villegas

Leven is reizen en de weg is kort.
Een doodgaan waar wij bij zijn is dit leven:
gister het weerloos lichaam bijgebleven
en steeds opnieuw die grafkuil ingestort.

Een nauwelijks bestaan, een opgeschort
niets zijn, een snelvergeten tegenstreven,
nog even op de waanzin voortgedreven
dat stof al ademend vereeuwigd wordt.

Zo, voortbewogen op misleide ideeën,
verwachtingen onzinnig en verblind,
is het zijn open graf al ingeijld –

als wie spelenderwijs in open zeeën
roerloos is meegedreven op de wind
en onverhoeds de haven binnenzeilt.

Osip Emiljevitsj Mandelstam

Neem heden tot je vreugde uit mijn handen
Een beetje zonlicht en een beetje honing
Die bijen van Persephone ons lieten.

Je maakt geen boot los die niet vastgemaakt is,
Je hoort geen schim die loopt op bonte zolen,
Je bant geen angst uit 't ondoordringbaar leven.

Wij houden enkel nog de zoenen over,
Ze zijn zo wollig als de kleine bijen
Die, amper uit hun korf, het leven laten.

Zij ruisen 's nachts in het doorzichtig duister,
Hun oorsprong ligt in wouden van Taygetus,
Zij voeden zich met tijd, met munt en longkruid.

Neem tot je vreugde deze wilde gave,
Een snoer van dode bijen, droog, onooglijk,
Zij toverden hun honing om in zonlicht.

POËZIE

IK SCHRIJF HET OP, OM HET NIET TE VERGETEN

CANZONIERE 20

Ik schaam mij vaak als ik wéér moest versagen
uw schoonheid eer te doen in mijn gedicht,
en denk dan terug aan uw geliefd gezicht,
zo schoon dat niemand mij meer kan behagen.

De last is zwaar, meer dan mijn arm kan dragen,
mijn vijl te grof en mijn talent te licht.
Ik monster al mijn krachten, en ik zwicht,
nog vóór de strijd al radeloos verslagen.

Vaak zijn mijn woorden in mijn hart gebleven,
als 't lippenpaar al voor hen openlag,
want welke stem zou zo hoog kunnen reiken?

Vaak was van 't vers geen letter nog geschreven,
als pen, verstand en hand nog voor de slag
voor deze overmacht moesten bezwijken.

Francesco Petrarca

Czesław Miłosz

DISTEL, BRANDNETEL

Distel, brandnetel, belladonna en klis
Hebben de toekomst. Hun behoort de wildernis
En de roestige rails, de hemel, de stilte.

Wie zal ik nog zijn voor de vele geslachten na mij,
Als, na het spraakkabaal, de prijs gaat naar de stilte?

De gave van woorden schikken zou me bevrijden,
Maar ik moet klaar zijn voor de ongrammaticale aarde.

Met distel, brandnetel, belladonna, klis,
Daarboven de wind, een lome wolk, stilte.

Jirí Wolker

OOGST

De zon is een groot dichter
en heeft met gouden pen
op ons land
een mooi gedicht geschreven.

Mannen zonder mantels,
vrouwen met rode doeken,
kinderen aan moeders rok,
de hele dag
lezen zij en
lezen en lezen zij.

Op een heuveltje boven het veld
wil ook ik dat gedicht uitspreken,
het uitschreeuwen,
opdat de oudjes in het dorp naar buiten zouden komen
en zouden horen wat de zon heeft geschreven,
maar de woorden zijn zo groot
dat ze mijn mond niet uit kunnen,
en ik voel slechts dat ik ben:
een aar in de rij,
een letter,
een uitroepteken!

Edmund Spenser

SONNET 75

Ik schreef op een dag haar naam in het zand
Maar wassende golven wisten hem uit:
Ik schreef hem andermaal neer op het strand
Maar het tij maakte mijn moeite tot buit.
'IJdele,' zei ze, 'zo'n ijdel besluit
Om eeuwig te maken wat tijdelijk is,
Want dit verval sluit zelfs ik ook niet uit
En dat mijn naam evenzeer wordt gewist.'
'Nee,' zei ik, 'iets van lager rang beslist
In stof te sterven, jij zal roemrijk leven:
Mijn vers, ter eeuwiger gedachtenis,
Heeft in de hemel hoog je naam geschreven:
Wanneer de dood de wereld laat vergaan,
Zal onze liefde leven, nieuw leven doen ontstaan.'

Stéphane Mallarmé

ZEEBRIES

Het vlees is wrang, helaas! en ik las alle boeken.
Weg! ver weg! Ik zie vogels hun vervoering zoeken
Tussen het onbekend schuim en de hemelboog!
Niets, noch de oude tuinen spiegelend in het oog
Weerhoudt dit hart ervan om traag in zee te zinken
O nachten, noch de lamp met haar verlaten blinken
Op 't lege blad dat door de blankheid wordt behoed
Noch ook de jonge moeder die haar kindje voedt.
Ik wil vertrekken! Steamer, laat uw masthout deinen
En licht het anker naar exotische domeinen!

Een Onlust, door de bittere hoop teleurgesteld,
Gelooft nog aan een laatste wuiven van vaarwel!
En wie weet staan de masten voor de stormen open
Die met de wind dit schip te pletter laten lopen
Waar 't zonder masten, zonder vruchtbaar rif verzinkt...
Maar, o mijn hart, hoor hoe de zang der zeelui klinkt!

William Shakespeare

SONNET 18

Ben jij een zomerdag gelijk voor mij?
Die is lang niet zo lieflijk en zo zacht:
Ruw schudt de wind de bloemknoppen van mei,
En al te gauw verstrijkt de zomerpracht;
Soms kan te heet het oog des hemels schijnen,
En dikwijls wordt zijn gouden kleur verduisterd,
En van elk schoon zal eens het schoon verdwijnen,
Door toeval, of verloop van tijd ontluisterd.
Jij bent een zomer die voor eeuwig straalt,
En nooit raak jij iets van je schoonheid kwijt,
Of snoeft dood dat je in zijn schaduw dwaalt,
Maar door mijn vers groei jij in eeuwigheid.
  Zolang de mens adem en ogen heeft,
  Zolang leeft dit, dat jou het leven geeft.

Uit vingers moet een wandtapijt ontstaan
waar kunst de stoffen ver zal overschrijden
om door serene samengloed te wijden
de muur van elk vertrek nog zo profaan.

De hand schuift fier de teerste tinten aan
en mengt de weefsels tot een puur verglijden
maar tussen goud en adeldom van zijde
zal de simpele wol zijn banen slaan.

Zo doet ook liefde: zij mengt en verzacht
de ruige wol met zijde ook nog zo duur
en kiest adel en landvolk evenredig.

Eenvoud, mijn schoonzoons adel toebedacht,
met door mijn wol zijn zijdegarnituur,
weeft één tapijt van liefde, uniek, tweeledig.

Lin Bu

DE KLEINE PRUNUS IN MIJN HEUVELGAARDE

Als alle bloesems zijn gevallen pronkt ze met haar schoonheid
En zij alleen krijgt alle aandacht in mijn kleine tuin:
De schaarse schaduw, dwars en schuin, op klaar en ondiep water,
De stille geur die aandrijft door het schemerige maanlicht.
   Berijpte vogels kijken schichtig voor ze durven dalen,
Vlinders, gepoederd, brak het hart zo zij er slechts van wisten!
Gelukkig dat mijn nietig lied haar wel gezelschap houdt –
Geen noodzaak hier voor sandelhouten kleppers, gouden bekers.

Abraham Reizen

ZO

Zo zijn ze vergleden
zo dreven ze weg
de liederen van het verleden –
over lokken van zijde,
haar goudblonde hoofd,
en haar zinnenstrelende leden.

De verzen verstomden
over ruisende rokken,
dat edele lied van weleer;
in woelige tijden
zingt zijde niet meer –
het ruisen van zijde viel stil...

Arthur Rimbaud

VOCALEN

A zwart, E wit, I rood, U groen, O blauw: vocalen,
Eens zal ik uw verborgen oorsprong openbaren:
A, harig zwart korset van schelle vliegenscharen
Die bommelend rond gruwelijke stanken dwalen,

Nachtgolven; E, blank van dampen en tenten, klare
IJslansen, witte vorsten, rillen van petalen;
I, purpers, bloedspuwsel, lach van lippen die pralen
In razernij of in rouwvolle roes bedaren;

U, cycli, groenig goddelijke zeeënwimpels,
Vrede van weilanden vol vee, vrede van rimpels
Waarmee de alchimie het peinzend voorhoofd boog;

O, Opperste Klaroen vol vreemdsoortige schrilten,
Door werelden en Engelen doorkruiste stilten:
– O de Omega, violette straal van 't Oog!

Homeros

HET SCHILD VAN ACHILLES | zang XVIII uit Ilias

Daarnaast beeldde hij af een malse, vruchtbare akker,
bouwland dat driemaal geploegd werd. Daar waren talloze ploegers
bezig, steeds heen en weer gaand, hun span langs de akkers te drijven.
Telkens wanneer ze het eind van het bouwland bereikten en keerden,
liep er een man op hen toe en reikte de ploegers een beker
zachtzoete wijn aan; dan gingen ze weer met hun ploeg door de voren,
naarstig op weg om het eind van het diepe land te bereiken.
Achter de ploeg was de aarde, net als bij land dat geploegd is,
zwarter, al was het van goud. Het was een wonder van smeedwerk.
Ook bracht hij aan op het schild het domein van een landheer. Daar waren
arbeiders bezig het land met scherpe sikkels te maaien.
Vlak bij elkaar, naast de voren, vielen de garven ter aarde;
schovenbinders bonden de halmen tezamen met stroband;
Drie van die binders stonden erbij. En achter de maaiers
brachten, de garven verzamelend, jongens ze armen vol mee en
reikten ze ijverig aan. In hun midden stond zwijgend de landheer,
scepter ter hand, bij het maaiveld en straalde een innig geluk uit.
Onder een eik in de verte verzorgden dienaars het maal en
waren een koe, een flink groot beest, aan het slachten; de vrouwen
mengden veel zuiverwit gerstemeel aan voor het eten der werkers.
Ook bracht de god er een wijngaard op aan die vol stond met druiven,
prachtig in goud, maar met druiventrossen van donkerzwart smeedwerk.
Overal over de gaard had hij zilveren stutten geplaatst en
rondom van blauwgekleurd glas een gracht en daarbuiten een tinnen
hekwerk gemaakt. Een enkel pad liep erheen en daarover
keerden de dragers naar huis met de druiven die men geplukt had.
Meisjes en jongens die zich nog nergens zorgen om maakten
droegen in stevige korven de als honing zo heerlijke vruchten.
En op de zoete muziek van de helder klinkende citer
zong met zijn zuivere stem in hun midden een jongen het mooie
treurlied van Linos. De anderen stampten de maat en ze vielen
in met gezang en gejoel en huppelden rond op hun voeten.
Daarna smeedde de god nog een kudde rechthoornige runderen,
dieren die waren vervaardigd van goud en tin. Uit de koestal
renden ze aan en begaven zich loeiend op weg naar de weide,
vlak langs de ruisende stroom der rivier en het wuivende rietbos.
Herders, vier in getal, vervaardigd van goud, begeleidden
koeien en stieren, gevolgd door een negental rennende honden.

Maar bij de koeien vooraan wierp een tweetal vreeswekkende leeuwen
zich op een brullende stier en deze werd vreselijk loeiend
weggesleept. Honden en mannen snelden te hulp. Zij beide
scheurden onder vervaarlijk gegrom de runderhuid open,
vraten zijn ingewand op en slurpten het donkere bloed in. De herders
trachtten met hitsende woorden hun honden tot strijd te bewegen;
die echter wachtten zich wel de leeuwen te bijten en bleven
vlak bij het tweetal staan blaffen en stelden zich niet aan gevaar bloot.
Daarna beeldde de roemrijke, kreupele god nog een groot stuk
weidegrond af in een mooie vallei waar zich glanzende schapen,
hoeven en stallen bevonden en hutten met stevige daken.
Daarna smeedde de roemrijke, kreupele god nog een dansplaats;
't leek op het kunstige werk dat eens in het breedgebouwd Knossos
Daedalos schiep voor de vrouw met het mooie haar, Ariadne.
Jeugdige mannen en meisjes wier bruidsschat veel runderen opbracht
dansten en hielden elkaar met hun hand bij de polsen. De meisjes
waren gehuld in een fijn linnen kleed, de mannen in chitons,
prachtig geweven, van stof die met olie zachtgeel geglansd was;
de eersten droegen een sierlijke band om hun voorhoofd, de laatsten
messen van goud die aan draagriemen hingen met smeedwerk van zilver.
Nu eens dansten ze allen in 't rond met hun kundige voeten,
even gemaklijk en licht als een pottenbakker de draaischijf
tussen zijn handen laat gaan om de loop ervan te beproeven,
dan weer vormden ze rijen en liepen ze toe op elkander.
Rijen dik stond het volk verrukt de bekoorlijke reidans
gade te slaan. De godlijke zanger, die tussen hen in stond,
zong en begeleidde zichzelf op de citer en twee acrobaten
buitelden tussen hen door, zodra hij zijn zang was begonnen.

Cyprian Kamil Norwid

LYRIEK EN HET GEDRUKTE WOORD

Je zegt: 'Ik hef een lied van liefde aan…'
Wie poog je op te lichten?
'k Merk niets van vingers die de snaren slaan –
Gedrukt zijn je gedichten!

Verklaar de lier geen bijzaak, zij doet meer
Dan enkel begeleiden…
Zij is als voor een adelaar een veer:
Niet van het bloed te scheiden.

Laat nucht're inhoud met het laaiend woord
En de almacht van 't geweten
Versmelten tot een muzikaal akkoord
Waar woorden parels heten.

De loze hand die de ether trillen laat
Zal mij dan doen ervaren
Dat naast de zichtbare een tweede lier bestaat,
Die ruist met lichter snaren…

Rafael Alberti

TERUGKEER VAN DE ONVERANDERLIJKE POËZIE

Mooie, sterke en zoete poëzie,
mijn enige zee tenslotte, die steeds terugkeert!
Hoe zou je me kunnen verlaten, hoe kon ik, verblind,
ooit denken dat je me in de steek zou laten?

Je bent wat me bijblijft, wat ik ongeweten
sinds ik het licht zag, bezit.
Trouw in voorspoed, trouw in tegenspoed,
hand in hand in vrede,
hand in hand in het droeve rumoer
van het bloed en de oorlog.

Ik sliep in het gebladerte, speelde
op de groene zandvlakten van de rivieren,
klom naar de windhaantjes van de torens
en reed met mijn sleeën naar de besneeuwde maan.
En je onzichtbare vleugels,
je lichte adem begeleidden me.

Wie heeft met zijn ogen de kleuren aangeraakt,
wie heeft de versregels met zijn ritme besmet,
en wie, toen de liefde kwam, heeft in haar pijl
een gemurmel van fonteinen en duiven gestopt?

Daarna, de gruwel, het leven in de angst,
de jeugd opbrandend als offer.
Wat zou de held zijn zonder jou, wat zou zijn arme dood zijn
zonder het plotse aureool van bliksemschichten
waarmee je hem kroont en verlicht?

Raymond Queneau

VAN GENERLEI INFORMATIE NAAR EEN BEPAALD SOORT POËZIE

Het is zeker waar dat je het sneeuwt moet zeggen als het sneeuwt
het is dé manier om begrepen te worden
het sneeuwt zeggen als het sneeuwt maakt
het aangenaam converseren met mensen die zeggen dat
het aan het weer ligt dat het sneeuwt als het sneeuwt
het is dé manier om geheel probleemloos met je medemensen om te gaan en
het is dé manier om vrienden te maken en
het is zo gemakkelijk om het sneeuwt te zeggen als het sneeuwt
in plaats van te zeggen dat het regent

inderdaad
het is aanmatigend om te zeggen dat het regent als het sneeuwt
maar waar schuilt de poëzie in dit alles?
in een vlok
in een sneeuwvlok
besprenkeld met marsala
op een zomerdag aan de waterkant
van een strand in de Sahara
waar je een beetje lukraak
'Hé... het sneeuwt...' zegt
        zomaar...

Adalbert von Chamisso

VERRADEN LIEFDE | Nieuwgrieks

De nacht toen wij kusten, o meisje,
  Heeft niemand ons aanschouwd;
De sterren versierden de hemel
  Wij hebben de sterren vertrouwd.

Er is een ster gevallen
  Die heeft het aan de zee gemeld,
Dan heeft de zee het aan het roer,
  Het roer aan de schipper verteld.

Dan zong diezelfde schipper
  Het aan zijn liefste voor,
Nu zingen het op markten en pleinen
  De meisjes en jongens in koor.

Aderen geopend: onherstelbaar
En onstelpbaar gutst er leven uit.
Zet er schalen, zet er borden onder!
Maar geen schaal is diep genoeg.
                Het welt er
Overheen, er *naast,* het diepe donker
Van de aarde in, en drenkt het riet.
Onomkeerbaar, ongetemd, onstelpbaar,
Onherstelbaar gutst er – poëzie.

Amergin

HET EERSTE GEDICHT

Ik ben de wind over de zee,
ik ben een golf in de zee,
ik ben het geruis van de zee.
Ik ben het hert met zeven takken,
ik ben de havik op de rotsen,
ik ben de zalm in de stroom.
Ik ben een meer in de vlakte,
ik ben een bloem op het veld,
ik ben een traan van de zon.
Ik ben de wilde ever,
ik ben de dodende speerpunt.
Ik ben het begin van elk gedicht.

Wie is het licht op de heuvel?
Wie kent de rustplaats van de zon?
Wie is zo oud als de maan?
Wie heeft de sterren geteld?

Wie heeft het vuur in de hoofden ontstoken?

Walt Whitman

GRASBLADEN | (Lied over mezelf)

(1)
Ik bejubel mijzelf,
En waar ik me mee tooi, wees jij ermee getooid,
Want elk atoom dat mij behoort is evengoed van jou.

Ik lanterfant, mijn ziel op sleeptouw,
Ik hang rond en slenter wat, op mijn dooie gemak, een struise zomerse grasspriet bestuderend.

(2)
Huizen, kamers, ze zijn vol parfums...de schappen staan beladen met reukwerk,
Ik adem zelf het welriekende in, het is me niet vreemd en staat me aan,
Het alcoholische vocht zou me liefst ook nog bedwelmen, maar ik kijk wel link uit.

De lucht is geen parfum...heeft niet de smaak van alcoholisch vocht...ze is reukloos,
Mijn mond zal er altijd naar dorsten...ik ben haar aanbidder,
Ik zal op de oever bij de bosrand gaan staan, onverhuld geworden, naakt,
Ik brand van verlangen dat ze me aanraakt.

De damp van mijn eigen adem,
Echo's, lispelingen, en fluistergedruis...liefdeswortel, zijden draad, oksel met ranken,
Mijn uitblazing en inblazing...het kloppen van mijn hart...het stromen van bloed en lucht door mijn longen,
Vleugjes, geroken van groen blad en dor blad, van de kust en
de donkergetinte rotsen aan zee, van hooi in de schuur,
Het geluid van de woorden, uitgestoten door mijn stem...woorden losgelaten op de wieling van de wind,

Wat vluchtige kussen...een paar omhelzingen...armen geopend en daarin iemand omvangen,
Het spel van zon en schaduw op de bomen, door het lenig wiegelen van de twijgen heen,
De verrukking, alleen of in de drukte van straten, of over de velden en de heuvels gaand,
Het gevoel, fit te zijn...het kwinkelerend middaguur...de zang van mij, opgestaan uit bed, de zon begroetend.

Vond je het reusachtig veel, duizend morgen land? Vond je hem reusachtig groot, de aarde?
Vond je het zo'n heksentoer, te leren lezen?
Vond je het geweldig van jezelf als je gedichten wist te snappen?

Blijf hier bij mij, vandaag en vannacht, en je zult de oorsprong van alle gedichten verwerven,
Je zult het goede der aarde en dat van de zon verwerven...er zijn nog miljoenen zonnen te geef,
Je zult voortaan niets uit de tweede of derde hand aannemen...noch door de ogen van doden kijken...je zult je niet meer voeden aan de schimmen in boeken,
Je zult ook niet door mijn ogen kijken, noch van mij iets aannemen,
Je zult luisteren, alle partijen aanhoren en ze filteren door jezelf heen.

Eduard Mörike

Nog onbewogen, mooie lamp, verfraai jij nu
Aan lichte kettingen sierlijk opgehangen hier
De zoldering van het haast vergeten lustvertrek.
En op jouw witte marmerschaal, waarvan de rand
Een wingerdkrans uit gouden-groen metaal omvlecht,
Daar draait een blijde kinderschaar een rondedans.
Bekoorlijk alles! lachend, en een zachte geest
Van ernst die om de hele vorm gegoten ligt –
Een kunstwerk van de echte soort. Wie let er op?
Wat echter mooi is, schijnt toch zalig in zichzelf.

Sta stil jij, schaduw kil, door mij aanbeden,
bekoorlijk beeld waar ik het meest van hou,
jij schone schijn voor wie ik sterven zou,
verzinsel zoet, en leef met moeilijkheden.

Aan de magneet van jouw aantrekkelijkheden
gehoorzaamt heel mijn hart met stalen trouw.
Waarom verleid je vleiend deze vrouw,
daarna door jou bedrogen en gemeden?

Kraai geen victorie van verdorven daden
van overheersing, zelfvoldane kwast;
al ben je dan ontsnapt aan strakke draden

van 't web waarin jouw wezen werd gepast,
mijn armen en mijn hart kun je verraden
maar mijn verbeelding houdt jou eeuwig vast.

Niccolò Machiavelli

STAARTSONNET AAN GUILIANO DE' MEDICI

Ik heb, Giuliano, kluisters om mijn voeten,
en op mijn schouders wel drie striemenparen.
En al de rest wil ik u graag besparen:
wie dichter zijn wil, moet nu eenmaal boeten.

Hier wemelen de wanden van de luizen,
zo groot en vet dat het wel vlinders lijken;
het stinkt méér dan in Ronceveaux de lijken
of dan de veekarkassen in de slachtershuizen,

in dit verrukkelijk hotelletje van mij.
En verder hoor ik snerpen, galmen, bonken
alsof Zeus dondert in zijn blinde razernij:

er wordt hier losgeknarst en vastgeklonken
met hels gerammel van het sluitgerei.
Een ander gilt zich schor: 'Zo hoog niet van de grond!'

Maar wel de allergruwelijkste plagerij
was dat ik in mijn slaap omstreeks de ochtendstond
gewekt werd door het lied *Uw uur is nu nabij.*

Wel, dat gerust hún laatste uur geslagen zij.

Maar, goede vader, wees genadevol voor mij
en maak me van die schandelijke ketens vrij.

Kuan Hsiu

Een bergpaleis
zuiver en helemaal van kristal:
geen sprankel stof op een
van deze bloemen.

Als we als gekken beginnen te zingen
dansen alle bergtoppen.
En eens we gaan schilderen
wordt zelfs de hemel slechts versiering.

Voor jou en mij ligt de vreugde in het doen
en de duivel hale me als ik iets geef om 'talent'.

Maar als je, mijn vriend, zo af en toe
iets hoort als geestelijk gelach...
dan zijn het alle grote, dode, gekke dichters
die even binnenwippen om naar ons te luisteren.

Federico García Lorca

DE GITAAR

De klaagzang van de gitaar
vangt aan.
Breken doen
de bekers van de ochtend.
De klaagzang van de gitaar
vangt aan.
Het is zinloos
hem te smoren.
Het is onmogelijk
hem te smoren.
Hij huilt eentonig –
zo huilt ook water,
zo huilt ook wind
over de sneeuwvlakte.
Het is onmogelijk
hem te smoren.
Hij huilt om
verre dingen.
Heet zand uit het zuiden
snakt naar witte camelia's.
Hij huilt om pijl zonder doel,
om avond zonder ochtend
en om de eerste vogel dood
op de tak.
O, gitaar!
Hart door vijf zwaarden
zwaar gewond.

Thomas Campion

VOLG STEEDS JE SCHONE ZON

Volg steeds je schone zon, bedroefde schaduw.
Al ben jij duisternis
Waar zij ál luister is,
Volg tóch je schone zon, bedroefde schaduw.

Volg haar wier licht het jouwe heeft verdreven.
Al leef je onteerd, en zij
De hemel zó nabij,
Volg tóch haar licht: het schenkt de wereld leven.

Volg dat puur stralend schoon, dat felle blaken
– Al heeft het je verschroeid –
Tot het in mildheid gloeit
En je dof zwart tot blinkend licht gaat maken.

Volg haar zolang haar heerlijkheid blijft schijnen.
Al komt eens de onheilsnacht
Die heel haar licht ontkracht
En jou nu al verbleken doet en kwijnen,

Volg tóch: dit heeft je lot je toegewezen.
Zon richt zijn schaduw aan
Tot beiden ondergaan,
De zon beproefd, de schaduw nóg misprezen.

John Keats

ODE OP EEN GRIEKSE URN

Bruid van de rust, jij bent nog ongerept,
Pleegkind van stilte en van trage tijd,
Bos-chroniqueur, die zo legenden schept
Met bloemen, zoeter dan ons rijm verspreidt:
Welk bladomzoomd verhaal waart om je leest
Van mens of god, of god én sterveling,
In Tempe of Arcadië's heuvelland?
Wie zijn zij? Welke meisjes zijn bevreesd?
Welke bezeten jacht en worsteling?
Rietfluit en rinkelbom? Vervoeringsbrand?

Zoet is muziek, zoeter een melodie
Die men niet hoort; speel dus, jij zachte fluit,
Niet voor 't zintuiglijk oor, maar wijsjes die
De geest vertederen zonder geluid.
Jij knaap onder de bomen kunt je lied
Niet staken, dat geboomte wordt nooit kaal;
Stout Minnaar, nimmer is een kus je loon,
Hoe dicht je haar ook nadert – maar treur niet:
Zij kan niet welken, schoon jij 't doel niet haalt,
Jij blijft verliefd, en zij voor immer schoon!

O blijde blijde takken! die steeds bloeit,
Die nooit het afscheid van de lente ziet;
En blijde muzikant, die onvermoeid
Voor immer fluit het immer nieuwe lied;
Blijder verliefdheid! blijder, meer dan blij!
Voor immer warm en nimmer toch verzaad,
Voor immer smachtend en voor immer jong;
De ademende hartstocht ver voorbij,
Die het hart zat en droevig achterlaat,
Het voorhoofd brandend en verschroeid de tong.

Wie zijn die ommegang van offeraars?
  Mysterieuze priester, naar welk groen
Altaar leid jij die luid loeiende vaars,
  Haar zijden flank getooid met een festoen?
Welk stadje aan de zee of de rivier,
  Of welk bergdorpje met zijn vredig fort
    Verlaat dit volk, deez' vrome morgentijd?
En zwijgend stadje, in jouw straten wordt
  Het stil, voorgoed; geen sterveling keert weer
    En meldt de reden van je eenzaamheid.

Attisch maaksel! Schone statuur! Met rand
  Van marmeren mannen en meisjes bedekt,
Met bostakken en de vertrapte plant;
  Jij stille vorm, die ons aan 't brein onttrekt,
Gelijk de eeuwigheid: Koud Herdersdicht!
  Als dit geslacht oud en verteerd zijn zal,
    Blijf jij, die telkens ander leed ontmoet,
Bestaan, vriend voor de mens, tot wie je zegt:
  'Schoonheid is waarheid, waarheid schoonheid', – al
    Wat je op aarde weet en weten moet.

Zij zijn verstrengeld, Hij en Zij,
als woord en zin in 't aards stramien.
Ik, die hun kind ben, bid dat zij
mijn woorden van een zin voorzien.

Het machtig thema staart mij aan.
Hoe kan mijn zwakke dichtertaal
ooit recht doen aan de oceaan?
Zij is te breed voor mijn korjaal.

Ik dwaas! Ik streef naar dichtersroem!
Blijkt straks dat ik slechts hoon verdien?
Een reus kan amper bij die bloem.
Ik, dwerg, dien er van af te zien.

Toch kliefden ouderen de poort,
zodat zij voor mij openstaat.
Ik volg hun diamanten woord
en rijg wat parels aan een draad.

François Villon

BALLADE VAN HET CONCOURS TE BLOIS

Ik sterf van dorst nabij de koele bronnen,
heet als een vuur kleum ik en klappertand,
als heerser leef ik weerloos overwonnen,
in eigen land ben 'k in vijandig land,
steenkoud ril ik nabij de schouw die brandt,
naakt als een worm ga ik als vorst gekleed,
in tranen lachend wacht ik wat vergleed,
mijn troost vind ik in droeve wanhoopsklacht,
vermaak schep ik in kommer en in leed,
warm welkom en door iedereen veracht.

Niets is mij zeker dan onzekerheden
en donker is mij elke helderheid,
ik twijfel nooit, alleen aan recht en reden,
mijn zekerheid is de toevalligheid,
ik win altijd en raak toch alles kwijt,
ik ben vermogend en heb geen bezit,
'k ben bang te vallen als ik lig of zit,
ik zeg bij 't morgengloren 'goedenacht'
'k ben erfgenaam zonder familielid,
warm welkom en door iedereen veracht.

'k Heb kind noch kraai, maar toch tracht ik te zorgen
voor 'n lege beurs – van gouden schilden zwaar,
wie mij wil weldoen zou 'k het liefste worgen,
wie waarheid tot mij spreekt is leugenaar,
mijn beste vriend is hij die zonneklaar
bewijst dat zwanen zwarte raven zijn,
en wie mij schaadt doet me het minste pijn,
leugen en waarheid zijn voor mij één macht,
ik weet zoveel, maar mijn verstand is klein,
warm welkom en door iedereen veracht.

ENVOOI
Gij milde Prins, mijn rechte woord is krom:
Want veel begrijpend ben ik dwaas en dom,
elk krijgt mijn stem, ik ben voor één geslacht...
Wat wil ik nog? Mijn toelage weerom,
warm welkom en door iedereen veracht.

José-Maria de Hérédia

SIËSTA

Niet één gerucht van een insect of bij op jacht,
Alles slaapt in de wouden, voor de zon gezwicht,
Waar het door dicht gebladerte getemperd licht
Zweemt naar het zacht fluweel der mossen van smaragd.

Dit duistere gewelf doorpriemt de Middagpracht
En op mijn lome, halfgeloken wimpers richt
Een goudzilveren net zijn flikkerend geschicht
Dat zich vermenigvuldigt in de zwoele nacht.

Naar 't vurig gaas dat door de stralen wordt geweven,
Komt broos een zwerm van weelderige vlinders zweven
Die gulzig zijn naar sap vol glanzende aromen;

Daar vatten sidderend mijn vingers elke draad
En in de gouden mazen van dit fijn brokaat
Vang ik als zangerige jager al mijn dromen.

Felix Arvers

SONNET

Mijn ziel heeft haar geheim, zijn raadsel heeft mijn leven:
Een eindeloze liefde van één oogwenk maar.
De kwaal is hopeloos, en dus niet prijs te geven,
En zij die haar verwekt heeft, werd nooit iets gewaar.

Zij merkte mij niet op, al kenden wij elkaar.
Steeds aan haar zijde ben ik toch alleen gebleven;
En ik word op de wereld naar mijn eind gedreven,
Daar ik niets vragen dorst en niets ontving van haar.

Zij zal, al maakte God haar zacht en vol bekoren,
Verstrooid haar eigen wegen gaan en het niet horen,
Dit liefdefluisteren dat haar is nagegaan.

Oprecht getrouw zal zij haar harde plichten wezen
En zeggen, als ze dit vers vol van haar zal lezen:
'Wie zou die vrouw toch zijn?' en zal het niet verstaan.

De Geliefde is alles, de minnaar slechts een sluier.
De Geliefde is levend, de minnaar een dood ding.
Wanneer Liefde haar kracht gevende zorg onttrekt,
blijft de minnaar achter als een vogel zonder vleugels.
Hoe kan ik wakker en bewust zijn
als het licht van de Geliefde afwezig is?
Liefde wil dat dit Woord
aan het daglicht wordt gebracht.
Vind je de spiegel van het hart dof,
dan is de roest nog niet van haar oppervlak geveegd.

Jaroslav Seifert

EN VAARWEL!

Bij de miljoenen verzen op deze wereld
voegde ik maar een paar strofen.
Ze waren wellicht niet wijzer dan krekelliederen.
Dat weet ik, vergeef me.
Ik eindig al.

Het waren niet de eerste stappen
in het maanstof.
Als ze toch ooit schitterden
was het niet door hun licht.
Ik hield van deze taal.

En zij, die zwijgende lippen
tot beven kon dwingen,
zal makkelijk geliefden tot kussen aansporen
wanneer ze slenteren door het avondrode land,
als de zon langzamer ondergaat
dan in de tropen.

Poëzie was met ons vanaf alle begin.
Zoals beminnen,
zoals honger, zoals pest, zoals oorlog.
Mijn verzen waren soms
verschrikkelijk dwaas.
Maar daarvoor verontschuldig ik me niet.
Ik geloof dat het zoeken naar mooie woorden
beter is
dan doden en moorden.

Alfred de Musset

IMPROMPTU IN ANTWOORD OP DE VRAAG: WAT IS POËZIE?

Elke herinnering verdrijven, concentratie
En balanceren op een spil van gouden gratie,
Onzeker, ongerust en toch in evenwicht;
De droom van een moment vereeuwigen wellicht;
Houden van waar en schoon, hun harmonie opsporen;
In 't hart de weerklank van de eigen gaven horen;
Je zingt, lacht, schreit, alleen, bij toeval, zonder doel;
Dankzij een lachje, een woord, een blik, een droef gevoel
Betoverd en vol vrees tot kostelijk werk geraken
   En van een traan een parel maken:
Dat is wat hier op aard de ware dichter doet,
Zijn eerzucht, zijn bestaan, zijn allerhoogste goed.

Adam Mickiewicz

HET DAL VAN DE BAJDAAR

Ik jaag mijn paard de wind voorbij en spaar geen slagen;
In tomeloze drang verglijden langs mijn zij
Als golven van een stroom, bos, dal en rotspartij,
'k Bedrink mij, laat mij door die storm van beelden dragen.

En als mijn schuimend ros weerspannig voort blijft jagen,
De wereld kleur verliest onder des duisters sprei,
Dan breekt mijn gloeiend oog als spiegel in 't getij
Van geesten die uit bos en dal en rots ontwaken.

De aarde slaapt; ik waak, de zee biedt mij zijn schoot;
Een zwarte golf zwelt op en buldert naar de oever,
Ik neig mijn hoofd hem toe, strek uit mijn armen bloot,

Hij barst, zijn schuimkraag laat mijn hoofd in chaos toeven;
Ik wacht totdat mijn geest – die vloedomspoelde boot –
Vergaat, om een moment vergetelheid te proeven.

Tomás de Iriarte

Geen regel heb ik gisteren geschreven,
iets wat me nog niet eerder overkwam:
maar 's morgens heeft een langbegeerde vlam
zich eindelijk gewonnen moeten geven;

daarna heb ik met vrienden goed gegeten,
en voorts bezocht ik een vioolconcert,
terwijl mijn werk alom geprezen werd
door ingewijden die het kunnen weten.

Gedanst, gezwierd, een koets naar huis genomen;
de hele dag vergleed als één seconde,
doch zelden was een dag zo welbesteed!

Maar 's nachts lag ik te woelen op mijn sponde,
omdat het juiste rijmwoord niet wou komen…
Je hebt toch ook geen leven als poëet!

Johann Wolfgang von Goethe

NATUUR EN KUNST

Natuur en kunst lijken uiteen te groeien,
Hebben elkaar, voor men het weet, gevonden;
De tegenzin is ook bij mij verzwonden,
En beide lijken mij gelijk te boeien.

Eén waarheid slechts om zich mee te bemoeien!
En als wij ons, op afgemeten stonden,
In hart en ziel met kunst hebben verbonden,
Mag de natuur weer vrij in harten gloeien.

Ontwikkeling hoort hier op neer te komen:
Vergeefs zullen de ongebonden geesten
Naar hoge zuivere volmaaktheid streven.

Wie 't grote nastreeft, hoort zich in te tomen,
In de beperking toont zich pas de meester,
En slechts de wet kan ons de vrijheid geven.

Arthur Rimbaud

DE DRONKEN BOOT

Terwijl ik afvoer van de onbewogen Stromen,
Ging ik, verlaten door de slepers, aan de haal:
Roodhuiden hadden krijsend hen tot schijf genomen
Die naakt gespijkerd waren aan de kleurenpaal.

Ik maalde niet om manschappen en al die rommel,
Met mijn Vlaams graan of Engelse katoen aan boord.
Toen met mijn slepers ook een eind kwam aan 't gestommel,
Hebben de Stromen mijn afvaart niet meer verstoord.

Ik ben door de getijden met hun razend branden
Verleden winter, dover dan kinderverstand
Gelopen! En de losgeslagen Schiereilanden
Beleefden nooit een triomfanter trammelant.

De storm kwam mijn ontwaken op de zeeën wijden.
Ik danste lichter dan een kurk op golven hoog,
Waar slachtoffers voortwentelen sinds alle tijden,
Tien nachten, zonder spijt om 't stomme bakenoog!

Zoeter dan kinderen zuur appelvlees kan smaken,
Zocht het groen water door mijn dennenromp zijn weg
En wies de vlekken van de blauwe wijn en 't braken
Van mij af bij 't verslingeren van roer en dreg.

En sedertdien ben ik in het Gedicht verzonken
Der Zee, dat melkig met gesternten is doorstraald,
En vreet ik groen azuur, waar, dobber bleek en dronken,
Wel eens een mijmerende drenkeling in daalt;

Waar plotseling de blauwten vervend, siddering en
Traag schokken in het goudrood van de dageraad,
Sterker dan brandewijn en grootser dan ons zingen,
De rosheid van de liefde wrang aan 't gisten gaat!

Ik ken de lucht die barst in bliksems, en de hozen,
Rollers en stromingen: ik ken de schemering,
Het als een duivenschaar verheven Ochtendblozen,
En zag soms wat de mens zag in begoocheling!

Ik zag de lage zon, bevlekt met gruweltekens,
Haar schijnsel werpen, tot lang violet gestold,
Op wat acteurs van oeroude tragedies leken,
De golven, met geril van schoepen aangerold!

Ik droomde de nacht groen van schrille sneeuwlandschappen,
Zoen die naar 't oog der zeeën dreef met stage drang,
De omloop van de ongehoorde plantensappen
En 't geel-blauwe ontwaken van de fosforzang!

Ik volgde maandenlang de loeiend opgejaagde
Branding die tegen de riffen was opgerukt,
Vergetend dat de lichte voet van de Maagden
De snuit van snuivende Oceanen onderdrukt.

Ik stiet echt op fantastische Florida's, landen
Vol bloemen en ogen van panters met de bast
Van mensen! Regenbogen die als tomen spanden
Onder de einder, aan turkooizen kudden vast!

Ik zag ontzaglijke moerassen gisten, fuiken
Waar in de biezen een Leviathan verteert!
Windstille wateren die in de diepte duiken,
En heel de kim die in de kolking cascadeert!

IJs, zilverzonnen, parelgolven, lucht vol vlammen!
Walglijke strandplaatsen in bruine baaien waar
Door wantsen aangevreten, uit verwrongen stammen
De reuzenslangen storten, van zwart dampen zwaar!

Ik had aan kinderen die doraden willen wijzen,
Die goud-vissen, die zang-vissen van 't blauwe meer.
– Geschuim van bloemen wiegde mijn verwaaide reizen
En wonderlijke winden wiekten mij steeds weer.

Mij, martelaar die polen en zones vervelen,
Heeft soms de zee, wier snik mij aan het deinen hield,
Haar schaduwbloemen toegeheven met hun gele
Zuignappen, en ik bleef zoals een vrouw geknield...

Schier eiland, en ik schudde op mijn boorden snauwen
En drek van vogels, blondogige kwetteraars,
En stevende, terwijl dwars door mijn broze touwen
Verdronkenen te ruste daalden, achterwaarts!

Ik, deze boot in 't haar van inhammen verborgen,
Door storm in 't vogelloze zwerk geslingerd, ik,
Van wie de waterdronken romp wel nooit geborgen
Zou worden door een Monitor of Hanzebrik;

Vrij, dampend en bemand met violette misten,
Ik die de lucht doorboorde, blozend als een muur
Vol met als stroop aan ware dichters opgediste
Korstmossen van zonlicht en snotslijm van azuur,

Die liep, gevlekt met elektrische maansikkels,
Een dolle plank in een zwarte zeepaardjesstoet,
Toen hemels van ultramarijn onder de prikkels
Van julimaanden ploften in de trechtergloed;

Ik, die op vijftig mijl de bronstkreet van de brede
Behemoths en Maalstromen bevend had gehoord,
Ik, eeuwig kruiser van de blauwe roerloosheden,
Werd door Europa's oude wallen weer bekoord!

'k Zag sterrenarchipels! En eilanden die wachten
Op zeilers met hun hemel vol vervoerde pracht:
– Slaapt gij verbannen in die bodemloze nachten,
Miljoenen gouden vogels, toekomstige Kracht? –

Maar echt, ik heb te veel geweend! De Morgens kwellen,
Te wreed is elke maan, te bitter elke zon:
De wrange liefde liet mijn loom bedwelmen zwellen.
O kraakte maar mijn kiel! O dat ik zinken kon!

Als mij één water in Europa kan behagen,
Is 't die kilzwarte plas waar avondbalsem zweeft,
Terwijl een neergehurkt kind er terneergeslagen
Een boot broos als een meivlinder de vrijheid geeft.

Ik kan niet meer, doordrenkt van uw verdriet, o baren,
In 't zog van de katoenschuiten laveren gaan,
Of door trots van vlaggen en van wimpels varen,
Of 't vreselijke oog van de pontons weerstaan.

Leviathan: naam van een monsterachtig waterdier (Job 40 en 41),
soms geïndentificeerd met de krokodil, de zeeslang of de walvis.
Monitor: gepantserd oorlogsschip dat de kust bewaakt.
Hanzebrik: de Hanze is een middeleeuwse handelsbond tussen havensteden aan
de Noord- en de Oostzee. Een brik is een zeilvaartuig voor de grote vaart.
Behemoth: naam van een reusachtig dier waarvan in Job 40:10-19 gesproken wordt;
volgens sommigen een olifant, volgens anderen een nijlpaard.
Maalstroom: de draaiende stroom voor de Noorse kust, waarvan men
veronderstelde dat hij alle schepen uit de omgeving opslorpte.

Het loof valt af, de herfst is ingetreden,
weer tikken aan de vensters dikke droppen;
in brieven uit vergeelde enveloppen
herlees je in een uur heel je verleden.

Je tijd verdoend met lieve kleinigheden
wou je dat niemand aan de deur kwam kloppen;
je kunt je met zulk weer maar best verstoppen,
bij haardvuur peinzend, half in slaap gegleden.

Zo in mijn stoel verlies ik mij in dromen
van sprookjes uit de jaren die vervlogen,
terwijl de nevels het vertrek doorstromen;

dan hoor ik rokken, door de wind bewogen,
en zachte stappen in de kamer komen...
Weer voel ik koele handen op mijn ogen.

Soms heb ik gelukkige gedachten,
Gedachten, plotseling gelukkig, in gedachten
En in de woorden waar ze zich vanzelf in losmaken...

Na het schrijven, lees ik...
Waarom heb ik dit geschreven?
Waar heb ik dit vandaan gehaald?
Van waar is dit tot mij gekomen? Dat is beter dan ikzelf...
Zouden wij op deze wereld niets dan pennen zijn met inkt
Waarmee iemand waarachtig schrijft wat wij hier krassen?...

Fernando Pessoa schreef dit gedicht onder het heteroniem van Álvaro de Campos.

Boris Leonidovitsj Pasternak

VOORJAAR

Voorjaar, ik kom van straat, waar verte
duizelt, de popel wankelmoedig is en schraal,
de lucht blauw als het bundeltje met was
mee teruggekomen uit het hospitaal,

waar avond is als een onaf verhaal
door een ster al niet meer uitverteld,
tot onbegrip en twinkelend kabaal
in duizend mooie stomme ogen.

Jorge Luis Borges

EEN PATIO

Met de avond
versaagden de twee of drie kleuren van de patio.
Vannacht beheerst de maan, de klare krans,
haar ruimte niet.
Patio, ingebedde hemel.
De patio is de helling
waarlangs de hemel het huis in stroomt.
Bedaard,
wacht de eeuwigheid op het kruispunt van sterren.
Zoet is het leven in de nederige vriendschap
van een portaal, een wijnstok en een put.

Gabriele d'Annuncio

BIJ 'EROTIK' VAN EDVARD GRIEG

Ik wil een liefde, door haar martelingen
zo pijnlijk als een trage agonie,
krachtiger dan de dood, een liefde die
geen einde kent en geen veranderingen.

Ik wil dat ongezegde pijnigingen
ons drijven tot gedeelde euforie
en dat alleen de zee een elegie
rondom de muren van het huis zal zingen.

Ik wil een burcht van onvernietigbaar
graniet, een kamer in een hoge toren,
zich strekkend naar de poolster in de nacht.

Ik wil een bed bekleed met purper waar
ons, in die schemer aan elkaar verloren,
als in het graf de Eindeloosheid wacht.

Atanas Daltsjev

JE KENT DAT OGENBLIK

De uren druipen op de vloer.
Je slaapt niet en luistert in de nacht
naar het goedige kreunen van de kast
en het gezoem van de slaap.

In het donker zoeft als een wervelwind
een snelle auto razendsnel voorbij,
hij werpt de schaduwen van de straat
recht de kamer in en verdwijnt meteen.

Het volstaat om – klaarlicht – samen
met de naakte muren ook dat,
wat zich zwijgend zoveel dagen
in je hart verzamelde, te kantelen.

Je kent dat unieke ogenblik wanneer
in je hoekje onder de lamp je
zware schoven van gedachten oogst
en toekijkt hoe de woorden groeien.

En wanneer de zwervers bij dageraad
vermoeid terugkeren naar huis,
zien ze jouw stille raam nog stralen
in de nacht.

Gustaf Fröding

IDEALISME EN REALISME

Weet dat ik van het schisma baal
dat aard en hemel scheidt.
Reëel is iets of ideaal,
het klieft ons hoofd geheid.

Gelogen is geschilderd grind
dat kunst heet als conclusie.
Een zicht dat schemert, schoon van tint
is waar als een illusie.

Maar stof is stof en snuif is snuif,
ook in een gouden doos.
Een roos in een gebarsten kruik
blijft altijd nog een roos.

Wallace Stevens

POËZIE IS EEN DESTRUCTIEVE KRACHT

Dit is wat ellende is,
Een hart dat niets heeft.
Het is iets hebben of niets.

Dit is een ding om te hebben,
Een leeuw, een os in zijn borst,
Te voelen hoe het daar ademt.

Corazon, dappere hond,
Jonge os, krompotige beer,
Hij proeft het bloed, geen speeksel.

Hij is als een man in het lijf
Van een gewelddadig beest.
De spieren zijn van hemzelf...

De leeuw slaapt in de zon.
Zijn neus ligt op zijn klauwen.
Hij kan een man doden.

George Gordon Noel, Lord Byron

ZE SCHRIJDT IN SCHOONHEID

Ze schrijdt in schoonheid, zoals ’n nacht
die helder is, vol sterren staat;
licht en donker, klare pracht
komt in haar ogen, haar gelaat:
vertederd tot een licht dat zacht
de mooiste dag achter zich laat.

Meer schaduw, of wat minder licht,
verzwakt de eed’le gratie;
díé gaf haar lokken, haar gezicht,
hun nameloze staatsie;
en alle zoets waar zij aan dacht
droeg bij aan haar serene pracht.

En om haar mond, en op haar wangen,
speelt zacht en zonder vragen
een lach, een blos, een stil verlangen
naar vroeg’re, schone dagen;
haar ziel heeft alle rust ontvangen
om zuiver te behagen!

Op elke lei
glijdend van het dak
had men
een gedicht
geschreven

De goot is afgezet met diamanten
de vogels drinken ervan

Vicente Aleixandre

EEN PAAR WOORDEN

Een paar woorden maar
zou ik zacht in je oor willen zeggen. Klein is het geloof van een onzeker mens.
Lang leven is duister, en opeens is weten jezelf niet meer herkennen.
Maar zelfs dan nog zou ik spreken. Want mijn ogen herhalen wat ze overnemen:
je schoonheid, je naam, het gerucht van de rivier, het bos, de ziel in haar eenzaamheid.

Alles zag hij en ze bezitten het. Dat zeggen de ogen.
Wie ze ziet, antwoorden ze. Maar ze vragen nooit.
Want als ze al achtereenvolgens van het licht de kleur,
van het goud het slijk,
en van alles wat smaakt de heldere droesem aannemen,
ze zijn niet onbekend met kussen, geruis, aroma's,
ze hebben grote bomen gezien, stil gemurmel,
uitgedoofde vuurhaarden, gloeiende sintels, aderen, as,
en de zee, de zee op de achtergrond, met haar langzame doornen,
resten van schone lichamen, die de stranden teruggeven.

Een paar woorden maar, terwijl iemand zou zwijgen;
die van de wind in de bladeren, terwijl ik je lippen kus.
Een paar heldere woorden, terwijl ik slaap op je borst.
Op de steen klinkt het water. Onderwijl ben ik, roerloos, dood.

Liedjes spelend, blijgezind,
Spelend, diep in de vallei,
Zag ik op een wolk een kind
En al lachend zei hij mij:

'Speel een liedje van een Lam!'
Dus ik speelde, fris en blij.
'Speelman, speel dat lied opnieuw!'
Toen ik speelde, weende hij.

'Staak je spel, je blijde spel;
Zing je liedjes, vrolijk, blij!'
Dus ik zong hetzelfde weer
En van vreugde weende hij.

'Speelman, zet je en schrijf neer
Verzen waarvan elk geniet.'
Daarna zag ik hem niet meer,
En ik plukte een hol riet,

En ik sneed een herderspen,
Inktte water uit de vliet
En schreef blijde verzen neer
Waarvan ieder kind geniet.

Aleksandr Sergejevitsj Poesjkin

AAN***

Weer komt het in mijn geest tot leven,
Het wondere moment dat jij,
O, reine schoonheid, langs kwam zweven,
Een vluchtig droombeeld, snel voorbij.

In hopeloos verdriet verloren,
In loze drukte, leeg gepraat,
Kon ik jouw lieve stem nog horen
En droomde ik van jouw gelaat.

De jaren gingen. Stormen spleten
De mooie dromen van weleer,
Ik was je lieve stem vergeten,
Zag 't hemelse gelaat niet meer.

Ik was verbannen, uit de gratie,
De dagen regen zich aaneen.
Geen godheid en geen inspiratie,
Geen leven, liefde of geween.

Mijn ziel kwam langzaam weer tot leven:
En eensklaps zag ik weer hoe jij,
O reine schoonheid, langs kwam zweven,
Een vluchtig droombeeld, snel voorbij.

Mijn hart sloeg over van ontroering,
En weer verschenen, als voorheen,
Godheid, bezieling en vervoering,
En leven, liefde en geween.

Nu dan, vandaag dat ik alleen ben en kan zien
  Met dat vermogen van het hart, te zien
Wat ik niet ben, al wat ik niet kan zijn,
  Wat ik, als ik het was, vergeefs zal zijn,

Vandaag, ik zeg het u, wil ik duurzaam
  Beseffen dat ik niemand ben,
En van mijzelf, hooghartig, mij ontslaan
  Wijl ik mijn feilen onderken.

Ik heb gefaald in alles, zonder iets te wagen,
  Zonder iets te doen of iets te zijn,
Noch heb ik, in de distels mijner dagen,
  De bloem geplukt van gelukkige schijn.

Rest mij – want ergens is de arme rijk
  Als hij het maar wil weten –
De grote onverschilligheid die bij mij blijft.
  Ik schrijf het op, om het niet te vergeten.

Vladimir Vladimirovitsj Majakovski

EEN BIJZONDER AVONTUUR DAT VLADIMIR MAJAKOVSKI BELEEFDE 'S ZOMERS OP HET LAND | (Poesjkino, Haaienheuvel, Roemjantsevhuisje, 27 verst via de Jaroslavspoorlijn.)

In honderdzestig zonnen zonk
de dag. De hitte schroeide,
't was broeiend heet,
juli vergleed –
mijn zomerhuisje gloeide.
Poesjkino's Haaienheuvel leek
een hoge rug te maken,
het dorpje aan de voet geleek
een kromme korst van daken.
Achter het dorpje zat
een gat,
en daarin, telkenmale,
zag ik de ondergaande zon
langzaam maar zeker dalen.
En 's ochtends
rees hij
rood als vuur
om d' aarde te verhitten.
En dat begon
mij
op den duur
geweldig
dwars
te zitten.
En op een dag werd ik zo kwaad,
ik stond in lichterlaaie:
'Hé, kom benee!'
riep ik kordaat,
''t Is uit met duimen draaien!
Hé, zon, jij voert
niet één slag uit
daar op je wolkendeken,
terwijl ik hier dag in dag uit
aanplakbiljetten teken!'
Ik riep: 'Hé daar,
goudlok, blijf staan,
in plaats van
doelloos blinken,

deed je er
heel wat beter aan
hier thee te komen drinken!'
Ojee!
Wat heb ik aangehaald!
Daar komt
zonder mankeren
door 't veld,
met brede stralenpas,
de zon al aanmarcheren.
Ik doe een stapje terug, ik wil
mijn angst niet laten merken.
Hij houdt al bij mijn tuintje stil.
Hij loopt al door mijn perken.
Door ramen,
deuren,
kieren viel
de gouden zonnemassa;
zette zich schrap
schraapte zijn keel
en zei met zware basstem:
'Nooit heb ik sinds het scheppingsuur
een andre baan genomen.
Haal, dichter, thee
en confiture,
je vroeg me toch te komen?'
Tranen vertroebelden mijn blik,
gek werd ik van de hitte,
maar bij
de samovar zei ik:
'Nou, hemellicht,
ga zitten!'
Waar haalde ik de moed vandaan
de zon
zo uit te dagen,
o jee, als dat maar goed zal gaan,
dacht ik terneergeslagen.
Maar zulk een glans kwam van de zon
toen wij daar

samen zaten,
dat ik
mijn gene overwon,
en honderduit ging praten.
Over van alles
praatte ik,
hoe ROSTA mij benauwde,
'Ach,'
zei de zon,
'maak je niet dik,
je moet het simpel houden!
Hoe denk jij
dat ik
schijnen vind?
Nou, ga er maar eens aanstaan!
Maar als je ergens
aan begint
moet je er tegenaan gaan.'
De hele nacht door zaten wij –
Maar wat heet nacht? – te praten.
Het was algauw
van 'jou' en 'jij',
we werden dikke maten.
Toen gaf ik hem
een speelse tik
tussen zijn schouderbladen,
waarop de zon zei:
'Jij en ik,
zijn oude kameraden!
Laat ons, poëet,
het aardse grauw
bezingen
en belichten.
Ik giet mijn zon,
jij die van jou,
door middel van gedichten.'
Zo zal onder
dit dubbellicht
de muur van nacht bezwijken.

Warrel van zonlicht en gedicht,
schijn waar het oog kan reiken!
En is hij moe,
wil hij een nacht
om lekker weg te dromen,
dan schijn ik plots
uit alle macht
en zal de dag
weer komen.
Schijnen,
altijd en overal,
er is geen andere keuze,
schijnen
en verder niemendal!
Dat is
ons beider leuze!

VERWANT

IK WAS EEN KLEIN KIND EN SPEELDE OP HET STRAND

Ik stierf voor Schoonheid – maar was amper
In de Tombe bijgezet
Of één die stierf voor Waarheid werd
In een belendend Graf gelegd –

Zachtjes vroeg hij 'Waarom faalde ik?'
'Voor Schoonheid' zei ik hem –
'En ik – voor Waarheid – Zij zijn Eén –
Broeders zijn wij', zei Hij –

En zo praatten wij van Graf tot Graf –
Als Verwanten op een Nacht tezamen
Tot Mos tot onze lippen kwam –
Het bedekte – onze namen –

Emily Dickinson

Rainer Maria Rilke

UIT EEN KINDERTIJD

De kamer waar de rijkdom van de schemer was.
Een kind dat heimelijk daar weggedoken zat.
Toen moeder als in droom naar binnen trad,
bewoog er trillend in de stille kast een glas.
Ze voelde hoe de kamer haar verried,
kuste het kind en zei: zo ben je hier?
Toen keken beiden bang naar het klavier,
want vaak bij avond speelde zij een lied
dat als een wonder door zijn zinnen ging.

Hij zat heel stil. Zijn grote staren hing
aan de gebogen hand die met de ring beladen,
alsof ze moeizaam door een sneeuwstorm waadde,
over de tedere en witte toetsen ging.

Jakob Glatsjtein

AVONDBROOD

Een vers brood op tafel, zwanger van volheid,
rond de tafel zwijgende disgenoten –
ik en zij en nog een zij,
de monden zwijgen, maar de harten bonzen,
als kleine gouden klokjes tikken zij,
en naast het brood een mes, vlijmscherp,
het zwijgt nog dieper dan de disgenoten,
zijn hartje tikt nog rustelozer
dan het mijne, dan het hare, dan het hart van die andere zij.

De deur staat open naar de zon, de ondergaande,
op het plafond doezelen vliegen, moe van de dag
en de ramen blozen verwonderd in vrees en verwachting,
verwachting en vrees voor het avondbrood.

Het broodmes en ik omklemmen elkanders angsten,
ik zigzag over het brood met trillende hand
en denk aan mijn warme liefde voor haar en de ander,
aan mijn dodende haat tegen haar en de ander,
het mes hangt slap in de greep van mijn hand
uit vrees en gevaar voor het avondbrood.

Zij pakt het mes, kijkt naar mij en naar haar:
twee doodse gasten roerloos aan tafel gezeten,
in haar hart zingt het scherp van de snede
het dreigende lied van het avondbrood.

Met fladderende lust speelt de andere zij
met het lemmet en het dodelijk zwijgen;
haar liefde voor ons en haar haat jegens ons,
haar liefde voor mij en haar haat jegens haar
zingen luid door de wijdopen deur
naar de scheidende zon, naar de zon, naar de zon,
het hunkerend lied van het avondbrood.

Ramen, befloerst met kleur en gezangen,
het mes, afgemat van vuurrood verlangen,
zwijgende gasten roerloos aan tafel –
ik en zij en nog een zij,
van mij naar haar en van haar naar haar danst het mes,
wij eten zwijgend liefde en haat –
het avondbrood.

Mamalatān

WAT ZE ZEI

Hebben ze in het land
waar hij heenging dan echt niet
zoiets als huismussen,

dichtgevederd, de kleur van stervende waterlelies,
die het drogend graan van het erf pikken,
spelen met het verstrooide mest van de straat
en met nestgenoten wonen
in de hoeken van het dak

en ellendige avonden,

en eenzaamheid?

Publius Ovidius Naso

DAEDALUS EN ICAROS

Daedalus, de architect van het labyrint,
ontvlucht op vleugels het eiland Kreta.
Zijn zoon Icarus stort in zee.

Maar Daedalus zat ondertussen door de zee omsloten
op Kreta, zwaar verbitterd door zijn lange ballingschap,
geplaagd door heimwee naar zijn stad. ‘Laat Minos zee en aarde
versperren,’ riep hij, ‘maar de lucht is vrij. Daar gaan wij langs.
Hij mag heel veel bezitten, maar de lucht bezit hij niet!’
Met deze woorden zint hij op een kunst zoals nog nooit
vertoond is, nieuw in de natuur. Hij legt een rij van veren
beginnend met een korte, daarna steeds een langere
– zodat ze lijkt gegroeid tegen een helling, of zoals
een herdersfluit steeds breder wordt door ongelijke stengels –
en maakt die vast: een draad in ’t midden, bijenwas van onder,
buigt dan die compositie in een lichtgebogen vorm
zoals hij ziet bij echte vogels. Icarus, zijn zoontje,
staat naast hem. Niet begrijpend dat hij met zijn leven speelt
pakt hij met opgewonden blik de veren beet, wanneer die
opwaaien in een lichte bries, kneedt met zijn vingers in
de gele was en zit zijn vaders wonderbaarlijk werkstuk
al spelend in de weg... Maar toen dit groots karwei dan toch
voltooid was, bracht de knutselaar zijn lichaam op twee vleugels
in evenwicht en bleef klapwiekend hangen in de lucht!
Ook Icarus krijgt les en goede raad: ‘Zorg dat je aldoor
in ’t midden vliegt, pas op! Als je te laag gaat, maakt de zee
je vleugels zwaar; te hoog, dan smelten ze door zonnehitte.
Vlieg tussen zee en zon. En luister: ga niet naar de plek
waar Grote en Kleine Beer staan of Orion met zijn zwaard.

Ik ben je gids, blijf achter mij!' en met dit vliegadvies
bindt hij ook hem de onbekende vleugels aan de schouders.
Maar tijdens raad en daad raken zijn wangen wel betraand,
zijn vaderhanden trillen. Hij omhelst zijn zoon met kussen
die achteraf de laatste blijken, klapt zijn vleugels uit
en vliegt voorop, bezorgd of hij wel volgt – zoals een vogel
vanuit het hoge nest haar jongen voorgaat in de lucht.
Steeds maant hij hem te volgen, leert hem de fatale vliegkunst,
wiekend op vleugels, steeds weer spiedend naar die van zijn zoon.
Een man die zat te vissen met een dunne rieten hengel,
een herder leunend op zijn staf, een boer tegen zijn ploeg
zagen hen gaan, verbijsterd, denkend dat het goden waren
die door het luchtruim kunnen vliegen... Aan de linkerkant
lag Samos al; Delos en Paros waren reeds voorbij en
Lebinthos en het honingrijk Calumne lagen rechts,
toen Icarus plezier kreeg in het waagstuk van hun vliegreis,
niet meer zijn gids bleef volgen, maar gelokt door verre lucht
hoger ging vliegen. De nabijheid van het snelle zonlicht
maakte de vleugellijm – geurrijke bijenwas – al zacht,
méér nog: ze was gesmolten... Vleugelloze armen sloeg hij
in 't rond, maar bij gebrek aan wieken ving hij nergens wind,
totdat zijn mond, hulp roepend naar zijn vader, werd omsloten
door 't hemelsblauwe zeevlak dat zijn naam aan hem ontleent.
De vader – niet meer vader – riep naar Icarus, diepdroevig,
'Icarus!' riep hij luid, 'waar ben je dan? Waar vind ik je?'
en steeds weer 'Icarus!', zag toen de vleugels op de golven
en heeft zijn kunst voorgoed verwenst. Het lichaam is door hem
begraven op de kust die heet naar wie daar ligt begraven.

Anna Świrszczyńska

IK WAS EEN HEMD

Voor de laatste maal was ik een hemd
van mijn overleden vader.
Het hemd ruikt naar zweet, ik herinner me
dat zweet van toen ik kind was,
al die jaren
waste ik zijn hemden en onderbroeken,
ik droogde ze
bij de ijzeren stoof in het atelier,
hij trok ze
ongestreken aan.

Van alle lichamen in de wereld,
van dieren en mensen,
verspreidde er maar één dit zweet.
Ik adem het
voor de laatste maal in. Door dit hemd te wassen
vernietig ik het
voor altijd.

Nu
zijn er van hem nog alleen zijn schilderijen,
die naar verf ruiken.

Gustaf Fröding

EEN LIED VOOR KARIN | toen ze had gedanst

Een slinger wil ik om je winden
van edele bloemen, liefste mijn;
herinneringen wil ik binden,
een krans voor als je oud zal zijn.

Ik wil hem om de haren vieren
van haar waar ik zo gek op ben,
je grijze haar zal hij versieren,
ook dan, als ik er niet meer ben.

Maar niet zo blij gaat zij ten dans,
mijn lieve lief, zo jong en fijn
– er zit een doorn in deze krans,
in ieder bloemblad zit venijn.

Een druppel bloed, zie ik, doordrenkt
de krans die op haar hoofdje stond,
er zit steeds leed in wat ik schenk,
mijn gift doet pijn, mijn krans verwondt.

Robert Graves

JIJ EN IK

Jij, liefste, en ik,
(fluistert hij) en ik,
en al was er niemand dan jij en ik,
wij waren er niet anders om, jij en ik.

Tellend de slagen,
tellend de langzame slagen van hun hart,
het doodbloeden van de tijd in de langzame slagen van hun hart,
liggen zij wakker.

Een wolkeloze dag,
zacht, en weer een wolkeloze dag,
maar de geweldige storm zal op hun hoofden neerstorten
uit een bittere hemel.

Waar zullen wij zijn,
(fluistert zij) waar zullen wij zijn
als de dood toeslaat, o, waar zullen wij dan zijn
die waren jij en ik?

Niet daar, maar hier,
(fluistert hij) nergens dan hier,
zoals wij hier samen zijn, nu en hier,
niemand dan jij en ik.

Tellend de slagen,
tellend de langzame slagen van hun hart,
het leegbloeden van de tijd in de langzame slagen van hun hart,
liggen zij wakker.

Attila József

MOEDER

Al een week lang dralen mijn gedachten,
verstillen, als ik aan mijn moeder denk.
Met een mand, krakende, voor haar schoot
ging ze dikwijls vlijtig naar de zolder.

Ik was toen nog een eerlijk mens;
ik schreeuwde, met mijn voeten stampend:
laat die bolle was toch aan een ander over,
draag liever mij naar boven, naar de zolder.

Ze ging en hing de was zwijgende op.
Ze heeft mij niet berispt, en keek niet om.
En het blinkend ritselende wasgoed ging
met brede zwaaien staag over de lijn.

Ik klaag niet, nu 't te laat geworden is
en nu ik weet hoe groot, hoe groot zij was.
Haar grauwe haar zeilt aan de blauwe lucht,
en giet blauwsel in het hemelwater.

Paul Verlaine

MIJN DROOM VAN OUDS

Ik heb een vreemde droom die mij geen vrede laat
Over een vrouw die ik bemin, die mij bemint,
En die ik telkens nooit geheel dezelfde vind
En nooit geheel een ander, en die mij verstaat.

Want zij verstaat me, en mijn hart dat opengaat
Voor haar alleen, helaas, ontsluit zijn labyrint
Voor haar alleen, en met haar tranen overwint
Alleen zij fris de klamheid van mijn bleek gelaat.

Is zij bruin, blond of ros? – Ik heb het nooit geweten.
Haar naam? Zijn zoete klank, die ik niet kan vergeten,
Is die van een beminde die thans niet meer leeft.

Haar blik is als de blikken die uit beelden staren,
En in haar stem die ver, en stil, en diep is, zweeft
De toon van wat eens stemmen van geliefden waren.

Wang Wei

HERFSTAVOND IN EEN BERGWONING

De lege berg kort na de regen –
Het weer wordt met de avond herfst.
De vollemaan schijnt door de dennen,
Een klare bron stroomt over rotsen.
Bamboes ritselen: thuiskerende wasvrouwen,
Een lotus schommelt: de boot van een visser.
Naar willekeur is lentegeur verwelkt
Maar gij mijn vriend moogt hier wel blijven.

Sigbjørn Obstfelder

DRINKLIED

Brandewijn! Proost!
Klink, zodat het in de hemel te horen is!
Klink, zodat ze horen hoe we ons vermaken.
Brandewijn! Proost!
Wij zijn de trotse zonen van de hel!
Wij proosten
Op alles wat ritselt en krieuwelt,
Krieuwelt en kietelt en prikt en krabt...Sst!

Sst!
Er is iets aan het klimmen in mij,
Er is een grote doornen heg in mij,
Die een slapende jonkvrouw insluit.
Wie klimt er in mijn doornen heg?
Wie plukt er mijn rozen?

Sst!
Er wordt gespeeld.
Er trekt een spelende stoet om de heg heen.
Met fakkels.

Zijn er dames?
Dames met sleep zijn er.
Blauwe guirlandes van dames.

Sleep?
Ze zijn toch spiernaakt?

Lichamen. Aanhalig.
Ha, zie die blonde in het beekje.
Voetje. Knie...
Ben jij het die de rozen steelt van mijn jonkvrouw?
Weg! Weg jij, teef!

Zo!
Nu is het rustig in mijn tuin.
Nu is er slechts één.
Een die slaapt. Die ik niet durf te wekken.
Een die wacht. Die ik niet durf te zien.
Want zij is rein.

Haar huid is gebouwd van appelbloesem-blaadjes,
Haar bloed is gebrouwen van voorjaarsnachtwijn-schuim.

Haar zenuwen zijn gesponnen van licht, van klanken,
Haar spieren zijn gewonden uit rozenknoppen-merg.

Haar lichaam is geweven door de grote Satan,
Haar ziel is poëzie geschreven door God zelf.

Brandewijn! Proost!

Eugenio Montale

AAN MIJN MOEDER

Nu het koor van steenpatrijzen
jouw eeuwige slaap verzoet, verzaligde
zwerm in ordeloze vlucht naar de glooiingen
van de Mesco-kaap na de wijnoogst, nu de strijd
der levenden heviger woedt dan ooit: indien jij nu
als een schim je omhulsel loslaat
        (het is geen schim,
o lieve, het is niet wat jij denkt),

wie zal jou dan beschermen? De verlaten straat
leidt nergens heen. Slechts twee handen, een gezicht,
die handen, dat gezicht, het teken van een leven
dat niet van iemand anders is maar van zichzelf,
slechts dat geeft jou een plaats in het van zielen
en van stemmen wemelend elysium waarin jij leeft;

en ook de vraag die je nalaat is,
in de schaduw van de kruisen, een teken van jou.

Li Qingzhao

op de melodie *Lente in Wuling*

De wind is gaan liggen. De bloemen
zijn in geurig stof uiteengevallen.
Het is laat. Ik ben nog te moe
om mijn haar te kammen.
Zijn spullen staan er maar hij
is er niet meer. Ik kom tot niets.
Als ik iets probeer te zeggen
komen de tranen.

Ze zeggen me hoe mooi de lente
nog is bij Tweebeken.
Ik was van plan er met een
klein bootje heen te gaan.
Maar ik vrees dat zo'n bootje
de last niet kan dragen
van al mijn verdriet.

Homeros

ODYSSEUS EN PENELOPE | Zang XXIII, 205-246 uit Odyssea

Ze voelde dat haar knieën en hart het begaven,
toen ze hun geheim door Odysseus hoorde beschrijven.
Snikkend rende ze recht op hem af, sloeg haar armen om de
hals van Odysseus, kuste zijn hoofd en zei de woorden:
'Niet meer boos zijn, Odysseus, je had altijd veel meer begrip dan
andere mensen! Al ons verdriet kwam van de Goden,
want zij hebben ons niet gegund dat wij samen genoten
van onze jeugd en de drempel der ouderdom samen bereikten.
Alsjeblieft, wees niet kwaad en neem me vooral niet kwalijk
dat ik je niet direct omhelsde toen ik je zag, want
diep in mijn hart ben ik altijd zo bang geweest dat er zo maar
iemand zou komen die me met woorden zou kunnen bedriegen.
Want er zijn er zoveel die schandalige dingen verzinnen
puur uit eigenbelang. En Helena van Argos,
die toch een dochter van Zeus is, zou niet met een vreemde
man naar bed zijn gegaan wanneer ze had kunnen vermoeden
dat die oorlogszuchtige zonen van de Achaiers
haar met dezelfde vaart naar haar eigen land zouden halen.
Maar er zat een Godin achter, die haar gewoon heeft gedwongen.
Zij had zich nooit kunnen voorstellen dat haar hart kon bezwijken
voor een bevlieging, die ook het begin was van onze ellende.
Maar nu je mij zo exact het geheim van ons bed hebt beschreven,
waar geen sterveling iets van afwist, behalve jij en
ik en één dienares dus – Aktoris, die mijn vader
meegaf toen ik hierheen kwam en die de deuren bewaakte
van onze stevige slaapkamer – nu heb je mij, al ben ik
nog zo hardleers, dan eindelijk weten te overtuigen,'
zei ze en sterker dan ooit verlangde hij om te huilen
nu hij de trouwe, behoedzame vrouw van zijn hart omarmde.
En zoals wanneer er land opdoemt voor zwemmers,
dat bijzonder welkom is, voor zwemmers van wie het
stevige schip door Poseidon midden op zee, waar het voortjoeg
op de orkaan en de hoge golven, werd versplinterd –
en maar een paar ontkomen aan het asgrauwe, zoute
water door naar de kust te zwemmen, wit van het zout en
opgelucht kruipen ze op dat welkome land en zijn veilig –
net zo welkom was Odysseus voor Penelopeia,
en ze liet zijn hals niet los met haar roomblanke armen.

Nu zou Eoos haast nog verschenen zijn tijdens dat huilen,
als de Godin met de zeegroene ogen niet iets bedacht had:
zij liet de Nacht heel lang aan de horizon stilstaan en ook
Eoos van de gouden troon hield ze tegen bij de
diepe Okeanos en ze verbood haar de snelle veulens,
Lampos en Faëthon, die het licht aan de mensen brengen,
in te spannen.

Geoffrey Chaucer

DE PROLOOG VAN DE VROUW VAN BATH

'Was er op aarde geen bron van gezag
Dan de ervaring, dan draag ik de vlag
Als 't gaat om huwelijksleed en trouwgevaren,
Want, Heren, sinds de leeftijd van twaalf jaren
Heb ik, loof God die eeuwig is in 't leven,
Mijn hand voor 't altaar aan vijf man gegeven.'

De vrouw uit Bath laat er geen gras over groeien
en neemt bovendien geen blad voor de mond.
Vanuit haar rijke ervaring maakt zij een en ander heel duidelijk.

'Akkoord, van mij zult u geen kwaad woord horen
Over wie voor het maagdendom zijn geboren
En die niet met een weeuwtje willen trouwen
Omdat ze geest en lijf kuis willen hou'en.
Ik schep niet op over mijn eigen staat,
In Herenhuizen is ook niet de vaat
Geheel van goud, want ook de houten schalen
Verlenen goede diensten menig male.
God heeft zijn schepsels niet gelijk geschapen,
Hij schiep naast witte ook wat zwarter schapen.
Maagdelijkheid is zekerlijk volmaakt,
Onthouding wordt door mij ook niet gelaakt,
Maar Christus, van volmaaktheid de fontein,
Eiste toch nooit dat ieder schepsel zijn
Bezit geheel aan de armen zou besteden?
Laat ons in deze in zijn voetspoor treden.
Hij sprak tot wie volmaakt zou willen zijn
En, eerlijk mijne heren, da's niet mijn
Bekommernis, ik wil graag op mijn jaren
In 't huwelijk nog wat wellust ervaren.

Zeg mij toch gaarne ook: tot welke baten
Hebben wij de voortplantingsapparaten
Die zo volmaakt gewrocht zijn als maar iets?
Die hebben wij toch zeker niet voor niets?!
Lees in de Schrift, waar vindt u het geschreven
Dat die gemaakt zijn om in 's mensens leven
Niet anders dan urine af te scheiden
Of om vrouwe van man te onderscheiden
En voor niets anders? – Zou u dat geloven?
Ervaring leert ons anders daarenboven.
Laat patertjes daarover onzin braken,
Ik zeg: ze zijn gemaakt voor beide zaken,
Voor lozing ja, maar ook voor het genot
Van de voortplanting, ons gevraagd door God,
Waarom staat anders in de Schrift geschreven:
'Een man moet aan zijn vrouw voldoening geven?'
En hoe zou hij die schuld kunnen betalen
Zonder 't orgaan daarvoor te laten palen?'

Manuel Bandeira

PROGRAMMA VOOR NA MIJN DOOD

...dit andere leven aan deze zijde
van het graf
Guimaràes Rosa

Wanneer ik, na mijn sterven, aankom in de andere wereld,
Zal ik eerst mijn vader en moeder willen kussen, mijn broers en zusjes, mijn opa en oma, ooms en tantes, neefjes en nichtjes.
Daarna zal ik langdurig een paar vrienden omhelzen – Vasconcelos, Ovalle, Mário...
Ook zou ik graag de heilige Franciscus van Assisi ontmoeten.
Maar wie ben ik? Te veel eer.
Dit gedaan zijnd zal ik verzinken in de aanschouwing van God en zijn glorie,
Vergeten, voor altijd, alle heerlijkheden, pijnen en verbijsteringen
Van dit andere leven aan deze zijde van het graf.

DE KLEUR VAN DE BLOEMEN

De kleur van de bloemen
Is nu wel verschoten
Terwijl ik vergeefs
Aan mijn oud wordend lichaam
Mijn verblijf in deze wereld
probeer af te lezen.

AAN HEM DENKEND

Aan hém denkend
Sliep ik in
Meteen zag ik hem terug.
Had ik maar geweten dat 't een droom was,
Dan zou ik nooit wakker zijn geworden.

ALS IK TE ZEER

Als ik te zeer
naar je verlang
draag ik mijn bedgoed
binnenstebuiten
donker als het ruwe
hulsel van de nacht.

Publius Vergilius Maro

ORPHEUS EN EURYDICE

Met zijn gebogen lier probeerde Orpheus
zijn ziekelijk verlangen te verzachten
en zong van u, zijn zoete echtgenote,
terwijl hij eenzaam langs de zeerand rondliep,
van u, bij het verschijnen van de morgen
én bij het afscheid nemen van het daglicht.
Ook tot de ingang van de onderwereld,
de steile poort voor het paleis van Pluto
en het naargeestig woud vol donker dreigen
ten laatste neergedaald, bereikte Orpheus
het schimmenrijk, de vreselijke heerser,
de harten door géén menselijke bede
tot enige vermurwing te bewegen.
Maar door zijn lied ontroerd, vlogen de dunne
gedaanten uit hun ondergrondse woning,
van levenslicht verstoken schijngestalten,
met zoveel duizenden als somtijds vogels
een schuilplaats vinden in een dak van blaren
wanneer de avond of een bui des winters
hen uit de hoge bergen heeft verdreven:
matronen, mannen, levenloze schimmen
van grote helden, knapen, jonge meisjes
en jongelingen, voor het oog der ouders
geworpen op in brand gestoken stapels.
Hén allen houdt het donker slijk gevangen,
de akelige biezen van Cocytus,
de poel, afzichtelijk, vol slapend water;
de Styx, in negen lange lussen stromend,
zet hun de weg af naar de bovenwereld.
De zalen van het dodenrijk verstommen,
de diepste afgrond van de onderwereld;
de Eumeniden zelfs, het haar doorvlochten
met donkerblauwe slangen, blijven spraakloos;
de hellehond Cerberus vol verbazing,
ontzaglijk zwijgt hij met drie open bekken;
het rad waarop Ixion werd gebonden
valt stil, nu ook de wind is stilgevallen.
Aan elk gevaar ontkomen, keerde Orpheus
bereids terug; zijn weergegeven gade

Eurydice bereikte haast het helder
hoogwaaiend licht der wereld want zij volgde
vlak àchter hem (Proserpina had immers
die regeling als dwingend voorgeschreven!) –
toen plotseling een onbeheerst verlangen
zich van de minnaar weerloos meester maakte
(hoezeer vergefelijk, indien de goden
der onderwereld van vergeven wisten!)
Mét stond hij stil, ach, zonder één bedenking,
zag om – al bijna in het daglicht boven –
naar zijn Eurydice, geheel verslonden
in zijn hartstochtelijke welgezindheid.
Teniet en tevergeefs was alle moeite,
verbroken het verdrag met de gevreesde
beheerser van de barre onderwereld;
driemaal weerklonk zijn ondergrondse donder.
Zij zeide: 'Orpheus, welke waanzin, wélke,
heeft u en mij, armzalige, geteisterd?
Gij ziet hoe mij het noodlot onmeedogend
een tweede maal terugroept. Op mijn ogen,
al brekend, ligt een dodelijke loomheid.
Thans mijn vaarwel; ik word omlaaggedragen,
en door een eindeloze nacht omgeven.
Naar u steek ik, niet langer meer de uwe,
mijn handen uit, maar ach, vol onvermogen!'
Zo sprak zij en verdween, gelijk een rookzuil
die in de dunne lucht wordt opgezogen,
uit zijn gezicht en naar de overzijde.
Zij zag hem niet terug hoewel hij trachtte
maar tevergeefs, haar schaduw vast te grijpen,
haar toe te spreken met nog zoveel woorden.
En ook de veerman van de Orcus, Charoon,
liet hem geen tweede maal de moddermeren,
die hem de weg versperden, oversteken.
Wat kon hij doen? Waarheen een toevlucht vinden
nu hem zijn vrouw voorgoed was afgenomen?
Kon zijn geschrei de schimmen, zijn gezangen
de overmacht der goden nog vermurwen?
Intussen voer zij, al vol kou gelopen,

de Styx op in de kleine boot van Charoon.

Men zegt dat Orpheus zeven volle maanden
ononderbroken heeft geschreid, beneden
een steile wand van rotsen op de oever
van de door god en mens verlaten Strymon
en in dat koel verblijf zijn lotgevallen
verhaalde in gezangen, die de tijgers
gedwee deed zijn, het eikenbos ontroerde.
Zó treurt verdrietig in een dichte peppel
de nachtegaal om haar verloren jongen
die, harteloos, een boer behoedzaam loerend
nog ongevederd uit het nestje roofde;
zij snikt, de nacht uit, op een tak gezeten
en altijd weer haar droevig lied herhalend
vult zij het land rondom met lamentaties.

Thomas Hardy

ROMANTIEK IN DE KERK

Toen wendde zij zich in haar bank. Haar oog
zwierf langs de westelijke galerij,
waar muzikanten zaten op een rij
in zinkend zonlicht door een vensterboog.
Weer keek ze met een trotse blik omhoog,
toen vol bezieling één viool haar zei:
'Ik eis je rechtens op, je bent van mij!'
Zijn snaren zongen zijn verliefd betoog.

Zo zijn hun harten aan elkaar gebonden
en jaren later werd zij, toen de tijd
de liefde had verflauwd, nog steeds verleid
door elk bekend gebaar dat onomwonden
haar weer te binnen bracht hoe hij ooit jong
en vurig met zijn vedel psalmen zong.

Salvatore Quasimodo

OUDE WINTER

Verlangen naar jouw klare handen
in de schemer van de vlam:
ze smaakten naar eik en rozen;
naar dood. Oude winter.

Naar gierst speurden de vogels
en plots waren ze van sneeuw;
zo ook de woorden.
Een beetje zon, een stralenkrans van een engel,
en dan de mist; en de bomen,
en wij, geheel uit lucht in de ochtend.

Bai Juyi

GOUDKLOKJE

Een afgeleefde zieke man van veertig,
Een lief onnozel dochtertje van twee –
Het was geen jongen maar toch meer dan niets,
Vaak koosde ik haar om mijzelf te troosten.
Toen op een ochtend heeft zij ons verlaten
En ziel noch schaduw liet zich ergens vinden –
Ik weet nog hoe ze bij haar vroege dood
Juist brabbelend begon te leren praten.
Eerst toen besefte ik dat liefde voor je kind
De samenscholing is van alle smarten.
Maar door te denken aan de tijd voor zij bestond
Wist ik mijn diepe droefheid weg te redeneren.
Het is al lang geleden dat ik haar was vergeten –
Drie zomers en drie winters al geleden.
Vandaag werd al die droefheid plots gewekt
Want ik ontmoette weer haar oude min.

William Shakespeare

SONNET 30

Als ik herinnering ter zitting daag
van stil gepeins en dingen vraag van toen,
kwelt mij, naast missen wat ik zocht, de vraag
hoe 'k, met oud zeer, mijn tijd zo kon verdoen.
Dan vult mijn oog zich, dat nooit tranen liet,
voor vrienden in doods eindeloze nacht;
ik ween om liefdes lang gedelgd verdriet
en 't zien van veel dat ik nooit meer herzag.
Dan lijd ik om het lijden dat ik deed,
en tel, zwaar aangedaan, van post tot post,
het triest totaal op van geleden leed,
en los weer af wat lang is afgelost.
    Maar als ik dan aan jou denk, lieve vriend,
    is leed gedaan, verlies terugverdiend.

Vladislav Felitsianovitsj Chodasevitsj

OP DE MANIER VAN HET GRAAN

Langs strakke voren gaat een zaaier, voor na voor,
En drukt zijn vaders spoor, alsook grootvaders spoor.

Als kleine korrels goud glanst in zijn hand het graan,
In zwarte aarde echter moet het onder gaan.

En waar de blinde worm de zware grond doorsnijdt,
Daar sterft het en ontkiemt na een geheime tijd.

En zo gaat ook mijn ziel de weg langs van het graan:
Het donker in, zij sterft – om dan weer op te staan.

Ook jij, mijn vaderland, ook jij, het volk dat lijdt,
Sterft af en leeft opnieuw na een bestemde tijd, –

Daar slechts één wijsheid geldt, opdat wij voortbestaan:
Dat al het levende de weg moet gaan van 't graan.

Walt Whitman

ER WAS EEN KIND DAT VERTROK

Er was een kind dat elke dag vertrok.
En het eerste ding waar hij naar keek,
dat ding werd hij en dat ding werd een deel
van hem voor die dag of een bepaald deel van die dag.
Of gedurende vele jaren of zelfs zich uitstrekkend
over cycli van jaren.
De vroege seringen werden een deel van dit kind
en het gras en de witte en rode winden
en de witte en rode klaver
en het lied van de maanvogel
en de maartse lammeren en lichtroze worp van de zeug
en het veulen van de merrie en het kalf van de koe
en het luidruchtige broedsel op het erf
of bij de modder aan de rand van de vijver
en de vissen die daar beneden op zo'n bijzondere
wijze hangen en die prachtige wonderlijke vloeistof
en de waterplanten met hun bevallige platte kopjes,
alles werd een deel van hem.

De spruiten in het veld van de vierde en vijfde maandag
werden een deel van hem,
de wintergraanspruiten en die van het lichtgele koren
en de eetbare wortels in de tuin
en de appelbloesem bedekt met bloesem en
het fruit ervan en de bosbessen en de meest simpele
planten langs de weg.
En de oude dronkaard die naar hem toewankelt vanuit het
schuurtje van de taveerne waarin hij laat is opgestaan.
En de schooljuffrouw die langskomt op weg naar school
en de vriendelijke en ruziënde jongens die langs
kwamen en de nette en fris-gewangde meisjes en
de negerjongen en het negermeisje op blote voeten
en al de veranderingen van de stad en het platteland
waar hij ook ging.

Zijn eigen ouders, hij die hem als vader had opgevoed
en zij die hem ontvangen had in haar schoot
en hem het licht had doen zien.
Zij gaven dit kind meer van zichzelf dan dat alleen.

Zij gaven hem daarna elke dag en zij werden een deel van hem.
De moeder thuis die rustig de borden op de eettafel plaatst,
de moeder met de zachte woorden, haar schone muts en schort,
een prettige geur van haar persoon en kleren
achterblijft, waar zij ook loopt.
De vader, sterk en zichzelf genoeg, mannelijk,
eenvoudig, gebelgd, onbillijk, de klap, een snel hard
woord, 't gespannen twisten, de sluwe lokstem,
de familiegebruiken, de taal, het gezelschap,
de meubelen, het verlangende en zwellende hart,
liefde die niet tegengesproken zal worden,
het gevoel van wat werkelijk is,
de gedachte dat het uiteindelijk allemaal onecht
zal blijken te zijn,
de twijfel van de dag en ook die van de nacht,
het vreemde hoe en waarom
of dat wat zo verschijnt ook wel zo is.
Of zijn het allemaal maar flitsen en stippen?
Mannen en vrouwen in grote menigten in de straten.
Als zij geen flitsen en stippen zijn, wat zijn zij dan?
De straten zelf en de voorkanten van de huizen en
de spullen in de etalages,
voertuigen, groepen, de werven vol met planken,
de geweldige oversteek bij de veren,
het dorpje in het hoogland en veraf gezien
bij zonsondergang, de rivier ertussenin.
Het licht dat op de daken valt en gevels van wit
of bruin twee mijlen verderop.
De schoener dichtbij die slaperig met het getij
afglijdt, de kleine boot aan een lang touw erachter.
De haastende, vallende golven, de snel gebroken kammen,
overslaand, de lagune van gekleurde wolken, de lange baan
van kastanjebruine tint.
Ver weg, alleen op zichzelf, die uitgestrekte puurheid
waar hij bewegingloos in ligt.
De rand van de horizon, de vliegende stormvogel,
de geur van 't zoute moeras en de modder aan de kust,
deze werden een deel van het kind dat elke dag vertrok
en die nu gaat en altijd elke dag zal vertrekken.

Sylvia Plath

PAPPIE

Je hebt afgedaan, afgedaan,
Eindelijk, jij zwarte schoen
Waarin ik, voet, heb geleefd
Dertig jaar, arm en bleek,
Met ingehouden adem en hoest.

Pappie, het moest, ik heb je afgemaakt.
Je ging dood, voor ik de kans kreeg –
Jij marmerzware zak vol God,
Vreselijk standbeeld, één grijze teen
Groot als een zeehond uit Frisco

En je hoofd in de roerige Atlantik
Waar het boongroen zich stort over blauw,
In de zee rond het schone Nauset.
Ik bad en ik bad, ik moest en ik zou
Je hebben. Ach, du.

Duitse mondvol, in de Poolse stad
Platgetrapt door de wals
Van oorlog, oorlog, oorlog.
Maar de naam is alledaags:
Mijn Poolse vriend zegt

Dat er wel tien zijn.
Dus kon ik nooit weten waar jij
Je voet, je wortel had gepoot.
Kon ik niets zeggen tegen jou.
Mijn tong zat in mijn kaak geklemd,

In een strik van prikkeldraad.
Ich, ich, ich, ich,
Ik was haast sprakeloos.
Je was elke Duitser voor mij,
En de taal, obsceen,

Was een stampende, stampende
Trein die mij afvoerde, als een jood
Naar Dachau, Auschwitz, Belsen.
Mijn stem werd joods.
Ik ben vast een jood.

De Tiroler sneeuw, het blond Weens bier,
Zijn niet zuiver, niet waar.
Met mijn zigeunerbloed, mijn behekste lot,
En mijn tarot, en mijn tarot,
Ben ik wel bijna een jood.

Ik was altijd bang voor jou,
Jouw Luftwaffe, jouw stadhuistaal,
Jouw keurige snor
En jouw Arische oog, felblauw.
Jij panzerman, panzerman –

Geen God, maar een hakenkruis
Zo zwart dat de hemel verduisterd was.
Vrouwen aanbidden een fascist,
De laars in de nek, het brute
Brute hart van een bruut als jij.

Je staat voor de klas, pappie,
Op de foto die ik van je heb.
Geen spleet in je hoef maar een kloof in je kin
Maar daarom niet minder een duivel, nee
Geen steek minder de zwarte man

Die mijn lief rood hartje stukbeet.
Ik was tien, toen werd je begraven,
Ik was twintig, en ik ging dood
Om weer bij jou, bij jou te zijn.
Je botten, dat leek me al genoeg.

Maar ze trokken me uit de zak
En lijmden me weer in elkaar.
Toen wist ik wat ik moest doen.
Ik maakte een pop,
Een man in het zwart, met een Meinkampfsmoel,

Belust op pijnbank en duimschroef
En ik zei ja, ja, ik wil.
Dus pappie, ik heb je.
De zwarte hoorn hangt uit de muur,
De stemmen kunnen niet meer binnenkruipen.

Niet één man heb ik doodgemaakt, maar twee –
De vampier die zei dat hij jou was
En mijn bloed dronk, één jaar,
Zeven jaar, als je het weten wil.
Pappie, je kan nu rustig slapen.

Er staat een staak in je dik zwart hart
En het dorp heeft je nooit gemogen.
Ze dansen en stampen nu op jou.
Ze wisten het wel, dat jij het was.
O pappie, o pappie, jij hond, ik heb je.

Kuan Tao-sheng

HUWELIJKSLIEFDE

Jij en ik
Hebben zozeer lief,
Dat het
Brandt als een vuur,
Waarin wij een klomp klei bakken
Gekneed naar jou
Gekneed naar mij.
Dan nemen we beide beelden,
Breken ze,
En mengen ze met water,
En vormen opnieuw een beeld van jou,
Een beeld van mij.
Ik ben in je klei.
Jij bent in mijn klei.
In dit leven delen we dezelfde deken.
In de dood dezelfde kist.

Itsik Manger

HAGARS LAATSTE NACHT BIJ ABRAHAM

Hagar de meid zit in de keuken
een walmend lampje brandt
een schaduw maakt een kat en muis
op de grauwe wand.

Ze huilt. Haar heer beval haar net
om weg te gaan vandaag.
'Mens, schiet op!' beet hij haar toe,
'doe je nog wat ik vraag?'

De vrome Sara dwong haar man
Hagar te laten gaan:
'Ofwel je stuurt die dienstmeid weg
of ik vraag een scheiding aan.'

En Hagar neemt uit de kist
haar kralen rood als bloed,
een zakdoekje van groene zij
en een strooien zomerhoed.

Die dingen had hij haar een keer
gegeven, toen zij beiden
door de velden wandelden
daar waar de treinen rijden.

'Ach, als de stoom vanuit een trein,
uit een schoorsteenpijp de rook
zo is, mijn lieve moedertje
een man zijn liefde ook.

Waar moet ik nu toch heen
met mijn kindje aan de hand?
Tenzij ik met mijn bastaard
ga dienen in een ander land.'

Ze neemt in haar hand de bezem
binnen in haar spreekt een stem
ze veegt voor het laatst de vloer aan
ze houdt nog steeds van hem.

Ze wast nog een keer de borden
en schuurt de koperen pan –
zoals de rook uit een schoorsteen
is de liefde van een man.

Anne Bradstreet

TER NAGEDACHTENIS AAN MIJN LIEVE KLEINKIND ELIZABETH BRADSTREET, DAT OVERLEED IN AUGUSTUS 1665, ANDERHALF JAAR OUD

Vaarwel lief kind, mijn *te* groot harteleven,
vaarwel zoet kind, oogappel vol geluk,
vaarwel mooi bloempje, uitgeleend voor even,
dan door de eeuwigheid geplukt.
Gezegend wicht, wat treur ik om uw lot
of zucht omdat uw tijd zo werd beknot;
gij troont nu toch in eeuwigheid naast God.

Een boom rot van nature mettertijd,
een pruim of appel valt wanneer hij rood is,
koren en gras wacht in 't seizoen de zeis,
de tijd haalt neer wat sterk en groot is.
Maar plantjes pas gepoot en dan voorgoed kapot,
nauw uitgekomen knop die nimmer bloesem wordt,
't komt van zijn hand, die leidt natuur en 't lot.

Ivan Andrejevitsj Krylov

DE MAN MET DE DRIE VROUWEN

Een man die al getrouwd was
Nam nog een tweede en een derde vrouw erbij.
Bij dit bericht ontstak de tsaar in razernij
(De tsaar was streng en vond dat dit een grove fout was,
Die absoluut niet door de beugel kon),
Hij bracht hem voor 't gerecht, zonder pardon,
En gaf bevel een vonnis te verzinnen
Dat elke man zo bang zou maken dat voortaan
De lust hem zou vergaan
Aan zulk een zware misdaad te beginnen.
'Maar merk ik dat hij zijn gerechte straf ontloopt,
Dan worden alle rechters hier ter plekke opgeknoopt.'
De rechters zijn behoorlijk aangeslagen:
Het koude zweet breekt ze aan alle kanten uit,
En ze vergaderen drie volle dagen
Over de juiste straf voor de schavuit.
Er zijn wel duizend straffen; maar die zouden,
Leert de ervaring, niemand van het kwaad weerhouden.
Ten slotte bracht de Heer hen op een goed idee.
De schenner van de openbare zeden
Kwam voor, de rechters deelden mede
Dat ze hier unaniem een uitspraak deden.
Het vonnis was: hij kreeg zijn vrouwen alle drie weer mee.
Het volk begon zich al verwonderd af te vragen
Waarom de rechters niet gehangen werden door de tsaar;
Maar zie, de huwelijkszwendelaar
Verhing zich binnen enkele dagen;
Dit vonnis maakte allen zo bevreesd,
Dat er sindsdien geen man meer is geweest
Die zich nog aan drie vrouwen durfde wagen.

Jij bleef gelijk, door al die jaren:
streng, schoon en stralend als voorheen;
een beetje gladder slechts je haren,
en soms glanst er wat grijs doorheen.

Maar ik werd oud, en zit gebogen
over het boek dat voor me ligt;
met het onvatbare voor ogen
zie ik de rust van je gezicht.

Wij leven voort, zoals we deden.
De tijd heeft ons niet aangetast;
het fabelachtige verleden,
wij hielden het, gedenkend, vast.

De as bleef in de urn behouden.
Een blauwe mist omvangt de geest.
Steeds wonderbaarlijker, steeds blauwer,
herleven wij wat is geweest.

ZELFS HIJ WAS VERLEGEN

Zelfs hij was verlegen
en ik lachte
en hield hem dicht tegen me aan,
toen hij mijn onderkleren
wou losmaken en ik
dat reeds had gedaan.

JIJ HOUDT VAN HAAR

Jij houdt van haar terwijl ik jou bemin,
en toch haat ze jou, zegt ze, en dat zie je wel.
Liefde brengt ons van de wijs,
houdt ons gevangen in de hel.

DIE VROUWEN STELEN MIJN ECHTGENOOT

Die vrouwen stelen mijn echtgenoot
als was hij het neusje van de zalm
in de kom van een blinde.
Maar ik zie ze wel, klaar als een cobra.

Rabindranath Tagore

EMPATHIE

Als ik nu eens niet je kleine jongen was,
maar zeg maar een hondje,
zou je me dan berispen als ik
trachtte rijst uit je bord te eten?
Zeg me nu eerlijk,
recht voor de vuist, mama,
zou je zeggen: 'Weg, weg, weg!
Waar komt toch dit hondje vandaan?'
Wel ga dan, mama, ga jij dan maar weg.
Zet mij van je schoot.
Ik wil niet uit je hand eten,
ik eet niet van je bord.

Als ik nu eens niet je kleine jongen was,
maar een gewone papegaai, zou jij mij
dan aan een ketting vastmaken, mama,
bang dat ik wegvliegen zou?
Zeg mij nu eerlijk,
draai er niet omheen, mama!
Zou jij zeggen: 'Ellendige vogel!
Jij wil ontsnappen, niet?'
Wel laat mij dan gaan, mama.
Je hoeft mij niet meer graag te zien.
Ik wil niet meer op je schoot blijven.
Ik ga nog liever naar het bos.

Aan de hemel was het al hoogste tijd,
in het dorp zwol de beek en 't gehuil van de honden
en in mijn lichaam mijn hart.
Maar de maan zat aan je vastgeklemd,
ik had je gisteren naar de hel laten lopen –
en toch zat de maan aan je vastgeklemd
en sleepte je de halve weg terug
tot bij het spokenwed aan de kruisweg.
Nu spreken de honden zich uit in het dorp
en boven de daken dorsten de dromen,
lichtmasten jammeren aan de rand van de straat
en het water loopt over de brug.
Nu is het op aarde hoogste tijd.
De maan heeft zichzelf op het rooster gelegd,
jou slingert hij heelhuids terug in de slaap
en mij in 't gehuil van de honden.

Yehuda Amichai

VANNACHT SLAAP IK IN JOUW GEDACHTENIS | ter herinnering aan Baty

Vannacht slaap ik in jouw gedachtenis
al zullen de dromen vast niet over jou gaan.
Ook jij bent nu van gewogene tot weegster geworden
en wij, de levenden, worden van dag tot dag lichter;
alleen onze stuipen worden heftiger
en doen ogenschijnlijk de weegschaal bewegen.

Ik weet niet of je daar zult vinden
wat je zocht, met je donkere ogen,
in je korte leven, maar ik kan je beloven
dat het zoeken hier door zal gaan, niet zoals het zoeken
naar de overlevenden van een schipbreuk, dat
na enkele dagen of weken gestaakt wordt.

Deze zomer moet ik opnieuw beslissen
hoe ik bestaan wil: of ik wil zijn als de taaie, gesloten
zomerplanten, of als een watermeloen, die uitbarst
in rode, verloren vreugde.

Rust in vrede. Je ziel is daarheen teruggestuurd
als een grote verrassing. Je hebt hem veel mooier gemaakt
sinds hij je werd gegeven, onherkenbaar veel mooier.
Engeltjes zullen de mooie verpakking openmaken
met kreten van verwondering.

Rust in vrede: ook de klok die dood is
heeft elke dag een moment van gratie en waarheid.

Rode lotuswierook hangt er nog
aan het gelakte bamboescherm: herfst.
Ik maak zachtjes mijn kleren los,
laat me drijven in de orchideeënboot.
Wie stuurt een brief van zijde tot de wolken?
Alleen zwaluwen schrijven daar karakters.
Maanlicht vult mijn slaapkamer.
Zoals bloemen vanzelf uiteenvallen,
water vanzelf stroomt,
zo is het verlangen tussen mensen als wij.
Maar even nutteloos is
van elk van ons beiden het verdriet,
van jou daar, van mij hier.
Kon ik maar iets aan met die
gevoelens,
die nu eens op mijn wenkbrauw liggen,
even later op mijn hart.

Rose Ausländer

BOEKOVINA III

Groene moeder
Boekovina
vlinders in je haar

Drink
zegt de zon
rode melk van meloenen
witte melk van maïs
ik maakte ze zoet

Paarse dennenappels
luchtvleugels vogels en loof

De rug van de Karpaten
nodigt je vaderlijk uit
om je
te dragen

Vier talen
viertalige liederen

Mensen
die elkaar verstaan

William Carlos Williams

ENKEL OM TE ZEGGEN

dat ik de pruimen
opgegeten heb
die in de
koelkast lagen

en die
je waarschijnlijk
spaarde
voor het ontbijt

Vergeef me
ze waren heerlijk
zo zoet
en zo koud

Wanneer, o levensbomen, breekt uw winter aan?
Wij zijn niet met de aarde één. Zijn niet als trek-
vogels begaafd. Te laat, en achterhaald, bestijgen
wij onverhoeds een ongetemde wind,
en storten neer in onverschillige vijvers.
Van bloei én dorheid zijn wij ons bewust.
En ergens zijn nog leeuwen, van geen onmacht
wetend, zolang zij gaan in heerlijkheid.

Wij echter, waar wij één ding menen, gans,
voelen de opkomst van het andere reeds. Vijandschap
is ons het naaste. Stoten geliefden, die elkaar
ruimte beloofden, jachtrevier en thuisland,
niet steeds op randen, de een de anders grens?
  Omwille van de tekening van één ogenblik
wordt ons de achtergrond moeizaam bereid,
opdat wij het contrast zien. Want men is
zeer streng met ons. De omtrek van ons voelen
kennen wij niet: slechts wat hem vormt van buiten.
  Wie heeft niet, angstig, voor het doek gezeten
van zijn hart? Dan ging het op, en het decor was afscheid.
Niet moeilijk te begrijpen. De vertrouwde tuin,
licht wankelend: dan kwam eerst de danser.
Hij niet. Genoeg! Hij probeert wel te zweven,
maar is verkleed, en wordt alweer een burger,
die door de keukendeur zijn woning binnengaat.
  Ik wens niet deze halfgevulde maskers,
liever de pop. Want zij is vol. Ik zál
de zaagselbuik verdragen, en de draad, het lege
staren van haar gezicht. Hier blijf ik kijken,
zelfs als de lampen uitgaan, als ik hoor:
Het is voorbij – ; zelfs als de grauwe leegte
mij toestroomt op de adem van het hol toneel;
als van mijn stille voorvaders er zelfs niet één
meer naast mij zit, geen vrouw meer, zelfs
de knaap niet met het bruine loensoog:
toch zal ik blijven. Toezien geldt altijd.

Geeft gij mij geen gelijk, gij vader, wie het leven
om mij zo bitter smaakte toen gij het mijne proefde;
gij, die het eerste troebele zetsel van mijn moeten,
terwijl ik groeide, steeds weer proefde; die, bezorgd
over de nasmaak van een zo vreemde toekomst,
in de beslagen opslag van mijn ogen keek, –
Vader, die sinds ge dood zijt, in mijn hopen,
binnen in mij, angst lijdt, en de rijkdom
van de gelijkmoedigheid der doden opgeeft
omwille van mijn luttel noodlot; heb ik geen gelijk?
En gij, gij die mij liefhadt om de belofte
van mijn liefde voor u, die ik nooit waar kon maken,
omdat de ruimte van uw aangezicht, onder mijn liefde,
werd tot het wereldruim waarin gij niet meer waart .
geeft gij mij geen gelijk? Dat ik dan toch blijf wachten
hier bij het poppenspel, en zó volledig toezie,
dat, om tenslotte aan mijn toezien tegenspel
te bieden, een Engel op moet komen, die de poppen
omhoogrukt. Engel en pop: dan is er eindelijk schouwspel.
Dan pas komt samen wat wij steeds, in ons bestaan,
gescheiden houden. Dan pas ontstaat
de kringloop van het eeuwige vernieuwen
uit onze jaargetijden. Boven ons uit
speelt dan de Engel. Zie, de stervenden,
hoe zouden zij niet weten dat al wat
wij hier volbrengen, voorwendsel is? Niets
is wat het is. O uren van de jeugd,
toen achter de figuren méér school dan enkel
verleden, en voor ons niet de toekomst lag.
Zeker, wij groeiden op; maakten soms haast
snel groot te zijn, omwille ook van hen
die niets meer hadden dan alleen het groot-zijn.
Toch waren wij, op die eenzame weg,
tevreden met wat duurde, en wij stonden
stil in die ruimte tussen wereld en speelgoed,
stil op een plaats die sinds het oerbegin
bereid was voor een zuiver gebeuren.

Wie toont een kind zó als het staat? Wie verheft
het tot de sterren, en stelt het de zuivere
maat van de afstand ter hand? Wie maakt
de kinderdood, als uit grijs brood
dat hard wordt, – of aanvaardt
hem, als het klokhuis van een rijpe appel
in de ronde mond?... Moordenaars
zijn te begrijpen. Maar dit: de dood,
de ganse dood, nog vóór het leven
zó zacht te bevatten, zonder verzet,
is onbeschrijfelijk.

ONRECHT

EN DAN DRINKEN WE DE ROODSTE WIJN DIE ER IS

DE WEVERS VAN SILEZIË

Geen tranen in de doffe ogen,
Zij zitten vol wrok aan de weefstoel gebogen:
Oud-Duitsland, wij weven uw dodendoek,
Wij weven daarin tot driemaal een vloek –
Wij weven, wij weven!

Vervloekt de god die wij bidden en vragen
In winterkoude, op hongerdagen,
Wij hebben onnodig gehoopt en gewacht,
Hij heeft ons bedot en misleid en veracht –
Wij weven, wij weven!

Vervloekt de koning, de koning der rijken
Die onze ellende maar niet kon doen wijken,
Die ons afperst, tot de laatste dukaat,
En ons als honden afmaken laat –
Wij weven, wij weven!

Vervloekt het valse vaderland,
Waar slechts gedijen smaad en schand,
Waar elke bloem slechts even leeft,
In slijk en ontbinding een worm herleeft –
Wij weven, wij weven!

De weefstoel kraakt, de weefspoel jaagt,
Wij weven almaar, onversaagd –
Oud-Duitsland, wij weven uw dodendoek,
Wij weven daarin tot driemaal een vloek,
Wij weven, wij weven!

Heinrich Heine

Jacques Prévert

DE KLACHT VAN GILLES

Een triest verloren kind
Zo zwerf ik door de nacht
Waar legt de liefde aan,
Waar is de bloemenpracht,
Het licht van het bestaan?

Een triest verloren kind
Zo zwerf ik door de nacht
De witte naakte maan
Heeft mij al opgewacht
En ook mijn hart verijst
Wanneer ze ijzig lacht

Een triest verloren kind
Zo zwerf ik door de nacht
De duivel lokt mij aan
En heeft mij in zijn macht

De duivel lokt mij aan
Van mijn geliefden af
Mijn jeugd is nu vergaan
Mijn liefde is een graf...

Rijd ik des nachts langs de donkere wegen,
Hoor ik op sombere dagen de wind, –
Plotseling kom ik jouw schim dan weer tegen,
Zieke vriendin, zonder thuis, onbemind!
't Lot heeft geen ogenblik van je gehouden,
Denk ik, getroffen door bittere smart:
Boos en berooid was je vader, je trouwde,
Maar het was niet met de man van je hart.
En ook je echtgenoot was niet zo'n beste:
Los met zijn handen, met drift in het bloed;
Jij kwam in opstand – verliet hem ten leste,
Maar ook ons samenzijn deed je geen goed.

Weet je die dag nog toen 'k ziek en verlaten
Nergens meer kracht en bemoediging vond?
In 't kille kamertje waar we toen zaten,
Kwam onze adem als rook uit de mond.
En toen de wind in de schoorstenen vlaagde
Heb je je in het halfdonker erbarmd
Over je zoontje dat huilerig klaagde,
En met je adem zijn handjes verwarmd.
Maar hij was niet te kalmeren – er klonken
IJslijke kreten... Het duister viel in;
Snikkend is hij in een doodsslaap verzonken...
Stil maar, arm lief! Tranen hebben geen zin!
Honger en smart doen ons inslapen morgen,
En onze slaap zal zo zoet zijn en zwaar;
Vloekend zal d' huisbaas drie kisten bezorgen,
Dan legt men ons in het graf naast elkaar...
'k Weet nog hoe somber wij zaten te wachten,
Ver van elkaar, jij was bleek en verward,
Langzaamaan rijpte in jou een gedachte,
Heimelijk woedde een strijd in je hart.
Ik viel in slaap. Als een bruidje gekleed en
Zonder een woord ging jij heen in de nacht:
Binnen het uur kreeg de vader te eten,
Had je een kist voor het kindje gebracht.

Eerst stilden wij onze honger en staken
Daarna een licht aan in 't duistere krot,
Kleedden het kind aan en hielden de wake…
Was dit Gods hulp of de hand van het lot?
Jij deed geen poging om iets te verklaren,
Ik vroeg je niets, af en toe klonk een snik,
Droef zaten wij naar elkander te staren,
Eén en al treurnis, verbitterd was ik…

Waar ben je nu? Is je strijd al gestreden,
Ben je aan armoe te gronde gegaan?
Of heb je andere paden betreden
En heeft het noodlot zijn werk al gedaan?
Wie toch beschermt je? Ze zullen je kwellen,
Naroepen overal waar je maar komt,
Enkel in mij zal een vloekwoord opwellen,
Dat zonder doel weer verstomt!…

Luis de León

BIJ HET VERLATEN VAN DE GEVANGENIS

Hier hield de leugen en de nijd
mij in het nauw cachot gesloten.
Gezegend de bescheidenheid
van hem die wijs- en vastbesloten
de valsgezinde wereld mijdt
en woont en leeft in soberheid
buiten de stad, waar 't stil en vrij is,
en daar zijn dagen eenzaam slijt
– terwijl hem enkel God nabij is –
niemand benijdend, onbenijd.

William Blake

DE LIEFDETUIN

Ik ging naar de liefdetuin
en zie wat ’k nooit eerder zag:
een kapel was in ’t midden gebouwd,
daar, waar ’k altijd speelde en lag;

en de poorten daarvan vond ik dicht,
en ‘Gij zult niet’ stond op de deur,
dus keerde ’k mij om naar de liefdetuin,
die eens vol was van bloemengeur.

En ik zag in de tuin niets dan graven
en zerken in plaats van bloemen,
en priesters in ’t zwart deden rondegangen
en bonden met brem mijn vreugd’ en verlangen.

Je ziet miljoenen doden zwijgend aan,
de bataljons die door je droom marcheren.
Zeg dan geen zoete dingen zoals heren
die hen gedenken. Nee, laat hen maar gaan;

en prijs hen niet, geen dove hoort je aan,
geen die vergast is kan zich nog verweren,
geen eer, ze zullen heus niet wederkeren,
en huil maar niet, een blinde ziet geen traan.

Zeg dit maar: 'Zij zijn dood' en zeg daarbij:
'Veel beteren zijn hen reeds voorgegaan'.
Als je die massa ziet, misschien zou jij
een lief gezicht herkennen, 't is een waan,
geen die nog lijkt op beelden in je dromen,
de grote dood heeft alles meegenomen.

Fjodor Koezmitsj Sologoeb

Ik lag eens bang te dromen:
Ik was ten tweeden keer
Op aarde teruggekomen
En leefde, groeide weer.

Het loos gedoe op aarde
Kwam allemaal weerom,
Van blauwe kinderjaren
Tot grijze ouderdom:

Ik huilde en ik lachte,
Ik speelde en ik leed,
Ik zocht – en was onmachtig
Bij alles wat ik deed...

Ik streefde naar het hoogste,
Maar werd alom bespot,
En weer verachting oogstend
Vervloekte ik mijn lot.

Het leek of mij mijn lijden
Een soort voldoening gaf,
Mijn zieke blik verbeidde
Met ongeduld het graf,

En nu de cirkel rond is,
Leg ik mij stervend neer –
En hoor het wrede vonnis:
'Sta op, leef nog een keer!'

Du Fu

BALLADE VAN PENGYA

Ik weet nog hoe we eerst het tuig ontvluchtten:
We ijlden noordwaarts onder groot gevaar.
De weg naar Pengya in de diepe nacht –
De maan bescheen de Wittewaterberg.
Heel het gezin ging al die tijd te voet,
De vrouwen toonden zich aan vreemde blikken.
Een warreling was het gefluit der vogels,
Zij zagen niet een zwerver huiswaarts keren.
Het kleinste meisje beet me van de honger:
Ik bang dat wolf of tijger 't huilen hoorde!
Onder mijn kleed bedekte ik haar mond
Maar woelend schreeuwde ze alleen maar kwader.
Mijn zoontje meende alles te begrijpen
En zocht daarom een maal van wrange pruimen.
De helft van de tien dagen donderbuien,
Door slijk en modder sleepten we elkaar.
We waren op geen regen voorbereid,
Het pad was glad, de kleren waren klam.
Het kwam wel voor dat op de ergste stukken
Een hele dag maar een paar mijlen was.
De wilde vruchten dienden ons tot voedsel
En lage takken waren ons tot dak.
Het lopen 's ochtends: water op de rotsen,
Het slapen 's avonds: nevel aan de hemel.
We bleven korte tijd in Tongjïa-veen:
We wilden verder door de Luzi-pas.
Daar woonde ook mijn oude vriend Sun Zai,
Zijn braaf gemoed reikt tot de hoogste wolken.
Toen hij ons binnenvroeg was het al donker –
De lampen op, de poorten wijd geopend!
Hij warmde water, waste mij de voeten,
Knipte papier om zo mijn ziel te roepen.
Daarna riep hij zijn vrouw en kinderen,
Bij die ontmoeting smolt ik weg in tranen.
Mijn kuikens waren vast in slaap gevallen,
Hij wekte ze en liet ze lekker smullen.
'Ik zweer u, meester, dat ik mij
Voorgoed aan u verbind als broeder!'
Ontruimd werd toen de kamer waar we zaten,

Hij werd ons aangeboden om te slapen.
Wie is bereid om in een uur van nood
Zo ongeremd zijn ware aard te tonen?
  Sedert ons afscheid is een jaar verstreken,
Nog steeds bereiden ons de Hunnen rampspoed.
Ach, had ik nu maar een paar sterke vlerken,
Dan vloog ik heen en streek ik neer bij jou!

Het is niet kwaad somtijds te zwijgen wat je tegengaat,
Opdat je vijand niet zou weten dat hij jou beheerst;
Nog beter is meteen van alle lijden los te komen,
En onverwijld een ongevoelig heer zijn diensten op te zeggen.

Ik heb zoveel geleden dat ik echt niet durf het te vertellen,
Terecht zou men van elke dwaasheid mij beschuldigen,
En dat ik mij wel heel lang bij de neus liet leiden,
Hoewel ik zag hoe weinig prijs men op mijn diensten stelde.

Ik trachtte boosheid te weerstaan met hoflijkheid,
Ondankbaarheid bedwingen met standvastigheid;
Maar hoofsheid en volharding bleken ijdel,
Haar onbezonnen geest steeds strijdig met de mijne.

Vaarwel dan, poort, vol ondank en onmenselijkheid,
Getuige van mijn zorgen en mijn menigvuldig kloppen;
En mogen spinneweb en schimmel je bedekken,
En weerzinwekkend roest je trouweloze slot verteren!

Michelangelo Buonarroti

TEGEN DE ROMEINSE CURIE

Hier smeedt men helm en zwaard uit vrome vaten
en overal is ’t bloed van Christus veil;
kruishout en kroon wordt schild en lans en bijl,
en gij, o God, blijft lijdzaam en gelaten!

O Heer, blijf weg uit Rome, waar prelaten
gedreven door een nieuwe levensstijl
uw lichaam duur verkopen en uw heil
verkwanselen voor wapens en soldaten.

Ikzelf heb nergens werk meer, en degene
die hier pontificaal de mantel draagt
kan mij nu als Medusa doen verstenen.

Maar hoe kan armoede, die God behaagt,
zichzelf nog ooit aan ’s hemels bronnen laven
als ’t eeuwig leven zó wordt ondergraven?

Czesław Miłosz

CAMPO DEI FIORI

Op de Campo dei Fiori in Rome
Manden olijven, citroenen,
Wijn spat op het plaveisel
Tussen geknakte bloemen.
Marktkramers schudden op tafels
Hun roze zeevruchten uit,
Armenvol donkere druiven
Vallen op perzikendons.

Hier, op ditzelfde marktplein
Werd Giordano Bruno verbrand,
De beul stak het vuur aan de stapel,
Omstuwd door nieuwsgierig gepeupel.
En de vlam was nog niet gedoofd
Of de kroegen liepen weer vol
En venters droegen opnieuw
Manden olijven, citroenen.

Ik dacht aan de Campo dei Fiori
In Warschau bij de zweefmolens,
Op een heldere lenteavond,
Bij de klanken van feestmuziek.
Een vrolijk lied smoorde de salvo's
Achter de muur van het getto
En paartjes vlogen tezamen
Omhoog naar de heldere hemel.

De wind woei uit brandende huizen
Nu en dan zwarte vliegers aan,
Terwijl op de molens de mensen
De vlokken vingen in de lucht.
Hij blies onder meisjesrokken,
Die wind uit de brandende huizen,
En de vrolijke menigte lachte
Op die prachtige zondag in Warschau.

De moraal is, besluit misschien iemand,
Dat het volk van Warschau of Rome
Verhandelt, vertier zoekt en liefheeft,
En niet stilstaat bij martelaarsvuren.
Een ander trekt er de les uit,
Dat menselijke dingen niet duren,
Dat vergetelheid al is ontloken
Nog voor de vlam is gedoofd.

Maar ik, ik moest toen denken
Aan de eenzaamheid van stervenden.
Denken dat, toen Giordano
De trap opging naar de stapel,
Hij in de menselijke taal
Geen enkel woord kon vinden
Om de mensheid vaarwel te zeggen,
De mensheid, die achterbleef.

Vlug gingen ze weer aan de wijn,
Witte zeesterren verkopen,
In het stadsgejoel droegen ze weer
Manden olijven, citroenen.
En hij was al zo ver van hen weg,
Als waren er eeuwen verstreken,
Als hadden ze maar even gewacht,
Tot hij in het vuur van hen heenvloog.

Ook dezen zijn eenzaam gestorven
En reeds door de wereld vergeten,
Onze taal is hun vreemd geworden
Als de taal van een oude planeet.
Tot alles legende zal zijn,
En dan, vele jaren nadien,
Op een ander Campo dei Fiori,
Het dichterlijk woord oproer stookt.

Nee, liefde is niet blind. Ik zie ook met één oog
je lelijkheid en andermans verfijnde charme.
Ik ken zelfs alle sproeten op je armen
en hoe je ogen veel te ver uiteenstaan, en je wenkbrauwen te hoog

om mooi te zijn. Nee, liefde is niet doof,
ik hoor ook met één oor je domme conversatie
en voel met handen, huid en haar je povere bibberatie
die grote passie moet verbeelden, hier in mijn alkoof.

En toch hou ik van jou veel meer dan omgekeerd.
En dat dit liefde zijn zou, heb ik nooit beweerd.
Dit is veeleer een soort eenrichtingsverkeer

waarin steeds ik het wijf ben, jij de heer.
En dat de wereld daarmee lacht, kan mij niet raken.
En als ik al te lijden heb, zijn dat mijn eigen zaken.

Nâzım Hikmet

DE REUS MET DE DIEPBLAUWE OGEN

Er was eens een reus met diepblauwe ogen
Hij beminde een heel kleine vrouw
Die droomde van een huisje met een tuin
Waarin gevlamde kamperfoelies bloeiden.

De reus had lief als een reus
Zijn handen waren groot voor grote dingen
Nooit hadden zij de muren kunnen bouwen of het belletje doen schellen
Van het huisje met de tuin waarin gevlamde kamperfoelies bloeiden.

Er was eens een reus met heel blauwe ogen
Hij beminde een heel kleine vrouw
Zij was heel aardig, maar werd vlug moe.
Op de grote wegen van de reus
Had ze zich behaaglijk willen voelen.
Ze zei vaarwel aan de diepblauwe ogen
En in de armen van een rijke dwerg
Liep ze het huisje binnen met een tuin waarin gevlamde kamperfoelies bloeiden.

Nu begrijpt de reus
Dat de liefde van een reus
Zelfs niet mag begraven worden
In het huis waarin gevlamde kamperfoelies bloeiden.

Pablo Neruda

| uit Canto General *IX Dat de houthakker ontwake*

Vrede de dalende schemeringen,
vrede de brug, vrede de wijn,
vrede de letters naar mij op zoek
en omhoog mijn bloed in, het oude zingen
omrankend met aarde, met liefdes,
vrede de stad bij ochtend
als het brood ontwaakt, vrede de rivier
Mississippi, de oerstroom,
vrede het hemd van mijn broeder,
vrede het boek als een zegel van bries,
vrede de grote kolchoze van Kiev,
vrede de as van deze doden
en van die andere doden, vrede het zwarte
ijzer van Brooklyn, vrede de postbode
van huis tot huis als het daglicht,
vrede de choreograaf die de ranken
toeroept door een megafoon,
vrede mijn rechterhand
die enkel wil schrijven Rosario,
vrede de Bolivianen, gesloten
als blokken tin, vrede
opdat jij kunt gaan trouwen, vrede alle
houtzagerijen langs de Bio-Bio,
vrede het uiteengeflarde hart
van guerrilla-Spanje,
vrede het kleine museum van Wyoming
waar het liefste
een hoofdkussen is met een hart erop geborduurd,
vrede de bakker en zijn beminden,
en vrede het meel: vrede
al het koren dat kiemen gaat,
alle liefde op zoek naar beschuttend loof,
alle levenden, vrede
alles wat land is en water.

Hier neem ik afscheid, ik ga
terug naar mijn huis, naar mijn dromen,
naar Patagonië waar
storm de stallen ranselt
en de oceaan hoog opspat van ijs.
Ik ben maar een dichter, ik hou van jullie, allemaal,
ik zwerf over de wereld die ik liefheb,
in mijn land zetten ze mijnwerkers gevangen
en militairen schrijven rechters de wet voor.
Maar ik, tot in zijn wortels houd ik van
mijn kleine koude land.
Al moest ik duizend doden sterven,
daar wil ik sterven.
Al moest ik duizendmaal geboren worden,
daar wil ik geboren worden:
vlak aan de wilde Araucaria,
vlak aan de vlagen van de zuiderstorm,
vlak aan de pasgekochte torenklokken.
Niemand moet denken aan mij,
laten we denken aan heel de aarde
als we geestdriftig op tafel slaan.
Ik wil niet dat het bloed opnieuw
het brood doorweekt, het maal van bruine bonen
en de muziek: ik wil dat met mij mee
de mijnwerker komt, het meisje,
de advocaat, de zeeman,
de poppenmaker –
dan gaan we naar de bioscoop en dan weer eruit

en dan drinken we de roodste wijn die er is.

Ik kom helemaal niets oplossen.

Ik kwam hier om te zingen
en dat je meezingt met mij.

Takuboku Ishikawa

HET VLIEGTUIG

Kijk, hoe hoog daar in de blauwe lucht
ook vandaag het vliegtuig heeft gevlogen.

De kleine kelner, op die ene zondag
dat hij geen dienst heeft,
zit thuis, alleen met zijn moeder
die het aan haar longen heeft,
en moe zijn zijn ogen, wanneer hij ijverig
op zijn eentje voor zichzelf
het hoofdartikel tracht te lezen...

Kijk, hoe hoog daar in de blauwe lucht
ook vandaag het vliegtuig heeft gevlogen.

Gustaf Fröding

RUIS, RIET, RUIS

Ruis, riet, ruis,
golven klots maar aan,
zeg mij waarheen de jonge Ingalil,
zou kunnen zijn gegaan.

Toen ze wegzonk in het meer
schreeuwde ze als een eend

die in een vleugel werd geraakt.
De lente had zich pas nog opgemaakt.

Zo nijdig waren in Östanålid
de mensen om haar goud en haar bezit.

Zo nijdig ook omwille van haar jonge liefde,
dat is het wat haar zozeer griefde.

Een doorn in een oogappel staken zij;
slijk bij de dauw van een lelie gooiden zij.

Zing een treurlied, zing maar,
droeve golfjes klein,
ruis, riet, ruis maar,
golfjes, golfjes dein.

Ray Sanyo

HET HOLLANDSE SCHIP

In de baai van Nagasaki, waar hemel en aarde elkaar in het westen ontmoeten,
Verschijnt een zwarte stip aan de horizon.
Het kanon op de wachttoren lost één schot.
In vijfentwintig wachtposten haalt men de bogen te voorschijn,
In de straten klinkt het van alle kanten:
'De roodharige westerlingen komen aan!'
Men zendt sloepen het schip tegemoet;
We horen de echo's van tromgeroffel;
Als sein hijst men van verre de vlaggetjes.
Het schip zeilt de haven binnen als een zware schildpad,
Zo enorm is het van achteren dat het op de rotsen lijkt te stoten.
Onze kleine sloepen, als geregen parels,
Loodsen het binnen, te midden van de herrie.
De barbaarse boeg verheft zich honderd voet boven de zee.
De zachte bries beroert zijn vilten vlaggetjes.
Te midden van duizend touwen drijven drie zeilen
Vastgehaakt aan machines die stijgen en dalen als weegschalen.
Handiger dan apen klimmen zwarte slaven
De mast op om de touwen in te trekken.
Het anker is geworpen onder kreten van de bemanning;
Onophoudelijk doen kanonnen hun gebulder horen.
Het hart van de barbaren is hard; de Troon wikt de situatie
En durft zijn verdediging niet te verslappen.

Waarom komen die verachtelijken onze ogen irriteren?
Wat winnen ze erbij ontzaglijke afstanden te overwinnen uit hebzucht?
Hun schepen, armzalige bladeren op reusachtige golven
Klimmen, als enorme mieren naar het verrotte vlees.

Dragen we slechts messen om kippetjes te doden?
Verhandelen we onze mooiste juwelen voor doornen?

Giuseppe Ungaretti

WAKE | Cima Quattro, 23 december 1915

Een hele nacht lang
neergegooid naast
een afgeslachte
kameraad
met zijn mond
van ontblote tanden
naar de volle maan gekeerd
met de bloedgezwellen
van zijn handen
die binnengedrongen zijn
in mijn zwijgen
heb ik brieven geschreven
vol van liefde

Nog nooit was ik
zozeer
aan het leven gehecht

Du Fu

HET AFSCHEID VAN EEN MAN ZONDER FAMILIE

Hoe troosteloos, de jaren sinds Tianbao!
Gaarde en erf door doornen overwoekerd.
De meer dan honderd huizen in mijn dorp –
De mensen zijn verstrooid naar oost en west.
Van overlevenden komt geen bericht
En de gestorvenen zijn stof en slijk.
Na onze nederlaag kwam ik terug
En speurend volgde ik de oude paden.
Na lange tijd vond ik mijn lege buurt,
De zon was mager en de lucht was triest.
Ik had er als gezelschap vos en das:
Ze krijsten woedend, haren overeind.
Wie woonden er nog verder om me heen?
Alleen zo'n twee, drie oude weduwvrouwen.
Een vogel zoekt des nachts zijn eigen tak:
Waarom gegaan? Gebleven tot het einde!
Dit voorjaar droeg ik heel alleen de hak
En 's avonds bracht ik water naar mijn tuin.
De rakkers hoorden dat ik er weer was
En riepen mij voor oefeningen op.
Al is het ook een tocht in dit district,
Ik heb geen mens in huis om te verlaten.
Gaan we niet ver – ik ben en blijf alleen,
En gaan we ver dan zal ik blijven dolen.
Mijn huis en dorp zijn toch geheel verwoest,
Dus mij zijn ver en na nu om het even.
Wat eeuwig kwelt is dat mijn arme moeder
Na vijf jaar niet fatsoenlijk is begraven.
Mijn moeder heeft van mij geen hulp gehad –
Ons hele leven beiden bitter snikkend.
Wanneer je niemand hebt die afscheid neemt,
Hoe kun je dan nog leven als het volk?

Wat heb ik, dat Gij naar mijn vriendschap haakt?
Wat is er U, mijn Jezus, aan gelegen,
dat Gij daar voor mijn deur in kou en regen
al deze donkere winternachten waakt?

Ach hoe verhard was mijn gemoed geraakt,
dat ik niet opendeed! Langs welke wegen
heeft ijs, door mijn ondankbaarheid verkregen,
de wonden van Uw voeten drooggemaakt!

Hoe dikwijls zei mijn Engel niet: 'Ziel, kijk,
zie zelf vanuit het raam hoe liefderijk
Hij je gedurig over poogt te halen!'

En ik gaf, Allerschoonste, telkenmale
met 'Morgen doen we open' hem gelijk,
om morgen weer hetzelfde te herhalen!

Endre Ady

HERINNERING AAN EEN ZOMERNACHT

In de hemel drumde een verwoede engel
Alarm voor de trieste aarde,
Minstens honderd jongens vielen in waanzin,
Minstens honderd sterren stortten omlaag,
Minstens honderd maagden vielen een man aan:
Het was een vreemde,
Vreemde zomernacht.
Onze oude bijenkorf vatte vlam,
Ons mooiste paard brak zijn poot,
In mijn droom leefde de dood,
Onze goede hond verdween
En Marie de stomme dienstbode begon
Plotseling luid te zingen:
Het was een vreemde,
Vreemde zomernacht.
De schurken marcheerden dapper,
De ware mannen kropen weg
En ook de deftige dief
Ging nu op roof uit:
Het was een vreemde,
Vreemde zomernacht.
We wisten dat de mens gebrekkig was
En schulden had bij de liefde,
En toch was het vreemd, deze ommekeer
Van de geleefde en gewezen wereld.
Nooit was de maan meer spottend,
En de mens kleiner dan in die nacht:
Het was een vreemde,
Vreemde zomernacht.
De verschrikking boog met een grijns
Over zielen, in elke mens
Nam het heimelijke lot der vaderen intrek.
De Idee, de trotse dienares van de mens,
De kleine lamme mens, ging op
Naar een bloedige bruiloft:
Het was een vreemde,
Vreemde zomernacht.

Ik dacht, ik dacht dat een of andere
Verwaarloosde god tot leven kwam
En ons naar de dood zou brengen, maar zie:
Als de man die ik werd in die nacht
En God verwachtend, gedenk ik
Die wereld-verdrinkende
Vreselijke nacht:
Het was een vreemde,
Vreemde zomernacht.

Doodmoe en machteloos voel ik me breken
van hunkering en smart en droefenis
wachtend op hem die ik waanzinnig mis,
maar die helaas op mij lijkt uitgekeken.

Ik bid de dood, die 't mensdom doet verbleken
doordat hij met zijn zeis elk lot beslist,
dat hij mij redden zal: ondraaglijk is 't
verdriet dat op mijn hart is neergestreken.

Maar die is doof en blind en onbewogen
voor alle beden die mijn borst ontschieten,
net als degene die mij heeft bedrogen.

En ach, door stromen tranen te vergieten
breng ik de zee hier nog tot mededogen,
maar hij zit in zijn heuvels te genieten!

Voor een mensengeslacht in een heel ver verschiet,
Onverschrokken en nobel en fier,
Mag ik niet bij mijn vaderen aanzitten, niet
Aanspraak maken op eer of plezier.

Deze tijd is een wolfshond, hij lustte mij rauw,
Ook al huist er geen wolf in mijn bloed;
Steek mij liever maar gauw als een muts in een mouw
Van Siberië: daar is het goed.

Want daar blijf ik van lafheid en smeerlapperij
En geradbraakte botten verschoond,
Waar de glans van een nerts in de nacht zich aan mij
In zijn zuiverste schoonheid vertoont.

Leid mij weg in de nacht, naar de ijskoude golf
Van de Lena, naar hemelhoog woud,
Want alleen mijn gelijke, een mens en geen wolf,
Maakt mij daar, in het steppeland, koud.

William Butler Yeats

PASEN 1916

Ik zag hen aan het eind van de dag,
Zij kwamen van toog of van handel
Met opgewekte lach
Uit grijze historische panden.
Met een hoofdknikje liep ik voorbij
Of met vage, hoffelijke woorden,
Of ik talmde en sprak daarbij
Vage hoffelijke woorden,
En bedacht voor ik verder ging
Een spottend verhaal of een grap
Tot vermaak van de vriendenkring,
Geschaard rond de haard in de club.
Zij en ik, dat besefte ik goed,
Wij leidden een narrenbestaan.
Zij zijn allen veranderd, voorgoed:
Een schrikkelijke schoonheid breekt aan.

Die vrouw heeft haar dagen doorgebracht
In domme goedigheid
En kreet zich schor bij nacht
In ruzie en verwijt.
Had ooit een jong, mooi ding
Zoetere stem dan zij
Toen ze op drijfjacht ging?
Deze man had een school en hij
Bereed ons gevleugeld paard;
De ander, zijn helper en vriend,
Was ook zo onvervaard,
Hij had voorzeker roem verdiend,
Zo zacht en onconventioneel,
Zo fijngevoelig zijn verstand.
Een andere man had veel
Van een zuipschuit, een ijdele kwant.
Bitter onrecht en verdriet
Bracht hij toe wie mij dierbaar zijn,
Toch vernoem ik hem in het lied;
Ook hij heeft bedankt voor de schijn
Van de luchtige narrenstoet;
Ook hij heeft dit lot ondergaan,
Een metamorfose voorgoed:
Een schrikkelijke schoonheid breekt aan.

Een hart met één doel alleen
Lijkt elk seizoen, heet of koud,
Betoverd in een steen
Die de levende stroom weerhoudt.
Het paard dat komt aangehold,
De vogels op de thermiek
Van wolk tot rollende wolk,
Zijn nooit een minuut identiek;
Een wolk beschaduwt het water,
Ze is nooit identiek, geen minuut;
Een hoef glijdt uit en wat later
Wordt een paard de stroom ingestuwd;
Het waterhoentje duikt
En waterhen roept haan;
Geen minuut kijkt het vooruit:
De steen blijft in het midden staan.

Een offer, al te vaak gebracht,
Maakt soms van het hart een steen:
Wanneer is het volbracht?
Dat weet de Hemel alleen.
Maar wij? Namen moeten herhaald,
Zacht, als een moeder doet bij haar kind,
Als slaap tenslotte nederdaalt
Op benen, ooit gezwind.
Is dit slechts nacht die valt?
Nee, nee, niet nacht, maar dood;
Was dood dan zinloos al bij al?
Misschien houdt Engeland woord,
Wat men ook deed en zei.
Zij hadden een droom en zijn dood;
Wat die droom was, weten wij.
Was hun liefde misschien te groot
En zijn ze, verblind, neergemaaid?
Ik schrijf dit neer in een vers –
MacDonagh en MacBride
En Connolly en Pearse
Zijn, waar men groen ontmoet,
Op dit moment en voortaan,
Veranderd, veranderd voorgoed:
Een schrikkelijke schoonheid breekt aan.

Anoniem

De hemel is bezaaid met sterren
Bezaaid met schapen is de wijde wei.
De schapen hebben geen herder,
Tenzij gekke Radoye, slechts hij,
Maar die viel in slaap.
Zijn zuster Janja maakt hem wakker:
Sta op, gekke Radoye,
Je schapen dwaalden af.
Laat ze, zuster, laat ze.
De heksen deden zich te goed aan mij,
Moeder sneed mijn hart uit,
Onze tante lichtte met haar fakkel bij.

Anoniem

Een meisje wierp een appel naar een wolk,
En de wolk behield de appel.
Het meisje bad tot elke wolk:
Broeder wolk, geef me mijn gouden appel terug.
De gasten zijn aangekomen:
Mijn moeders broer, mijn ooms.
Hun paarden zijn zo wild als bergfeeën.
Stappen ze in het stof
Dan waait het stof niet op.
Stappen zij in het water
Dan worden hun hoeven niet nat.

Anoniem

DE BALLADE VAN HEIBEL | fragment uit 'Edda'

Heibel, de heerser der Trollen, heeft Thors moker Mjollnir gestolen. 'Nooit zal iemand hem terug kunnen halen, als Freyja niet hier komt als mijn koningin,' aldus Heibel. Verkleed als Freyja gaat Thor op pad om zijn dierbare moker terug in handen te krijgen.

Toen sprak Heibel, de heerster der Trollen:
'Kom overeind, Reuzen, stro op de banken!
Vandaag is Freyja gekomen als mijn koningin,
de dochter van Njord, uit Schipstad afkomstig.

Hier op mijn land grazen goudhoornige koeien,
gitzwarte ossen, een genot voor de Reus;
veel kostbaarheden bezit ik, een keur van juwelen,
mij ontbreekt het aan niets, behalve dan Freya.'

De gasten kwamen al vroeg in de avond,
voor de Reuzen werd bier opgediend;
in zijn eentje at Thor een os en acht zalmen,
alle lekkere hapjes bedoeld voor het vrouwvolk,
Sifs echtgenoot dronk ook drie tonnen mede.

Toen sprak Heibel, de heerser der Trollen:
'Wie zag ooit een bruid zo de tanden erin zetten?
Nog nooit zag ik een bruid zo volmondig toehappen,
nooit heb ik een meisje mede zien drinken.'

De gehaaide dienstmaagd hield de zaak in de gaten,
zij vond voor de Reus het volgende antwoord:
'Freyja at al acht nachten lang niet,
zozeer verlangde zij naar het rijk van de Reuzen.'

Heibel boog naar haar voile voor een smakkerd,
deinsde toen terug naar het eind van de zaal:
'Waarom kijkt Freyja zo wild uit haar ogen?
Het lijkt of haar ogen vlam gevat hebben.'

De gehaaide dienstmaagd hield de zaak in de gaten,
zij vond voor de Reus het volgende antwoord:
‘Al acht nachten lang deed Freyja geen oog dicht,
zozeer verlangde zij naar het rijk van de Reuzen.’

De armzalige zus van de Trol kwam de zaal in,
zij bestond het om een bruidsgift te vragen:
‘Geef mij een paar van jouw gouden ringen,
als jij je in mijn gunst wil verheugen,
in mijn gunsten en al mijn genegenheid.’

Toen sprak Heibel, de heerser der Trollen:
‘Breng mij de moker om de bruid te zegenen,
leg Mjollnir in de schoot van het meisje,
zegen uit naam van Trouw de band van ons beiden.’

Het hart van Brullende Ruiter sprong op in zijn borst
toen hij zijn moker herkende, hard was zijn hart.
Het eerst sloeg hij Heibel dood, de heerser der Trollen,
daarop vermorzelde hij heel het Reuzengebroed.

Het oudje sloeg hij ook dood, de zus van de Trol,
die het bestond om een bruidsgift te vragen:
een krakende klap kreeg ze als klinkende munt,
een kleun met de moker was haar vracht aan goud.

Zo kreeg Odins zoon zijn moker weer terug.

Juan Ramón Jiménez

HET KREUPELE MEISJE

Het meisje lacht: 'Wacht,
ik haal mijn kruk!'

Zon en rozen. De ritselende
frisse bomenlaan werpt
heldere groene vlakken. Gekwetter
van vogels, een lichte bries.
Het meisje lacht: 'Wacht,
ik haal mijn kruk!'

Een hemel van droom en zijde
dringt door tot in het hart.
De witgeklede kinderen spelen,
gillen, zweten, rennen toe:
'Lóóóp!'
Het meisje glimlacht: 'Wacht,
ik haal mijn kruk!'

Haar ogen glanzen. Haar been
hangt verdraaid en vreemd.
Haar schouder doet pijn. Ze hijgt
tegen de boom. Ze gaat zitten.
Ze lacht en huilt en lacht: 'Wacht,
ik haal mijn kruk!'

Maar de vogels wachten niet:
de kinderen wachten niet!
De lente maakt ze dronken.
Het is het feest van wie loopt en vliegt...
Het meisje glimlacht: 'Wacht,
ik haal mijn kruk!'

Waarom opeens dat thuis, er midden
tussenuit, er midden tussenin?
Ik kan me, kijk, in je laten zakken, gletsjerig,
je doodt zelf je broeders:
eerder dan zij
was ik bij jou, gesneeuwde van me.

Werp je tropen
bij de rest:
iemand wil weten
waarom ik bij God
niet anders was dan bij jou,

iemand
wil erin verzuipen,
met twee boeken in
plaats van zijn longen,

iemand, die zich in je stak,
beademt de steek,

iemand, hij was je het naast,
raakt zich kwijt,

iemand tooit je geslacht
met jouw en zijn verraad,

misschien
was ik hen allemaal

Aeschylus

PROMETHEUS GEBOEID

O hemelse luchten en snelgewiekte winden,
O waterbronnen en het eindeloos lachen
Van de golven van de zee,
O almoeder, grote moeder van de aarde,
O álziend zonnerad, u roep ik aan!
Zie wat een god wordt aangedaan door goden!

Aanschouw de schandelijke smart
Die ik doorsta, de pijnen die mij
Kwellen zullen in tijden
Zonder eind.
Dit zijn de smadelijke boeien
Die mij de heerser der Gezegenden
Heeft toebedacht,
Die nieuwe heerser.
Wee, wee: ik klaag om de pijn
Die is, om de pijn die komen zal.
Waar zal ooit het einde dagen
Van dit leed?
Maar wat praat ik? Weet ik niet alles
Wat me te wachten staat helder vooruit?
Er is geen smart die me verrassen kan.
Ik moet mijn lot zo goed mogelijk dragen:
Tegen de Noodzaak is geen macht bestand.
Maar even moeilijk is het om te zwijgen
Over mijn noodlot dan om niet te zwijgen.
De mens gaf ik geschenken en daarom
Moet ik nu zuchten onder dit wreed juk.
Ik die de oerbron – heimelijk – van het vuur
Buitmaakte en in de narthex-stengel borg,
Het vuur dat voor de mens de leraar werd
Van alle kunsten, en zijn machtigst middel.
Dat is zonde waarvoor ik de prijs nu
Betaal, geboeid, onder een naakte hemel.

A, a, ai, ai!
Welk gedruis, welke geur, onzichtbaar,
Ruist op mij af?
Is het iets goddelijks, of van de mens,
Of van iets daartussen?
Is iemand gekomen naar deze klip
Aan de grens der wereld
Om daar te staren naar hoe ik lijd,
Of waartoe anders?
Zie mij, een geboeide, rampzalige god,
De vijand van Zeus, door alle goden
Die aan het hof van Zeus verkeren
Gehaat, omdat ik de mens te lief had!
Wee, wee, ik hoor het weer, dichtbij:
Vogels misschien? De hemel gonst
Van het geluid van trillende vleugels.
Alles wat nadert brengt vrees voor mij mee.

August Graf von Platen

Ik zal dit land van zwoegen, land van triest
Verzaken, zonder enig klagen missen;
Waar men bedreigd door duizend hindernissen
Geen moeite spaart, en toch het spel verliest.

Wel valt hier menig voordeel te verwerven,
Als ambten, welstand en een last van weten;
En onze Duitsers zijn erop gebeten
Zich uit te sloven en gekweld te sterven.

En nimmer voelt zo iemand slaap of pijn,
Hij put zich uit, hij voegt zich naar de mode;
Waar macht en voorspoed toeven, moet hij zijn.

Voor mij, gewoon een zwervende rapsode,
Volstaan een vriend, een koele beker wijn
En later een beroemde naam, als dode.

Anoniem

Mijn arme handen gehavend
Door de pluk van de rijst!
Vanavond nog
Zal de jonge kasteelheer
Ze zuchtend in de zijne nemen.

Egill Skallagrímsson

Met de stormbeitel steekt
stormreis vol razernij
diep in de gladde baan
voor de boeg van het schip;
Zonder ophouden vijlt
die ijskoude bosvijand
rond de steven van zeezwaan
met windgeweld het water.

William Shakespeare

HAMLET | 3.1, vv. 58-90

De kwestie is natuurlijk: zijn of niet zijn.
Wat is nu nobeler: verdragen dat
het blinde lot je krabt en bijt en schopt,
of vechten tegen zeeën van ellende,
en vechtend omkomen? Sterven – slapen,
niets meer. Als dan die slaap het einde is
van hartzeer en de duizend pijnen die
een mens moet dragen, dan is het een slot
om voor te bidden. Sterven, inslapen.
Slapen... misschien ook dromen – ah! probleem!
Want wat wij in die doodslaap kunnen dromen,
als wij bevrijd zijn van het aards tumult,
doet ons weer twijfelen – en daarom blijft
een mens aan zijn rampzalig leven kleven.
Wie zou de klappen en het smalen van
de wereld dulden, wie het onrecht van
de onderdrukker, het dédain van pronkers,
de kwellingen van een miskende liefde,
het logge recht, het arrogant gezag,
de minachting waarmee de onbenul
verdienste en geduld beloont – als hij
zich kon bevrijden met een simpele dolk?
Wie zou die lasten willen dragen, kreunend
en zwetend onder een afmattend leven,
als niet de angst voor iets dat na de dood komt,
het onontdekte land waar niemand ooit
uit terugkeert, de wilskracht zo verlamde
dat wij nog liever onze pijn verdragen
dan weg te vluchten naar het onbekende?
Zo maakt het denken lafaards van ons allen,
en zo verbleekt de vastberadenheid
in het bijtmiddel van de reflectie,
en blijven grootse plannen altijd... plannen.
Maar stil nu. De mooie Ophelia! Nimf,
gedenk in uw gebeden al mijn zonden.

Oscar Wilde

DE BALLADE VAN READING GAOL | fragment

Hij droeg niet zijn scharlaken rok,
want bloed en wijn zijn rood,
en wijnrood was zijn hand gekleurd
toen hij het bloed vergoot
van haar die hij had liefgehad
en in haar bed gedood.

Hij liep er sjofel bij, bewaakt
door Dienaars van 't Gericht,
op zijn hoofd droeg hij een cricketpet
en zijn tred leek los en licht;
maar nooit zag ik een man die keek
met een zo droef gezicht.

Nog nooit zag ik een man die keek
zo droevig naar omhoog,
naar die kleine tent van blauw die was
voor ons de hemelboog,
en hoe elk wolkje zilverlicht
voortzeilende ontvloog.

Met broeders in het leed liep ik
een cirkel verderop,
verwonderd welke misdaad hij
diep in zich hield verkropt,
toen achter mij gefluisterd werd:
'Die kerel wacht de strop.'

Mijn God! De muren om mij heen
trilden opeens als riet;
en de hemel werd een helm van vuur
en schroeide mijn verdriet;
al was ik zelf een ziel in nood,
mijn nood voelde ik niet.

Ik wist alleen welk schuldgevoel
hem opjoeg bij het gaan
en waarom hij zo'n droeve blik
op de helle dag moest slaan.
Hij had het beminde ding gedood,
dus moest hij zelf eraan.

Toch, elkeen doodt wat hij bemint,
   voorgoed zij dit bewaard,
de een met een verbitterd woord,
   de ander doodbedaard.
De lafaard doet het met een kus,
   de dappere met een zwaard!

De een doodt zijn beminde jong,
   de ander doet het oud;
soms wurgt men met een greep van Lust,
   soms met een greep van Goud;
het aardigst is een messteek, want
zo'n dode is snel koud.

Soms mint men hevig, soms te kort,
   soms om het geld alleen;
de een komt lachend tot de daad,
   de ander met geween.
Want ieder doodt wat hij bemint,
   toch sterft niet iedereen.

Dan sterft hij niet een schandedood
   op een dag van licht beroofd,
hij krijgt geen schuifkoord om zijn hals,
   geen blinddoek om zijn hoofd,
valt niet rechtstandig door een luik
   in een lege, zwarte kloof.

Er zit bij hem geen wacht die zwijgt
   en loert bij dag en nacht;
die loert wanneer hij huilen wil,
   of stil te bidden tracht;
die loert opdat de strop zijn prooi
   zich niet ontglippen zag.

Hem wacht niet het gevreesd bezoek
   bij het eerste morgenlicht:
de Priester, huiverend, in 't wit,
   de Baljuw, stijf van plicht,
en de Directeur in glimmend zwart
   met het gele rampgezicht.

Hij kleedt zich niet met zielige haast
in het grauw verdoemdenpak,
waarbij een lompe Arts noteert
hoe je in elkander zakt,
't horloge klaar, waarvan de tik
boort dwars door het schedeldak.

Hij voelt geen walgelijke dorst
die de keel schuurt als met krijt,
aleer de beul, handschoenen aan,
het gewatteerd vertrek in schrijdt
en je drievoudig bindt, opdat
de keel geen dorst meer lijdt.

Hij buigt zijn hoofd niet bij 't gebed
tot heiliging van zijn nood,
noch als de doodsangst in zijn ziel
hem zegt: je bent niet dood,
slaat hij een kruis over zijn kist
bij de toegang tot de dood.

Hij ziet niet hoog de hemelboog
door een pieterig dak van glas;
bidt niet van pijn verlost te zijn
met een mond zo droog als as;
noch voelt hij op zijn bange wang
de kus van Kajafas.

De Armoe schonk mij naar ze zegt het leven
en ik erken dat zij mijn moeder is;
verwekt werd ik bij haar door Angst en Beven,
de vroedvrouw heette Diepe Droefenis;

mijn luiers waren uit een stof geweven
die algemeen bekend staat als Gemis;
van top tot tenen werd ik steeds omgeven
door niets dan Narigheid en Ergernis.

En toen ik groot was kreeg ik voor de pret
een feeks tot vrouw die zonder te bedaren
krijst van des morgens vroeg tot 's nachts in bed.

Zij krijst als duizend snerpende gitaren:
wie zijn gestorven vrouw heeft bijgezet
en wéer gaat trouwen is een halve gare.

Jacques Prévert

EEN GAT IN DE DAG

Het is verschrikkelijk
het tikje van een hard ei op een tinnen toog
het is verschrikkelijk dat geluid
als het maalt in de herinnering van de man die honger heeft
verschrikkelijk ook is de kop van de man
die honger heeft
wanneer hij zichzelf om zes uur 's ochtends bekijkt
in de spiegelruit van de winkel
die kop heeft een kleur van stof
maar niet zijn kop bekijkt hij
in dat uitstalraam
hij geeft geen barst om zijn kop die man
hij denkt er niet aan
hij droomt
hij verbeeldt zich een andere kop
een kalsfkop bijvoorbeeld
met zure saus
of de kop van om het even wat dat je op kunt eten
en hij maalt zacht met zijn kinnebak
zacht
en hij knarsetandt zacht
want de wereld neemt hem in de maling
en hij kan niet op tegen die wereld
en hij telt op zijn vingers een twee drie
een twee drie
al drie dagen heeft hij niets gegeten
Dat kan niet blijven duren
dat blijft duren
drie dagen
drie nachten
zonder eten
en achter die ramen
die pâtés die flessen die conserven
dode vissen beschermd door blikjes
blikjes beschermd door ramen
ramen beschermd door politie
politie beschermd door angst
zoveel barricades voor zes armzalige sardientjes...

Wat verderop het café
koffie en broodjes pâté
de man wankelt
en binnenin zijn kop
een mist van woorden
een mist van woorden
sardientjes om op te eten
hard ei koffie met room
koffie met rum
koffie met room
koffie met room
koffie met moord en met bloed!...
Een achtenswaardig man is in zijn buurt
gekeeld bij klaarlichte dag
de moordenaar de vagebond heeft hem bestolen
twee frank
dat is een koffie met
zeventig cent
twee boterhammen
en vijfentwintig cent fooi voor de kelner

Het is verschrikkelijk
het tikje van een hard ei
op een tinnen toog
het is verschrikkelijk dat geluid
als het maalt in de herinnering
van de man die honger heeft.

Annette von Droste-Hülshoff

OP DE TOREN

Ik sta op het hoge torenbalkon,
Kan spreeuwen rond mij scheren voelen,
En als een maenade laat ik de storm
In mijn fladderende haren woelen;
O wilde gezel, o dolle trawant,
Dicht tegen mij aan wou ik je klampen,
En, pees tegen pees, een pas van de rand,
Op leven en dood je bekampen.

Daarginds op het strand zie ik, zo fris
Als honden, de golven dartelen,
Zij stoeien rond met geblaf en gesis
En glanzende vlokken spartelen.
O, springen zou ik erin meteen,
Recht in de briesende meute,
En jagen door het koralen woud heen
Op walrussen, dat is pas leute!

Daarboven zie ik een wimpel waaien,
Als een franke standaard uitgedost,
Zie ik op en neer de kiel zich draaien
Van mijn winderige uitkijkpost;
O, zat ik maar in het strijdende schip,
Het roer zou ik gaarne hanteren,
En sissend langsheen de brandende klip
Zoals de zeemeeuwen scheren.

Was ik een jager in het vrije veld,
Een stukje maar van een soldaat,
Of minstens toch een mannelijke held,
Dan bracht de hemel mij wel raad;
Nu moet ik zitten hier, fijn en klaar
Als een beleefd, gehoorzaam kind,
En mag slechts heimelijk mijn haar
Wat laten fladderen in de wind!

Giuseppe Gioachino Belli

DE ARME DIEF

Er is echt niet zo veel voor nodig, Monseigneur,
Om daar te zitten en een vonnis over mensen uit te spreken.
En te zeggen: Die is schuldig, die is onschuldig.
Het sterke punt is in de harten te kunnen zien.

Weet u hoeveel schuldigen van binnen meer eer bezitten
Dan wie van buiten gezien niets hebben misdaan?
Weet u, dat wie het kwade deed en berouw heeft,
Een halve engel is en een halve zondaar?

Ik ben een dief; ik weet het en ik schaam mij er voor.
Maar uw plicht behoorde te zijn om te zien
Of ik gestolen heb uit slechtheid of uit behoefte.

Men moest wat meer begrijpen, hoe moeilijk alles is
Voor een arm mens, in plaats van daar op een stoel te zitten
En over mensen een oordeel uit te spreken met een volle pens.

Anoniem

WIELEWAAL | uit de Kleine Lof- en Klaagzangen

‘Wielewaal, o wielewaal,
Strijk niet op ons koren neer,
Pik niet van ons graan!
De mensen in dit land
Zijn mij niet welgezind.
Laat me gaan, o laat me keren
Naar mijn eigen land en volk!

Wielewaal, o wielewaal,
Strijk niet op de moerbei neer,
Pik niet van de pluimgierst!
De mensen van dit land
Verbreken elk verbond.
Laat me gaan, o laat me keren
Naar mijn eigen broers en neven!

Wielewaal, o wielewaal,
Strijk niet op de eik hier neer,
Pik niet van de trosgierst!
De mensen van dit land,
Daar kan ik niet bij wonen!
Laat me gaan, o laat me keren
Naar mijn eigen ooms en vader!’

Levi-Jitschok foen Berditsjev

EEN AANKLACHT TOT GOD

Ik wens U een goedemorgen, Heer van de wereld!
Ik, Levi-Jitschok, zoon van Sara, uit Berditsjev
kom tot U met een aanklacht
namens Uw volk, Israel:
Wat heeft U tegen Uw volk Israel?
Waarom verdrukt U
Uw volk Israel?
Bij de kleinste kleinigheid
is het: 'Spreek tot de kinderen Israels!'
Bij de geringste kwestie
is het: 'Beveel de kinderen Israels!'
En bij de minste beweging
is het 'Zeg de kinderen Israels!'

Geliefde Vader in de hemel,
er zijn zoveel volkeren op de wereld:
Meden, Persen, Babyloniërs...
De Russen, wat zeggen zij?
Dat hun tsaar de tsaar is.
En wat zeggen de Engelsen?
Dat hun koning koning is.
En wat zeggen de Duitsers?
Dat hun rijk een keizerrijk is.
En ik,
Levi-Jitschok, zoon van Sara, uit Berditsjev, zeg:
'De Koning troont in den Hoge!'
En ik, Levi-Jitschok, zoon van Sara, uit Berditsjev,
heb nog meer op mijn hart:
'loi ozoez poi mimkoimi –
ik zal van deze plek niet wijken –
er moet een eind aan komen,
het moet afgelopen zijn!
De Koning troont in den Hoge!'

Zhu Shuzhen

WAT EEN BOOSHEID WAS ER IN DIE MIST

Wat een boosheid was er in die mist.
Maar we wilden nog even blijven.
Hand in hand gingen we over het pad
langs het pijlkruid in de vijver
in een plotse kleine regen
van gele pruimenbloesem.
Jong en mooi was ik, wat zou het
wat de mensen dachten,
tot dat angstig moment dat je
werkelijk moest gaan.
De tijd loopt telkens over
naar de vijand.
Ik ben terug, ik mag weer
staren in de spiegel.

Eustace Deschamps

RONDEEL

Vuil, varkens, vlooien, rotte vis,
dat is wat onze Oosterburen
in somberheid en kou verduren
en wat voor hen de maaltijd is.

Bedorven knollen aan de dis,
het vlees verbrand, smook op de muren,
vuil, varkens, vlooien, rotte vis.

Met zwarte peper, bier als pis,
je darmen en je maag verzuren,
en dan de slapeloze uren
op vochtig stro in duisternis.
Vuil, varkens, vlooien, rotte vis.

August Strindberg

HET ESPLANADEPLAN

De oude krotten staan dichtopeen,
verduisteren 't licht voor elkaar,
met staven en koevoeten trekt daarheen
een vrolijke jongelingsschaar.

De lucht hangt al
vol stof en kaf,
want plank en balk
breken ze af.

't Hout is vermolmd,
zo droog als kruit,
het dwarrelt rond
met kalk en gruis.

De hakbijl slaat,
de koevoet sloopt,
geen muur ontgaat
de mokerstoot.

De grijper grijpt,
de tang omknelt,
het dak bezwijkt,
de schoorsteen valt.

Ze trekken voort
van krot naar krot,
en slaan ze stuk
voor stuk kapot.

Daar nadert een bejaarde man,
ziet verbaasd wat ze allemaal slopen.
En blijft staan, hij wordt er treurig van
zo door het puin te lopen.

‘Komt hier een mooie nieuwe wijk?
Wat wordt er gebouwd, beste man?’
‘Voor nieuwbouw moet u hier niet zijn!
We slopen voor ’t Esplanadeplan!’

‘Ach, tijdgeest: er wordt veel afgebroken!
Maar opgebouwd niet – Een ramp is dat!’
‘Om voor meer licht en lucht te slopen,
Dat is toch zeker reden zat?’

Rosalía de Castro

NAAR HAVANA

Ze verkochten zijn ossen,
ze verkochten zijn koeien,
zijn pot om te koken
en de deken van zijn bed.

Ze verkochten zijn wagen
en de grond die hij bezat;
ze lieten hem slechts
de kleren aan zijn gat.

'Maria,' ik ben een kerel,
ik houd mijn hand niet op;
ik trek de wijde wereld in
en werk me er bovenop.

Naar Havanna wil ik gaan!
Galicië is een pover land.
Vaarwel, vaarwel,
wie ik mijn hart verpand.

Percy Bysshe Shelley

ENGELAND IN 1819

De koning sterft, oud, blind, gek en veracht –
van prinsen van dezelfde domme soort
wordt niets dan modder door het volk verwacht –
ze hebben niets gezien en niets gehoord,
bloedzuigers die het land zijn laatste kracht
ontnemen tot het langzaam wordt vermoord.
Een uitgehongerd volk, de velden braak,
een leger dat verknecht, naar buit op zoek
– tweesnijdend zwaard is dat, slaat altijd raak –
een goddeloze godsdienst zonder boek;
bloedige wetten brengen dood en wraak,
en nooit herroept men hier een slechte zaak.
Dat zijn de graven waaruit ooit de Geest
losbarst en kwade dagen weer geneest.

Koning: bedoeld wordt de Engelse koning George III (1738–1820) die in 1811 wegens krankzinnigheid van zijn taken ontheven werd.

Primo Levi

HET MEISJE UIT POMPEJI

Omdat de angst van iedereen de onze is
Beleven wij opnieuw de jouwe, mager meisje.
Jij hebt je heftig vastgeklemd aan je moeder
Alsof je terug wilde keren in haar lichaam
Toen op het middaguur de hemel zwart werd.
Vergeefs, want de gifgeworden lucht
Kwam jou binnen heimelijk opzoeken door de gesloten ramen
Van je rustige huis met zijn stevige muren,
Eens blij van je zang en je verlegen lach.
De eeuwen zijn verstreken, de as is versteend
Om voor altijd jouw edele leden te kerkeren.
Zo blijf je in ons midden, verwrongen gipsafgietsel,
Doodsstrijd zonder einde, schrikwekkende getuigenis
Van wat ons trotse zaad de goden schelen kan.
Maar niets blijft bij ons van jouw verre zuster,
Van het tussen vier muren ingemuurde meisje uit Holland
Dat haar jeugd zonder morgen toch ook neerschreef:
Haar verstomde as is door de wind verstrooid,
Haar korte leven weggeborgen in een verkreukeld schrift.
Niets is over van het schoolmeisje uit Hiroshima,
Schim in de muur gebrand door het licht van duizend zonnen,
Slachtvee geofferd op het altaar van de angst.
Machtigen der aarde, meesters van nieuwe vergiften,
Trieste geheime hoeders van de beslissende bliksem,
Ons zijn meer dan genoeg de rampzalige gaven des hemels.
Alvorens op de knop te drukken, beheerst u en overweegt.

Rupert Chawner Brooke

DE SOLDAAT

Wanneer ik sterven mocht heeft dit slechts waarde:
dat in een ver vreemd land een kleine plek
voor eeuwig Engels is. De rijke aarde
houdt rijker stof behoedzaam daar bedekt,
de stof die vruchtbaar Engeland eens baarde,
vorm en bewustzijn gaf, en bloemen schonk
voor zijn geliefde, wegen maakte waar de
zon hem bescheen en hij de lucht indronk.

Gedenk dit hart, van alle kwaad gezuiverd
en rustig kloppend in de eeuwigheid,
dat ergens in de koude aarde huivert
en dan zich weer geluiden, geuren, dromen
van 't oude Engeland herinnert, wijd
en lachend land waar ik nooit meer zal komen.

Heinrich Heine

DUITSLAND. EEN WINTERSPROOKJE | Caput IX

Uit Keulen was ik om kwart voor acht
Des ochtends doorgereden;
We waren in Hagen reeds rond drie uur,
Op tijd voor het middageten.

De tafel was gedekt. Hier vond ik heel
De Oud-Germaanse keuken.
Wees gegroet, mijn zuurkool,
Gezegend zijn uw reuken!

En wat ik ooit bij moeder at:
Kastanjes in kool gestoofd!
Inheemse stokvis, die zo vrolijk
In boter zwemt: wees geloofd!

Voor elk gevoelig hart blijft
Zijn vaderland een ervaring;
Ikzelf verkies ze bruin gesmoord
Mijn eieren en haring.

Hoe juichte de worst in het sissende vet!
De kramsvogels, die vrome
Gebraden engelen met appelmoes,
Ze kwetterden: Welgekomen!

Welgekomen, landgenoot,
Je bent lang weggebleven,
Je hebt zo lang met vreemde vogels
In den vreemde willen leven!

Op tafel stond er nog een gans,
Een stil, gezellig beest.
Ze was misschien op mij verliefd
Als ik wat jonger was geweest.

Ze keek me veelbetekenend aan,
Zo innig, zo droevig, zo fraai!
Ze had vast en zeker een edel gemoed,
Maar toch was het vlees te taai.

En ook een varkenskop werd daar
Op een tinnen schotel geserveerd;
Nog steeds worden varkens bij ons
Met lauweren gedecoreerd.

Ezra Loomis Pound

REFLECTIE EN ADVIES

O gladde vleiers, ga over zee,
    Ga naar mijn land,
Noem het 'Machtig onder de volkeren'.
    Gebruik retoriek!

Zeg dat er geen onderdrukking is,
Zeg dat het vredestijd is,
Zeg dat arbeid aangenaam is,
Zeg dat er geen onderdrukking is,
Spreek over de Amerikaanse waarden,
    En je beloning zal je niet ontgaan.

Zeg dat de chefs de vrouwen een rechtvaardig loon betalen,
Zeg dat iedereen eerlijk is en vóór alles naar het goede streeft,
    Je beloning zal je niet ontgaan.

Zeg dat ik een verrader en een cynicus ben,
Zeg dat de kunst het moet hebben van incompetente poseurs,
    Je beloning zal je niet ontgaan.

Prijs hen die door de massa worden geprezen:
    Je beloning zal je niet ontgaan.

Noem dit vredestijd,
Spreek met lof over amateurhoertjes,
Spreek met lof over vermomde koppelaars,
Spreek met lof over winkelchefs,
Spreek met lof over uitbuiters van vrouwen,
Spreek met lof over uitzuigers,
Spreek met lof over de bewindvoerders,
Spreek met lof over volkspredikanten:
    Je beloning zal je niet ontgaan.

Spreek over de ruimdenkendheid van academici:
    Je beloning zal je niet ontgaan.

Zeg dat je van je naaste houdt,
O al te edelmoedige leugenaar:
    Je beloning zal je niet ontgaan.

Wilfred Owen

LOFZANG VOOR VERDOEMDE JEUGD

Luiden er klokken voor wie sterft als vee?
Alleen van monsterachtige kanonnen
wat haastige gebeden; onbezonnen
en ratelend geweervuur raffelt mee.

Geen spotternij van klokken die hen roepen,
geen woord van rouw, alleen het schrille koor
van gierende granaten beukt het oor,
en de signaalhoorn van verloren troepen.

Zullen er kaarsen om Gods zegen vragen?
Niet in hun jongenshanden, maar in ogen
glinstert een laatst vaarwel vol mededogen.

De bleekheid van de meisjes wordt gedragen
als doodskleed; bloemen van een stille bruid,
nu trage schemering de luiken sluit.

Bertolt Brecht

AAN WIE NA ONS KOMEN

1

Werkelijk, ik leef in duistere tijden!

Het argeloze woord is dwaas. Een glad voorhoofd
Wijst op ongevoeligheid. Wie lacht
Heeft het vreselijke nieuws
Alleen nog niet gehoord.

Wat zijn dat voor tijden, waarin
Een gesprek over bomen haast een misdrijf is
Omdat het een zwijgen over zoveel wandaden bevat!
Wie daar rustig op straat loopt
Is zeker wel niet meer bereikbaar voor zijn vrienden
Die in nood zijn?

Het is waar: ik verdien nog mijn brood
Maar geloof me: dat is louter toeval. Niets
Van wat ik doe, geeft mij het recht genoeg te eten.
Toevallig ben ik gespaard. (Als het geluk mij laat vallen
Ben ik verloren.)

Ze zeggen me: Eet toch en drink! Wees blij dat je iets hebt!
Maar hoe kan ik eten en drinken, als
Ik wat ik eet, afpak van wie honger lijdt, als
Wie sterft van dorst mijn glas water ontbeert?
En toch eet en drink ik.

Graag zou ik ook wijs zijn
In de oude boeken staat wat wijs is:
Zich ver houden van de herrie in de wereld en zijn korte tijd
Zonder vrees doorbrengen
Ook zich redden zonder geweld
Kwaad met goed vergelden
Zijn wensen niet vervullen, maar vergeten
Geldt voor wijs.
Dat alles kan ik niet:
Werkelijk, ik leef in duistere tijden!

2

In de steden kwam ik in de tijd van de wanorde
Toen er honger heerste.
Onder de mensen kwam ik in de tijd van het oproer
En ik rebelleerde samen met hen.
Zo verliep de tijd
Die mij op aarde toegemeten was.

Mijn eten at ik tussen de veldslagen in
Slapen ging ik te midden van de moordenaars
De liefde bedreef ik onverschillig
En naar de natuur keek ik zonder geduld.
Zo verliep de tijd
Die mij op aarde toegemeten was.

De wegen leidden naar het moeras in mijn tijd
De taal stelde mij bloot aan de slachter
Ik was tot weinig in staat. Maar de heersers
Zaten zonder mij veiliger, dat hoopte ik.
Zo verliep de tijd
Die mij op aarde toegemeten was.

De krachten waren gering. Het doel
Lag zeer ver weg
Het was duidelijk zichtbaar, al was het voor mij
Amper te bereiken.
Zo verliep de tijd
Die mij op aarde toegemeten was.

3

Jullie, die opduiken zult uit de vloed
Waarin wij zijn ondergegaan
Gedenk
Als jullie van onze zwakheid spreken
Ook de duistere tijd
Die jullie ontkomen zijn.
Wij gingen immers, vaker dan van schoenen van land veranderend
Door de oorlogen der klassen, wanhopig
Als er enkel onrecht was en geen rebellie.

Terwijl wij toch weten
Ook de haat tegen laagheid
Verwringt het gezicht.
Ook de toorn tegen onrecht
Maakt de stem schor. Ach, wij
Die het terrein wilden effenen voor vriendelijkheid
Konden zelf niet vriendelijk zijn.

Jullie echter, als het zover zal zijn
Dat de mens voor de mens een helper is
Gedenk ons
Welwillend.

François Villon

GRAFSCHRIFT VAN VILLON | Ballade van de gehangenen

Gij mensenbroeders die ons overleeft,
gedenk ons zacht, gedenk ons niet vilein,
want juist als u erbarmen met ons heeft
zal God ook jegens u genadig zijn.
U ziet ons hier gehangen per dozijn:
ons vlees, door ons gespijsd tot aan de strot
is sedert lang verteerd, vergaan, verrot.
Wij beendren worden ook tot stof gewreven.
Dat niemand lacht om ons zo droevig lot;
Bidt slechts tot God dat Hij het ons vergeve!

Als wij u bróéders noemen, kijk dan niet
misprijzend – ook al bengelen wij hier
met reden en terecht. Wie logisch ziet
weet dat de mens vaak dom is als een dier.
Vraagt dus voor dit dozijn – dood als een pier –
de hoge gratie van Maria's kind;
dat Hij ons net als ieder mens bemint
en onze ziel niet in de hel doet beven.
Ons lijf is dood... verdwenen met de wind;
Bidt slechts tot God dat Hij het ons vergeve!

De regen spoelde en waste onze huid,
de zon heeft ons geblakerd en gelooid;
De eksters pikten ons de ogen uit,
de kraaien hebben ons de baard gerooid.
En zelfs de laatste rust krijgen wij nooit:
wij zwaaien en wij draaien met de wind,
die met ons speelt gelijk een kaatsend kind.
Veel vogelsnavels kwamen ons doorzeven.
Zorgt dus dat ú hier nooit uw einde vindt,
bidt slechts tot God dat Hij het ons vergeve!

ENVOOI
Prins Jezus, hoor ons aan... wij smeken luid:
zorg dat de duivel ons niet krijgt als buit,
laat ons toch niet in hete vlammen sneven!
Gij mensen, lach ons kaal karkas niet uit,
bidt slechts tot God dat Hij het ons vergeve!

Dante Alighieri

HEL. CANTO 5 | uit De Goddelijke Komedie

Wij kwamen bij de tweede kring en zagen
Dat hij een minder weidse omvang heeft,
Maar dat meer smart zich uit in luider klagen.

En daar staat Minos voor wie ieder beeft
Grommend van elke ziel de schuld te wegen,
Waarbij hij met zijn staart de straf aangeeft.

Heeft hij zo'n vege ziel in 't oog gekregen,
Dan moet zij biechten wat ze heeft misdaan.
Hij die de zonden kent die mensen plegen,

Geeft haar bestemde plaats ter helle aan:
Hij windt zijn staart rondom zich zoveel keren
Als elke ziel aan kringen neer moet gaan.

Steeds nieuwe zielen die zich presenteren,
Vallen ten offer aan gerechtigheid,
Wanneer hij hen met kracht omlaag doet scheren.

'Jij die dit huis in wilt waar ieder lijdt,'
Zei Minos, toen hij mij had aangekeken,
En even van zijn ambt was afgeleid,

'Weet wel wie je gelooft in deze streken,
Vertrouw de brede toegang niet te zeer.'
Mijn leidsman zei: 'Waartoe zo luid te spreken?

Door lotsbestemming daalt hij hier terneer:
Dit wordt gewild waar wilskracht en vermogen
Verenigd zijn; dus zwijg en vraag niet meer.'

Reeds werd ik door het lijden diep bewogen
Van wie ik hoorde wenen in dat oord,
En naar diegenen dwaalden nu mijn ogen:

Op deze plaats was alle licht gesmoord;
Het daverde en stormde buitenmate,
Als op een zee, door rukwinden verstoord.

Een helse storm die hun nooit rust zal laten,
Zwiept hier de zielen voort met brute kracht
En tergt met zijn geweld hun ledematen.

Nabij de diepe afgrond klinkt hun klacht;
Hier klagen ze, en jammeren en schelden;
Hier vloeken ze de goddelijke macht.

Nu leerde ik waarom die zwaar gekwelden
Veroordeeld zijn: zij zondigden het meest
Doordat ze wellust boven rede stelden.

Zoals, wanneer het najaar is geweest,
Spreeuwen in zwermen op hun wieken zweven,
Zo wordt hier door de stormwind elke geest

Omhoog, omlaag en in het rond gedreven;
Hun is geen greintje hoop, naar ik begreep,
Op rust, of zelfs maar minder pijn, gegeven.

Als kraanvogels die in een lange streep,
Hun klaaglied zingend, door het luchtruim jagen,
Zo zag ik, voortgejaagd als door een zweep,

Die schimmen zweven, op de wind gedragen.
'Vertel mij, meester,' zei ik, 'wie zijn zij?
Die zielen door de zwarte storm geslagen?'

'Degeen die jij als voorste in de rij,'
Zo sprak mijn leidsman, 'door de lucht ziet zwieren,
Was keizerin van volken velerlei.

Om des temeer haar lusten bot te vieren,
Keurde zij alle ontucht goed bij wet,
Zodat geen blaam haar zonden zou ontsieren:

Semiramis. Zij deelde Ninus' bed
En kreeg zijn troon toen hij was overleden;
Nu houdt de sultan deze troon bezet.

Zij die de dood uit liefde zocht, is tweede;
Jegens Sichaeus' as brak zij haar eed.
Cleopatra volgt, liederlijk van zeden;

Dan Helena, de oorzaak, naar je weet,
Van ongeluk en strijd rond Trojes wallen,
Waar ooit Achilles met de liefde streed.

Zie Paris, Tristan.' Vele honderdtallen
Gedoemde geesten wees mijn gids mij aan;
Ten offer aan de liefde vielen allen.

Toen ik die reeks van namen had verstaan
Van velen die ik kende uit de sagen,
Was ik ontsteld en diep met hen begaan.

'Dichter, het liefst zou ik die twee iets vragen,'
Zei ik, 'die, naar elkander toegevlijd,
Zo lichtjes op de wind worden gedragen.'

Hij zei mij: 'Wacht op de gelegenheid
Dat ze nabij zijn, dan kun je ze smeken
Te komen, bij de liefde die hen leidt.'

Zodra ze naar ons toe gedreven leken,
Riep ik: 'O zielen, hoe u lijden moet!
Als niemand het verbiedt, wil met ons spreken.'

Gelijk twee duiven, door één wens gevoed,
Hun wijde vleugels in de vlucht geheven,
Die nader vliegen naar het nest zo zoet,

Zag ik hen door die kwade dampen zweven;
Zij zonderden zich af van Dido's vlucht:
Mijn teder roepen had hun kracht gegeven.

'O milde vriend,' klonk toen een zacht gerucht,
'Met bloed besmeurd verlieten wij de aarde,
En u zoekt ons in deze grauwe lucht!

Wanneer de Hemelvorst het zou aanvaarden,
Dan baden wij Hem dat u vrede vindt,
Omdat u ons uw meelij openbaarde.

Als spreken en als luisteren u zint,
Dan zullen wij al wat u wilt verklaren,
Zolang ons rust gegund wordt door de wind.

De stad waar ik geboren ben, ligt waar een
Rivier in zee uitmondt: de Po komt daar
Met al zijn zijrivieren tot bedaren.

Liefde die immer snel de weg vindt naar
Een edel hart, wist mijn gezel te winnen
Voor 't schoon, mij nu ontroofd; nog valt het zwaar.

Liefde die wie bemind wordt doet beminnen,
Beving mij zo dat mijn gevoel voor hem
Nog even sterk is als in den beginne.

Liefde bestemde ons één requiem,
Maar onze beul mag Kaïns kring verwachten.'
Na deze woorden zweeg Francesca's stem;

En na het horen van haar liefdesklachten
Boog ik het hoofd en staarde naar de grond,
Zodat mijn gids mij vroeg naar mijn gedachten.

Ik antwoordde: 'Hoe bitter ondervond
Dit paar het zoet gepeins en zoet begeren
Dat hen naar deze onderwereld zond.'

Ik wilde mij nog eenmaal tot hen keren
En zei: 'Francesca, bij zo'n groot verdriet
Kan ik mij niet tegen mijn tranen weren.

Maar zeg me liever hoe het is geschied
Dat jullie door je liefde moesten zwichten
Voor de verlangens die de wet verbiedt.'

'In smart mij op vroeger geluk te richten,'
Sprak zij, 'is 't ergste waar ik mij mee kwel;
Uw meester sprak ervan in zijn gedichten.

Maar als u aandringt dat ik u vertel
Hoe het met ons begon, zal het zo wezen;
Al moet ik wenen, ik vertel het wel.

Voor ons genoegen waren wij gaan lezen
Van Lancelot: hoe hem de liefde drong.
Wij waren samen zonder iets te vrezen.

Toch was het net of het verhaal ons dwong
Elkaar steeds aan te zien en te verbleken,
Totdat het was of er iets oversprong.

Haar lippen, lazen wij, vaneen geweken
In zoete glimlach, werden zacht gekust,
En hij die nooit zijn trouw aan mij zal breken,

Kuste mijn mond toen, bevend en belust.
Het boek was als door Gallehaut geschreven.
Voor verder lezen hadden wij geen rust.'

Terwijl de een mij antwoord had gegeven,
Weende de ander, wat mij zo verdroot
Dat ik bevangen werd door medeleven;

En buiten kennis viel ik neer, als dood.

MYSTERIE

HIJ IS DE ADEM BINNEN IN DE ADEM

NOG ZO EEN

Boven alle bergtoppen
Is rust,
In alle boomkruinen
Merk je
Nauwelijks een zucht;
De vogeltjes zwijgen in het bos.
Wacht maar, weldra
Rust jij ook.

Johann Wolfgang von Goethe

Meng Jiao

DE OUDE MAN BEKLIMT DE TOREN

Hij zou wel eens de duizend treden van de toren bestijgen
om de hemel een en ander te vragen,
maar nog geen dertig treden is hij gegaan
of hem ontvallen ziel en zinnen aan de kolkende wind,
in de greep van zijn handen schiet de schrik,
in de gang van zijn voeten zinkt de bange moed.
Al vloeit de durf weldra weer in hem terug,
hij houdt één hand nog op z'n zij gedrukt
als kon hem daar zijn ziel ontsnappen.
Een oude man is in beklag z'n enige vriend,
niet anders dan een boom gekloofd door jaren aanvraat.
Het is de avond van zijn kracht, waartoe nog zo vermetel?
Wat is hij meer dan kroos op herfstig water?
Waarop wil hij zich oud en eenzaam nog verlaten?
Het daglicht wordt als schemer in zijn ogen,
steeds denkt hij mis te stappen,
en terug te vallen in het aards gewoel.
Meer dan één vriend, een monnik, heeft hij niet,
meer dan een bamboestaf laat hij niet na.
Vergeefs is de ernst van dit verlangen,
vergeefs dit zo volhardend streven:
op aarde is een mensenhart niet breder dan een duim,
hoe zou de hoge hemel dan zijn woorden kunnen horen?

In de buidel van mijn hart is ruimte voor alles, goorheid zowel als tederheid, druiven van geliefde vrouwen zowel als kroonkurken die me door kinderen achterna worden gegooid. Elk uur laat in mijn hart iets nieuws achter, en telkens als ik er een herinnering uit opdiep, bloedt ze.

Onvermoeibaar word ik een veelvoud van mezelf. Ik heb alle dagen nieuwe handen en monden, ik verander van huid, ogen en tong, en elke keer als het moet, trek ik een ziel aan.

Vanaf de dageraad tot de nacht is het licht telkens verschillend en heet het dag. Zo heet ik Jaime. Maar ook duur ik voort in het donker, voorbij het ondoorgrondelijke ogenblik waarop ik mijn sterren natel.

Todros ben Juda Abulafia

DE STRIJD

Toen Jahweh tot me sprak, toen ik Zijn naam
geschreven zag in bloed, scheidde het bonken
van mijn hart bloed van inkt en inkt van bloed
en Jahweh sprak tot me: ‘Weet dat de naam van
je ziel bloed is, en inkt is de naam van je geest.
Je vader en moeder verlangden met heel hun hart
mijn Naam en rang te horen, aan elke generatie gegeven.’
Toen ik het duidelijke verschil hoorde tussen mijn geest
en mijn ziel, overviel een grote vreugde mij,
toen wist ik dat mijn ziel de bergkant koos
in zijn eigen kleuren, in de spiegel rood als bloed;
en dat mijn geest zichzelf verdedigde in de spiegel
zwart als inkt, en dat er een verschrikkelijke
oorlog woedde in mijn hart tussen bloed en inkt.
Het bloed was van de lucht en de inkt van de aarde
en de inkt versloeg het bloed, en de Sabbath overwon
elke dag van de week.

Christian Morgenstern

DE LEUNSTOEL

Wat ik bij daglicht heb gedacht
brieft hij 's nachts over aan de nacht.

Met ritselwoord en fluisterwoord
prevelt hij mijn geheimen voort.

Dan staat hij uren stil en hijgt
terwijl de nacht spookachtig zwijgt.

O schrik als 't maanlicht langs hem schiet –
zijn hart kraakt, maar begeeft het niet.

Carlos Drummond de Andrade

DROEFHEID IN DE HEMEL

Ook in de hemel is een melancholisch uur.
Moeilijk moment, waarin twijfel de zielen doordringt.
Waarom heb ik de wereld gemaakt? vraagt God zich af
en antwoordt zich: Ik weet het niet.

De engelen kijken hem verwijtend aan,
en veren vallen.

Alle hypothesen: genade, eeuwigheid, liefde
vallen, zijn veren.

Nog een veer, de hemel valt uiteen.
Zo zachtjes, geen geraas verraadt
het moment tussen alles en niets,
ofwel, de droefheid Gods.

Leopold Staff

DE BRUG

Ik kon niet geloven
– toen ik aan de oever stond van de stroom
die breed was en onstuimig –
dat ik over die brug zou lopen,
uit dun, broos riet gevlochten
en vastgebonden met bast.
Ik liep licht als een vlinder
en log als een olifant.
Ik liep vast als een danser
en wankel als een blinde.
Ik kon niet geloven dat ik over die brug zou lopen,
en nu ik aan de overkant sta,
geloof ik niet dat ik erover ben gelopen.

Rafael Alberti

LIED 3

Hier zou ik graag zijn geweest
paard, paard alleen
langs de rivier.

Zo groot is het alleen zijn
van de mens en zo groot de rivier,
dat ik hier graag zou geweest zijn
paard, alleen paard
langs de rivier.

Zijn als een steen in brand gestoken
door de wind en doezelig grazen
in het moeras van de rivier
langs de rivier.

Plotseling, een lang gehinnik
en een eindeloze galop,
om verderop steen in de wind
te zijn en doezelig te grazen
aan de andere kant van de rivier
langs de rivier.

Velimir Chlebnikov

HET ENE BOEK

Ik zag dat de zwarte Veda's,
De Koran en het Evangelie
En de in zijde gebonden
Boeken van de Mongolen,
Zelf van het stof van de steppen,
Van de geurige, droge mest,
Zoals de vrouwen van de Kalmukken
Dat iedere ochtend doen,
Een brandstapel bouwden
En daar zelf op gingen liggen.
Witte weduwen hulden zich in een rookwolk,
Om de komst te bespoedigen
Van het ene boek.
Het boek met bladzijden groter dan de zee,
Die trillen met blauwe vlindervleugels,
En met een zijden draad als bladwijzer,
Waar de blik van de lezer is stil blijven staan.
Daar komen de grote rivieren in een blauwe stroom:
– De Wolga, waar men 's nachts over Razin zingt,
– De gele Nijl, waar men bidt tot de zon,
– De Jangtsekiang, met de dikke mest van mensen,
– En jij, Mississippi, waar de yankees
De sterrenhemel als broeken dragen,
Hun benen in de sterrenhemel hebben gewikkeld.
– En de Ganges, waar donkere mensen bomen van verstand zijn,
– En de Donau, waar in het wit witte mensen
In witte hemden boven het water staan.
– En de Zambezi, waar de mensen zwarter zijn dan laarzen,
– En de bruisende Ob, waar men de goden geselt
En met het gezicht naar de muur draait
Wanneer men iets vets eet.
– En de Theems, waar grijze verveling heerst.
Het menselijk geslacht is de lezer van dit boek!
Op het omslag staat in het handschrift van de schepper
Mijn naam, in helblauwe letters.
Ja, je leest slordig,

Meer aandacht graag,
Je bent verstrooid en ziet eruit als een luiaard.
Als lessen in de wet van God
Zijn deze zwarte bergketens en grote zeeën!
Dit ene boek
Moeten jullie spoedig, heel spoedig lezen!
Op deze bladzijden springt de walvis
En de adelaar zweeft om de hoek van de bladzijde
En daalt neer op de golven van de zee, op de borst van de zeeën,
Om uit te rusten in het bed van de zeearend.

Zeg me, zeg me, lachend kind,
Wat 't verleden voor je is?
Het klagend zuchten van de wind,
Een milde herfst in duisternis.

En zeg, wat is voor jou vandaag?
Een groene twijg die wiegt
Omdat een vogeltje zijn kracht gestaag
Voelt groeien en dan vliegt.

Wat is de toekomst, vrolijk kind?
Een zee die met haar pracht verblindt,
De zon, geen wolk, een zee die wijd
Zich uitstrekt in oneindigheid.

Li Bai

VROEGER IN HET MAANLICHT

Als kind begreep ik niets van hem: de maan.
Ik noemde hem 'die grote stenen schaal'
of dacht: hij is de spiegel van een heks
die op de jadegroene wolken rijdt.

Angelus Silesius

DE ZIEL IS ENKEL EEN GAST IN ONS HUIS

De ziel is enkel een gast in ons huis,
een wandelaar uit verre landen;
wij weten niet waar wij hem vonden;
hij legt zich schijnbaar slechts aan banden
bij ons en gaat toch immer zoekend uit
naar doelen die nog niet ontstonden.

Mīrā Bāī

AL WAT IK DEED WAS ADEMEN

Iets heeft zich uitgestrekt
en de stralen van mijn ogen ingenomen.
Er is een verlangen, het gaat uit naar zijn lichaam,
naar elk haartje van zijn donkere lichaam.
Al wat ik deed was zijn,
en de Dansende Kracht kwam langs mijn huis.
Zijn gelaat leek vreemd genoeg op de maan,
ik zag het van opzij, en het lachte.
Mijn familie zegt: 'Durf hem nooit meer te zien!'
en roddelt met gedempte stem.
Maar mijn ogen hebben hun eigen leven;
ze lachen met regels, weten best van wie ze zijn.
Ik geloof dat mijn schouders alles kunnen dragen
wat ze ook mogen zeggen van mij.
Mira zegt: hoe zou ik moeten leven
zonder de kracht die bergen verzet?

Ryōkan

DRIE TANKA'S

Alsjeblieft zeewind
blijf nu toch kalmpjes waaien,
in deze nacht
waarin ik vertoef in een huis
van snel handelende goden.

In vroeger tijden
deed ik wat mijn hart mij ingaf,
maar nu, mijn hart,
moet jij maar eens luisteren
naar wat ik zou willen doen.

Zou iemand vragen
wat er omgaat in deze monnik,
antwoord hem dan maar:
Niets meer dan wat in de lucht
de wind te vertellen heeft.

Michail Joerjevitsj Lermontov

DE ENGEL

Er vloog langs de hemel een engel bij nacht,
   Zijn loflied klonk teder en zacht;
Stil hoorden de sterren, de wolken, de maan
   Dit heilige lied van hem aan.

Hij zong van onschuldige geesten de lof,
   Hun zalig bestaan in Gods Hof;
Hij zong van de grootsheid van God onze Heer,
   Oprecht was zijn lof Hem ter eer.

Hij hield in zijn arm een jong zieltje geklemd,
   Voor de aarde vol smarten bestemd;
De jeugdige ziel heeft zijn klanken gehoord,
   Ze levend bewaard, zonder woord.

En lang heeft die ziel op de aarde gesmacht
   En wondere dingen verwacht;
De wereldse liederen haalden het niet
   Bij 't hemelse engelenlied.

Thomas Stearns Eliot

DE REIS VAN DE DRIE KONINGEN

Het was een koude tocht,
en de slechtste tijd van het jaar
voor een reis, voor zulk een verre reis.
De wegen modderig, het weer guur,
de winter op zijn strengst.
De kamelen, die hun knieën ontvelden, hun hoeven bezeerden, werden onhandelbaar
en legden zich neer in de smeltende sneeuw.
Menigmaal dachten we met spijt terug
aan onze zomerpaleizen op bloeiende berghellingen,
aan meisjes, in zijde gehuld, die gekoelde wijn ronddienden.
Onze kameeldrijvers vloekten, kankerden,
weigerden dienst, riepen om brandewijn en vrouwen.
Onze kampvuren wilden niet branden, onderdak was moeilijk te vinden,
de steden waren vijandig, de dorpen stug,
de gehuchten smerig en verschrikkelijk duur:
het was een ellendige tocht.
Tenslotte reisden wij de gehele nacht door,
sliepen zo nu en dan langs de wegkant
en hoorden gedurig in onze oren zingende stemmen, zeggend:
jullie onderneming is waanzin.

Eindelijk, toen het licht werd, daalden we neer in een luw dal,
vochtig, onder de sneeuwlijn, geurend naar groeizaamheid;
een beek snelde voort, een watermolen karnde het duister,
er waren drie bomen onder een bewolkte lucht,
en een oud wit paard galoppeerde door een weiland.
Wij kwamen bij een herberg met wijngaardranken boven de stoep.
Zes handwerkslieden dobbelden bij de open deur om zilverlingen
en zes voetknechten schopten lege wijnzakken over de vloer.
Maar niemand kon ons inlichtingen verschaffen, en zo gingen we verder,
en bereikten des avonds, geen uur te vroeg,
de plaats van bestemming; het was (dat mag ik wel zeggen) de moeite waard.

Dit alles is lang geleden, ik heb het onthouden
en zou het over willen doen, maar ik stel,
dit vooropgesteld,
één vraag: was het doel dat ons dreef
geboorte of dood? Wij waren getuigen van een geboorte, zeker,
daar is geen twijfel aan. Maar als ik vroeger geboorte of dood zag,
dacht ik dat ze tegenstellingen waren. Deze geboorte echter
was een onverbiddelijk einde voor ons, een dood, onze dood.
Wij keerden terug naar ons land, onze koninkrijken,
maar voelden ons niet meer thuis in de oude orde
tussen vreemde mensen die hun goden omklemmen.
Ik zal blij zijn als ik andermaal sterf.

William Butler Yeats

HET LIED VAN ZWERVENDE AENGUS

Ik stapte tussen hazelaars
Omdat het brandde in mijn brein,
En brak een tak af, pelde hem
En stak een bes op deze lijn;
En witte vlinders vlogen rond,
En witte sterren doofden uit;
Het besje in de stroom gaf mij
Een zilveren forel als buit.

Ik legde 't visje op de grond
En toen blies ik een vuurtje aan,
Er klonk geritsel op de grond
En iemand riep me bij mijn naam:
Een glimmend meisje werd de vis
Met appelbloesem in haar haar.
Zij riep mijn naam en liep toen weg
En loste op in dageraad.

En ik die over berg en dal
Gezworven heb, werd oud. Weldra
Toch vind ik haar terug en kus
Haar lippen, neem haar hand en ga
Met haar door hoog, gespikkeld gras,
En pluk tot alle tijd verstomt
De zilveren appels van de maan,
De gouden appels van de zon.

Kabir

ZOEK JE ME?

Zoek je me? Ik zit naast je.
Mijn schouder raakt de jouwe.
Je zal me niet vinden in een stupa, niet in een Indisch heilig schrijn,
niet in een synagoge of in een kathedraal:
niet in een mis, niet in een kirtan, niet in het weven van mijn benen
rond mijn nek, niet in enkel groenten eten.
Als je me echt zoekt, zie je me onmiddellijk –
dan vind je me in het nietigste huis van de tijd.
Kabir zegt: Leerling, zeg me, wat is God?
Hij is de adem binnen in de adem.

Niet allen, slechts een paar keren terug als de roos of de tulp;
welke gezichten blijven vooralsnog door het stof verborgen!

De drie sterren, drie Dochters, bleven geheim en gesluierd bij dag;
welk woord sprak de duisternis om hen in hun naaktheid te tonen?

Slaap is van hem, en gemoedsrust, en de nachten horen hem toe
over wiens armen jullie de sluiers van jullie haren spreiden.

Wij zijn de voorlopers; wij breken het patroon van onze levensweg.
Wanneer ook volkeren vervagen, monden zij uit in de loop van
de werkelijkheid.

Als Ghālib de tranen verder wenen moet, zal jij die de wereld bewoont
deze steden bekijken als vlekken in de wildernis.

Alfred de Vigny

MOZES

[...]

Zodra Uw adem, Heer, bezit van mij kon nemen,
Zeiden de mensen al: 'Voor ons is hij een vreemde.'
Ze sloegen voor mijn oog, vol vuur, hun ogen neer,
Want daarin zagen zij mijn ziel, maar nog iets meer!
Liefde zag ik vergaan en vriendschappen bederven,
Maagden befloersten zich en waren bang te sterven.
Toen, in de wolkkolom gehuld als een gewaad,
Ging ik voor allen uit, roemrucht maar desolaat,
En tot mijn hart sprak ik: Wat zou mij nu nog lusten?
Mijn voorhoofd is te zwaar om aan een borst te rusten,
Mijn hand wekt schrik bij elke hand die ze omsluit,
Want bliksem is mijn mond, donder mijn stemgeluid;
Ze hebben mij niet lief, maar beven doen ze allen,
Mijn open armen doen hen op de knieën vallen.
Machtig heb ik geleefd, maar het was eenzaam, Heer,
Vergun van aardse slaap mij nu de rust een keer!

[...]

Anoniem

DE GOUDEN GOD

De Gouden God, het Zelf, de onsterfelijke Zwaan
verlaat het kleine nest van het lichaam, gaat waarheen Hij wil.
Hij beweegt door het rijk van de dromen, schept talloze gedaantes;
geniet van sex, eet, drinkt, lacht met Zijn vrienden;
maakt Zichzelf bang met bloedstollende terreur.
Maar gebonden aan iets wat Hij ziet, is Hij niet;
en nadat Hij rondzwierf in het rijk van droom en van bewustzijn,
vreugden proefde en goed en kwaad smaakte,
keert Hij terug naar de zalige staat waaruit Hij ontsprong.
Zoals een vis naar deze rivieroever en dan naar de andere zwemt,
zo wisselt het Zelf bewustzijn en droom af.
Zoals een arend, moe van een lange vlucht, zijn vleugels toeplooit en
naar zijn nest glijdt, zo haast het Zelf zich naar het rijk
van de droomloze slaap, vrij van verlangen, vrees en pijn.
Zoals een mens in gemeenschap met zijn liefste
zich onbewust is van iets buiten of binnen zichzelf,
zo weet een mens verenigd met het Zelf niets, en wil niets,
vindt vervulling van het hart en is vrij van zorgen.
Vader verdwijnt, moeder verdwijnt, goden
en schriften verdwijnen, dief verdwijnt, moordenaar,
rijkaard, bedelaar verdwijnt, wereld verdwijnt,
goed en kwaad verdwijnen; hij is het lijden voorbij.

Wallace Stevens

DE SNEEUWMAN

Men moet dcnken als de winter
Om vorst graag te zien en de takken
Van dennen met een korst van sneeuw;

En heel lang koud zijn geweest
Om jeneverbessen met een kroon van ijs,
Sparren ruig in het verre geschitter

Van januarizon te aanschouwen; en zich
Niet de misère herinneren van het ruisen
Van de wind of een handvol bladeren,

Wat het ruisen is van het land
Dat bol staat van dezelfde wind
Die over dezelfde barre plek waait

Voor degene die luistert in de sneeuw,
En die, zelf niets, niets ziet
Dat er niet is en het niets dat er is.

Anoniem

KOSMOLOGIE

De godin Laksmi
houdt ervan met Vishnu te vrijen
van boven op hem
ziet ze in zijn navel
een lotus
waarop de god Brahma zit
maar ze kan en wil niet stoppen
dus legt ze haar hand
op Vishnu's rechteroog
dat de zon is
en de nacht valt
en de lotus sluit zich
met Brahma er binnenin.

Dante Gabriel Rossetti

PLOTSELING LICHT

Ik voel dat ik hier vroeger was,
    Wanneer of hoe weet ik niet meer:
Ik ken voorbij de deur het gras,
    De lichten langs het strand, zo zeer
De zoete, felle geur, die zucht zopas.

Jij was mijn liefste van weleer, –
    Hoe lang voorbij al weet ik niet:
En toch, er viel een sluier neer
    Toen jij je hoofd zo hield
Omwille van die zwaluw – 't verleden keerde weer.

Bleef het dan zo altijd?
    En wordt de liefde weer niet even groot
In jou, in mij door wervelende tijd,
    In weerwil van de dood,
Die maakt dat dag en nacht ons weer verblijdt?

Afanasi Afanasievitsj Fet

Ik was in gedachten verzonken,
Mijn blik bij de sterren beland –
Er kwam tussen mij en de sterren
Ineens een verbinding tot stand.

Ik weet niet waarover ik peinsde;
Ik hoorde een raadselig koor,
Diep in mij weerklonken de sterren
En lieten voor altijd een spoor...

Edith Irene Södergran

HET LAND DAT NIET IS

Ik verlang naar het land dat niet is,
want alles wat is, wil ik niet meer begeren.
De maan vertelt me in zilveren runen
van het land dat niet is.
Het land, waar onze wensen wonderlijk in vervulling gaan,
het land, waar onze ketenen afvallen,
het land, waar ons gepijnigd hoofd verkoeling vindt
in de dauw van de maan.
Mijn leven was een vurige waan.
Maar iets heb ik gevonden en iets heb ik werkelijk gewonnen –
de weg naar het land dat niet is.
In het land dat niet is
draagt mijn geliefde een fonkelende kroon.
Wie is mijn geliefde? In de donkere nacht
trillen de sterren als antwoord.
Wie is mijn geliefde? Hoe is zijn naam?
De hemelen welven zich hoger en hoger
en een mensenkind verdrinkt in eindeloze nevels
en weet het antwoord niet.
Maar een mensenkind is één en al overtuiging,
en hoger dan de hemelen strekt het zijn armen uit.
En er komt een antwoord: Ik ben degene die jij liefhebt
en altijd zult liefhebben.

Edmund Spenser

PASEN

Roemrijke God die ooit op deze dag
zo over dood en zonde triomfeerde,
de hel bedwong en wie gevangen lag
bevrijdde en ons nieuwe vrijheid leerde:
maak deze dag een vreugdevolle dag
voor ons, voor wie Gij zijt gestorven,
en dat Uw bloed mijn zonden wassen mag
zodat de eeuwige blijdschap wordt verworven.

Als wij de waarde van Uw liefde wegen
is onze liefde dan Uw wegen waard
en wordt die even duur door ons verkregen?
En wederliefde die door liefde wordt vergaard,
zorgt dat de liefde ons bestaan regeert.
Want liefde is de les die God ons leert.

De Zondagsdienst wordt veel bezocht –
Ik vier hem thuis zowaar –
Mijn Koorknaap is een Zangvogel –
Een Boomgaard Kathedraal –

De meesten gaan in Koorhemd staan –
Mijn Vleugels vind ik ruim genoeg –
Ons Kostertje hier luidt geen Klok,
Het zingt – van 's morgensvroeg.

God preekt, – een waardig Predikant, –
En wat Hij zegt is nooit te veel,
De hemel krijg ik niet op 't eind –
Ik kom er keer op keer.

Franciscus van Assisi

LOFLIED VAN DE SCHEPPING

Gij zijt de Hoogste, Heer, en goed. Gij zijt
de Almacht. U is elke lofzang voorbestemd
en alle glorie, alle eer is U gewijd.
Uw zegeningen eindeloos en ongekend.

Gij zijt de Hoogste, Heer, alleen aan U behoort
dat alles. Door geen mensenkind, door niemand laat
Uw naam zich noemen want onwaardig, ongehoord.
Mijn Heer, U moet ik loven om al wat bestaat.

Vooral om heer en meester, onze broeder zon.
Hij laat het dagen en door hem schenkt Gij ons licht
en schoon is hij, een luisterrijke stralenbron,
van U, de Allerhoogste, is hij het gezicht.

Geloofd zijt Gij, mijn Heer, door onze zuster maan
en door de sterren: stralend als een mooi juweel
ontvingen zij van U in het heelal hun baan.
Door onze broeder wind zijt Gij geloofd, mijn Heer,

door lucht en wolken, open hemel, alle weer:
want daardoor houdt Gij heel Uw schepping overeind.
Door onze zuster water wees geloofd, mijn Heer:
zo nuttig, kostbaar, nederig van aard en rein.

Geloofd zijt Gij, mijn Heer, door onze broeder vuur,
door hem verlicht Gij toch het duister van de nacht,
hoe mooi is hij en vrolijk en van kracht zo puur.
En ook door onze moeder aarde, zuster zacht,

zijt Gij geloofd, mijn Heer. Zij is het die ons kracht
geeft en verzorgt. Veel soorten vruchten brengt zij voort
en planten, allerhande bloemen in een bonte pracht.
In mensen die elkaar vergeven, wees geloofd,

mijn Heer. Het is Uw liefde die hen daartoe drijft,
door haar verdragen zij wat hen verzwakt en kwelt.
Gelukkig die standvastig in de vrede blijft
want Gij, de Hoogste, zult hem kronen als een held.

Door onze zuster de lichamelijke dood
zijt Gij geloofd, mijn Heer. Geen mensenleven weet
haar te ontlopen. Ongelukkig die genoopt
tot sterven nog in dodelijke zonden leeft.

Gelukkig die Uw wil, die allerheiligst is,
volbracht en sterft: geen kwaad doet hem de tweede dood.
Loof nu mijn Heer vol zegen en erkentenis
en dien Hem steeds in eenvoud en in deemoed groot.

Pär Lagerkvist

Het is niet god die van ons houdt, wij zijn het die houden van hem.
Die ons uitstrekken naar hem, verlangend naar iets
iets dat ons te boven gaat,
zoals liefde.
En ons verlangen wordt heter naarmate het minder beantwoord wordt,
onze vertwijfeling dieper naarmate we beter verstaan dat we verlaten zijn.
Dat niemand van ons houdt.

Wat is diep als gemis, als onbeantwoorde liefde.

Federico García Lorca

GHAZEL VIII VAN DE DONKERE DOOD

Ik wil slapen zoals de appels slapen,
kerkhoven mijden en hun tumult.
Ik wil slapen zoals het jongetje slaapt
dat zijn hart wilde wegsnijden in volle zee.

Ik wil niet dat ze mij telkens weer zeggen dat de doden
hun bloed niet verliezen;
dat de verrotte mond nog water blijft vragen.
Ik wil niets weten over de martelingen die het onkruid brengt,
noch over de maan met haar slangenmond
die al vóór dag en dauw aan het werk is.

Ik wil een poosje slapen,
een poosje, een minuut, een eeuw;
maar dat iedereen weet dat ik niet dood ben;
dat er een gouden stal staat op mijn lippen;
dat ik het vriendje ben van de westenwind;
dat ik de onmetelijke schaduw ben van mijn tranen.

Leg een zeil over me heen wanneer de ochtend komt
want hij werpt handenvol mieren over me heen,
en besprenkel mijn schoenen met hard water
opdat de schaar van zijn schorpioen van me afstuit.

Want ik wil slapen zoals de appels slapen
en een lied leren dat mij van aarde zuivert;
want ik wil leven met dat donkere jongetje
dat zijn hart wilde wegsnijden in volle zee.

Samuel Taylor Coleridge

KUBLA KHAN

In Xanadu liet Kubla Khan
een statig lustpaleis ontstaan:
waar Alphs heilige waterstromen
door grotten waar geen mens kan komen
zonloos ten onder gaan.
Met muur en torens in het rond
omgordde hij tien mijlen grond:
daar waren kronkelbeekjes zonder tal
in tuinen vol van geurig wierookhout;
en zonnige priëlen overal,
omringd door donkere wouden, eeuwenoud.

Maar o, hoe dat romantische ravijn
dwars door een diepgroen cederbos zich kliefde!
Een woeste plek! Betoverend moest het zijn
als ooit onder bestorven maneschijn
bezocht door vrouw en haar demoon-geliefde.
Aan dit ravijn ontsprong, alsof de aarde
hijgend en keer op keer zichzelve baarde,
een ziedende fontein bij tijd en wijle;
en in die wild bruisende waterpijlen
als hagelstenen dansend stukken rots,
gelijk de tarwe onder dorsers knots
en tussen die dansende rotsen hier
spoot telkens weer de heilige rivier.
Vijf mijl meanderden de waterstromen
in hun door bos en dal verborgen baan
om zich door grotten waar geen mens kan komen
te storten in een dode oceaan:
te midden van dit daverend geweld
werd Kubla tijd van oorlogen voorspeld.
De schaduw van het lustpaleis
zweefde midden op het water,
daar mengde zich de dubbele wijs
van grotten en fonteingeklater.
Hoe zeldzaam was de aanblik die dat schonk:
een zonnig lustoord met een ijsspelonk!

Ooit zag ik in een visioen
een donker meisje met een harp.
Ze kwam uit 't Abessijnse land
en speelde harp met lichte hand,
zingend van de berg Abora.
Kon ik haar wonderschoon gezang
herwinnen in mijn fantasie,
zó stralend was mijn euforie –
ik bouwde zingend, lui en lang,
dat lustoord in de lucht: zie daar,
dat zonneoord! die grot van ijs!
Wie horen kon werd ze gewaar
en schreeuwde luid, Gevaar! Gevaar!
Zijn flitsend oog, zijn wapperend haar!
Omdans hem driemaal kringsgewijs,
vrezend zijn heilige overmoed:
hij is met honingdauw gevoed
en dronk de melk van het Paradijs.

Yuan Zhen

DE GEDROOMDE PUT

Al dromend klom ik naar de hoogste vlakte,
Daar op die vlakte was een diepe put.
En door het klimmen had ik dorst gekregen,
Dus wilde ik het koele water zien.
  Ik liep en liep rondom de put te kijken
En zag mijn spiegelbeeld diep in de bron:
Daar dreef de in de put gevallen kruik,
En op de windas van de put geen touw!
  Uit angst dat deze kruik zou kunnen zinken
Ging ik gehaast op weg om hulp te zoeken,
Ik kwam in alle dorpen op de vlakte –
De dorpen leeg, de honden zo gemeen.
  Ik kwam terug om bij de put te wenen
En weende tot de stem me werd gesmoord.
Gesmoord – zo schrok ik wakker uit mijn droom
Om te ontwaken in mijn stille kamer.
  De lamp scheen met een zwakke blauwe vlam,
Mijn tranen blonken in gestold geflonker.
Een klok weerklonk – het was pas middernacht:
Mijn hart bleef bonken of ik zat of lag.
  Opeens herinnerde ik mij de vlakte
Van Xianyang: duizend morgens woeste akkers.
De aarde dik, de kuil dan ook zo diep –
Haar ziel begraven in die diepe groeve.
  Hoe kan zij uit die diepe groeve stijgen?
Toch toont de ziel bijwijlen haar bestaan:
Vannacht was zij die in de groeve rust
De kruik geworden die mij had verbijsterd.
  Hierdoor ontroerd stroomden mijn tranen neer,
In stromen, en doorweekten mijn gewaad,
Omdat de afstand tussen droom en waken
De scheiding vormde tussen dood en leven.
  Eens zullen wij dezelfde groeve delen –
Mijn leven blijft helaas nog duren, duren!
Kunnen de zielen, zo door tijd gescheiden,
Beide beschikken over hun bewustzijn?
  Gedachten in een eindeloze cirkel –
Terwijl ik zit zie ik de hemel gloren.
Ik zeg het vers van de Gedroomde put –
Hoe heerlijk is de lente deze ochtend!

Carlos Drummond de Andrade

MIDDEN OP DE WEG

Midden op de weg lag een steen
lag een steen midden op de weg
lag een steen
midden op de weg lag een steen.

Nooit zal ik die gebeurtenis vergeten
in het leven van mijn zo vermoeide netvliezen.
Nooit zal ik vergeten dat midden op de weg
lag een steen
lag een steen midden op de weg
midden op de weg lag een steen.

Jaroslav Seifert

VERLOREN PARADIJS

Het oude joodse kerkhof
is een waar boeket van grijze stenen
betreden door de tijd.
Dwalend tussen de graven
dacht ik aan mijn moeder.

Letters in twee kolommen
vloeiden voor haar ogen
als bloed uit een wond.
De lamp spetterde en rook
en moeder nam haar bril.
Af en toe blies ze de vlam uit
om met een haarspeld
de hete lont te schikken.

Maar sloot ze haar vermoeide ogen,
dan droomde ze van het paradijs
nog vóór God het had bezet
met gewapende cherubijnen.
Vaak sluimerde ze en het boek
viel van haar schoot.

Ik was nog jong
toen ik in het Oude Testament
meeslepende liefdesverzen ontdekte
en gretig naar plaatsen zocht
waar incest beschreven stond.
Toen vermoedde ik nog niet
hoeveel tederheid de namen verbergen
van vrouwen uit de Heilige Schrift.

Ada is het Ornament en Orpa
is de Ree,
Naomi is de Welgevallige
en Michal is de Beek.

Abigaïl is de Bron van blijdschap.
Maar als ik bedenk
hoe machteloos we toekeken

bij het wegslepen van de joden
met hun huilende kinderen,
huiver ik nu nog van ontzetting
en lopen de koude rillingen me over de rug.

Jemima is de Duif en Thamar
is de Palmboom.
Tirza is de Bevallige
en Zilpa de Vallende druppel.
God wat is dat mooi!

De hel was al min of meer losgebroken,
maar niemand durfde het wapen
van die moordenaars weg te rukken.
Alsof we afkerig waren
van elk beetje menselijkheid.

De naam Jecholia betekent:
de Heer is almachtig.
Maar hun gefronste god
keek achter het prikkeldraad
en stak geen vinger uit.

Delila is de Lieflijke, Rachel
is het Ooilam,
Debora is de Bij
en Esther de Heldere ster.

Zodra ik terugkwam van het kerkhof
drukte de juniavond al zijn geuren
tegen de ramen.
Maar af en toe dreunde uit stille verten
de toekomstige oorlog!
Er is geen tijd zonder moorden.

Ik vergat trouwens bijna te zeggen:
Rhode is de Roos.
En deze bloem is op de aarde
misschien het enige overblijfsel
van het vroegere paradijs.

Je zit aan het raam
en het sneeuwt –
je haar is wit
en je handen –
maar in de beide spiegels
van je wit gezicht
hield zomer stand:
land voor de weiden die in het onzichtbare getild zijn –
drinkplaats voor schaduwreeën 's nachts.

Maar jammerend zink ik in je blankheid,
in je sneeuw –
waaruit het leven zich zo stil terugtrekt
als na een ten einde gesproken gebed –

O om in te slapen in je sneeuw
met al het leed in de vuuradem van de wereld.

Terwijl de tere lijnen van je hoofd
al wegzinken in zeenacht
voor nieuwe geboorte.

Kakinomoto no Hitomara

TWEE TANKA'S EN EEN SED'KA

Heel die lange nacht,
lang als de slepende staart
van een bergfazant
die langzaam, langzaam voortschrijdt
moet ik weer eenzaam slapen?

Ik zag hem komen
tussen vallende blaren,
de man met de brief,
en dacht hoe graag wij samen
waren, op zulke dagen.

Diep op de bodem
van mijn spiegel woont een beeld
dat mij plotseling aankijkt, vreemd;
't is een oude man
die ik niet ken, zijn ogen
houden strak de mijne vast.

George Meredith

LUCIFER IN STERRENLICHT

Het is een sterrennacht, als Lucifer,
die moe van alles zijn domein verliet,
en deels verborgen in de wolken ziet
hoe zondaars rustig slapen her en der,
de arme zielen zijn z'n prooi. Van ver
kijkt hij ontspannen toe. Gigantisch schiet
hij over 't zand van Afrika, het Poolgebied
wordt overschaduwd door zijn zwarte ster.

Steeds verder steeg hij, en weer stak de pijn
van wonden uit de tijd van zijn verzet;
Maar halverwege keek hij toen het brein
van God, de sterrenhemel, aan. Hij scheerde
omlaag. En langs 't aloude spoor marcheerde
het leger van de onverbroken wet.

Robert Lee Frost

DE NIET GENOMEN WEG

Twee paden weken in een geelbruin woud,
En triest omdat ik niet langs twee kon reizen
En één reiziger zijn, stond ik daar boud
Zolang ik kon langs een ervan te kijken
Tot waar het wegboog in het kreupelhout;

Nam toen het andere dat, even mooi wellicht
Daar 't grasrijk was en schijnbaar onbetreden,
Meer aanspraak maakte op mijn talmend zicht;
Al bleek die ongeschondenheid, na schreden
Minder aarzelend gezet, allang gezwicht.

Die ochtend toen op beide bladeren lagen
Die door geen stap nog waren zwartgemaakt
Hield ik die eerste toch voor andere dagen!
Ik wist hoe de ene weg de andere raakt,
Maar dacht dat ik me hier nooit meer zou wagen.

Nu ik u dit vertel, nog licht ontdaan
Dat ik het al die jaren heb verzwegen:
Twee paden zijn hun eigen weg gegaan –
Ik nam de minst bereisde van die wegen
En weet dat alles daaruit is ontstaan.

Kobayashi Issa

ZES HAIKU'S

Een vlinder fladdert
en ik voel hoezeer uit stof
ik geschapen ben.

Nieuwjaarsgeschenken;
ook de baby aan de borst
steekt twee handjes uit.

De grote Boeddha!
– uit zijn ene neusgat komt
een zwaluw vliegen.

Boe, boe, boe-oe-oe
dan stapt uit die dikke mist
een koe tevoorschijn.

In deze wereld
zingen sommige muggen
mooier dan andere.

Die oude pijnboom!
hij is nog lang geen Boeddha,
maar heerlijk droomt hij.

Odysséas Elýtis

DE KLEINE ZEEMAN XXVII

Het heeft lang geduurd voor ik begreep wat bescheidenheid betekent en dat is de schuld van hen die mij geleerd hebben haar lijnrecht tegenover trots te plaatsen. Je moet het idee van het bestaan in je temmen om het te kunnen begrijpen.

Op een dag dat ik me door alles in de steek gelaten voelde en ik langzaam een groot verdriet op mijn ziel voelde neerdalen, trok ik, onder het wandelen, door de velden zonder redding, een tak van een onbekende struik. Ik brak hem af en bracht hem naar mijn bovenlip. Onmiddellijk begreep ik dat de mens onschuldig is. Ik heb het in die van waarheid wrange geur zo intens ontdekt dat ik zijn weg begon te volgen met de lichte tred en het hart van een zendeling. Totdat ik me, op grote diepte, uiteindelijk bewust werd dat alle godsdiensten leugens verkondigen.

Nee, het Paradijs was geen nostalgie. Noch, veeleer, een beloning. Het was een recht.

Lucian Blaga

STILTE

Zo diep is de stilte om me heen dat ik op de ruiten
het tikken van de manestralen lijk te horen.

In mijn boezem
is een zonderlinge stem ontwaakt
en in mij zingt die een leed uit dat mij vreemd is.

Men zegt dat voortijdig gestorven voorouders
– hun aderen nog gezwollen van jong bloed,
hun bloed kolkend van felle passies,
hun passies verhit door een gloeiende zon –
in ons terugkeren
om in ons
hun ongeleefde leven voort te zetten.

Zo diep is de stilte om me heen dat ik op de ruiten
het tikken van de manestralen lijk te horen.

O, wie weet, mijn ziel, in wiens boezem
ook jij ooit over de eeuwen heen
op de zachte snaren van de stilte
op de harp van de duisternis je onderdrukte leed
en gebroken levenslust uit zult zingen? Wie weet? Wie weet?

Gerard Manley Hopkins

DE GEWOONTE VAN VOLMAAKTHEID

Verkozen stilte, zing tot mij
en klop op mijn gedraaide oor,
fluit mij naar weiden stil, wees
de muziek die ik graag hoor.

Lippen, vorm niets; wees lieflijk-stom:
't is het geslotene, de spertijd
waaruit de overgave komt,
dat leidt tot uw welsprekendheid.

Wees, oog, bedekt met dubbel-donker
en vind het ongeschapen licht:
het bont gehaspel dat ge ziet
verwart en tart het simpel zicht.

Gehemelte, vol smaak en lust,
wens niet dat ge het spoelt met wijn:
de kan moet zoet, de korst zo vers
in goddelijke vasten zijn!

Neusgaten, zorgeloze adem die ge
aan 't trotse onderhoud verstrekt,
welk een genot komt van de wierook
die door het heiligdom heen trekt!

O sleutelbloemgevoel van handen, voeten
die naar het veren van de grasmat talen,
ge zult de gouden straat op lopen
en God wegbergen en tevoorschijn halen.

En, Armoede, zijt gij de bruid
en nu de bruiloft is begonnen,
schenk aan uw genade 't leliekleurig kleed
dat niet gemaakt is noch gesponnen.

Met een vinger wijst men naar de maan
en door de maan onderscheidt men de vinger.
Deze maan en deze vinger
zijn niet hetzelfde en niet verschillend.
Wil men een beginneling in Zen leiding geven,
dan gebruikt men zo'n gelijkenis.
Heeft men haar waarlijk doorgrond,
dan bestaat noch de maan noch de vinger.

Degene die het schuim ziet, verklaart het geheim,
terwijl wie de Zee ziet verbijsterd is.
Degene die het schuim ziet, neemt zich iets voor,
terwijl wie de Zee kent, zijn hart ermee verenigt.
Degene die de schuimvlokken ziet, wikt en weegt,
terwijl wie de Zee ziet, zijn bewuste wil heeft opgegeven.
Degene die de vlokken ziet, is voortdurend in beweging,
terwijl wie de Zee ziet, vrij is van huichelarij.

Yannis Ritsos

VOORTDUREND WACHTEN

We wachtten maand na maand. Altijd stond er iemand
op de uitkijk. Niets. Geen boodschapper verscheen.
Het pad lag vol stenen en doornen.
Oktober, november, december. En de lange tafel
vergeten onder de bomen. Ten slotte
kwam de opziener, zette de twaalf glazen
op de tafel. Eén ervan viel op de grond;
het lag aan scherven. Zodat ons niets overbleef
dan te wachten, opnieuw, van bij het begin.

Vasko Popa

EEN VERLOREN ROOD LAARSJE

Mijn overgrootmoeder Sultana Urošević
Zweefde door de hemel in een houten trog
En joeg op de regendragende wolken

Met wolven- en ander vet
Verrichtte zij nog vele
Grotere en kleinere wonderen

Na haar dood
Bleef zij zich bemoeien
Met de zaken van de levenden

Ze groeven haar op
Om haar manieren te leren
En haar nog dieper te begraven

Daar lag ze met haar rode koontjes
In haar eiken kist

Slechts aan een been had ze
Een rood laarsje
Met verse moddersporen

Dat andere verloren laarsje
Blijf ik zoeken tot het eind van mijn leven

Gérard de Nerval

GULDEN VERZEN | O ja! Alles is zinnelijk! *Pythagoras*

Mens, vrijdenker! Die u de enige denker acht
Op deze wereld waarin alles blaakt van leven!
Vermogens staan u ter beschikking bij uw streven,
Maar vreemd blijft het heelal aan al wat gij betracht.

Erken in ieder dier een geestelijke kracht:
Een ziel is elke bloem, aan de Natuur gegeven;
Een liefdesraadsel staat in elk metaal geschreven;
'Alles is zinnelijk!' Alles heeft u in zijn macht.

Ducht in de blinde muur een blik die u bespiedt:
Er staat in de materie zelf een woord te lezen...
Ontwijd haar met uw schaamteloze opzet niet!

Dikwijls houdt zich een God schuil in een duister wezen;
En als een oog dat onder 't ooglid is verschenen,
Groeit daar een zuivere geest onder de schors der stenen!

Allah

SOERA 24 | vers 35 uit Koran

god is het licht over hemel en aarde
zijn licht is als een lamp in een nis
een lamp in een glas
een glas van sterrenschitter
brandend aan geheiligd olijfhout
niet uit oost niet uit west
en ook al raakte vuur haar niet aan
toch vlamt de olie uit zichzelf
licht boven licht tot zijn licht
leidt god wie hij wil

John Milton

Ik zag, dacht ik, mijn jonge heilige vrouw;
  Zij was, zoals Alcestis uit het graf
  Gered door Hercules die haar hergaf
  Aan haar verheugde man, nog bleek en flauw.
Zij kwam, zoals na 't kraambed elke vrouw
  Gezuiverd door de rite, op mij af.
  Haar in de hemel die haar vrijheid gaf
  Nog eenmaal zien, is waar ik op vertrouw,
Zij in een wit gewaad, puur als haar geest,
  Gesluierd haar gelaat. Zo klaar was, dacht
  Ik, liefde, zachtheid, goedheid nooit geweest,
Was ooit meer vreugd op een gelaat gebracht.
  Maar ach, voor zij de kus gaf die geneest,
  Ontwaakte ik, en dag werd weer mijn nacht.

Maurice Maeterlinck

QUINZE CHANSONS III

Ze hebben drie meisjes gedood
Om te zien wat hun hart verhult.

Van geluk was het eerste vervuld;
En alom waar het bloed vloeide, daar
Sisten drie slangen drie jaar.

Van zachtheid was het tweede vervuld;
En alom waar het bloed vloeide, daar
Weidden drie lammeren drie jaar.

Van rampen was het derde vervuld;
En alom waar het bloed vloeide, daar
Waakten drie engelen drie jaar.

Al wat bezield is moet zijn einde vinden
Wanneer de ijle ziel het lijf verlaat:
Ik ben het lijf, jij 't part dat niet vergaat,
Waar ben je toch, o ziel mijn teerbeminde?

Laat mij niet dieper nog in 't niet verzwinden,
Als je me redden wilt is straks te laat.
Maak dat je lijf dit doodsgevaar doorstaat,
Laat het zijn part en wederhelft hervinden!

Maar zorg dan, Vriend, dat ons nieuw samenzijn
Een lieflijk weerzien wordt zonder venijn,
En vergezeld niet van hardvochtigheid,

Niet van chagrijn, maar van aimabele charme,
Die maakt dat stilaan jouw bekoorlijkheid,
Voorheen zo wreed, verkeert in lief erbarmen.

Volgens mij
Is God dood.
Zij die hem hebben
Mogen dat gerust.

Ik spreek niet langer
Over hem;
Ik roep zijn naam niet meer.
Wij maaiden elkaar neer.

Ik prees hem.
Ik vervloekte hem.
Het was alles een
Groot gedoe.

Nu blijf ik
Rustig.
Ik leef
Mijn eigen leven.

Victor Hugo

MORS

Ik zag die maaimachine. Ze stond daar op het veld.
Ze graaide en ze maaide met een immens geweld,
Een zwart geraamte dat de schemer liet verstrijken.
Een man stond naar het schijnsel van de zeis te kijken
Vanop een plek waar alles, lijkt het, wijkt en trilt.
En menig triomfator valt van zijn ereschild.
En Babylonië verandert in woestijnen,
De kinderen in vogels terwijl de rozen kwijnen,
De troon in een schavot en het schavot in troon,
Het goud in as, en moederogen in een stroom.
De vrouwen schreeuwden: – Geef terug, dit kleine wezen.
Waarom werd het geboren, slechts om de dood te vrezen? –
Het was een snik op aarde maar, omhoog, omlaag.
Uit zwarte bedden kwamen knoken en geklaag.
Een ijselijke wind deed menig doodskleed suizen;
Onder de kille zeis leken de mensen muizen,
Een radeloze kudde die vlucht in duisternis;
Onder hun voeten rouw, nacht en ontsteltenis.
Daarachter, terwijl zachte stralen hem omranden,
Een engel met een ruiker zielen in zijn handen.

Hermann Hesse

LEVEN VAN EEN BLOEM

Vanuit een bladkring, schuchter als een kind,
Waagt zij het amper om zich heen te speuren,
Weet zij zich door een golf van licht omringd,
Vat niet hoe dag en zomer blauwer kleuren.

Wind, vlinders en het licht lokken haar aan;
Glimlachend voor het eerst toont zij het leven
Haar bange hart en leert zich overgeven
Aan drommen dromen van een kort bestaan.

Nu lacht zij honderduit, haar kleuren gloeien,
Goud zwelt het stuifmeel in de helmknop al;
Zij leert hoe zwoele middagzon kan schroeien,
Moe neigt zij naar het loof bij avondval.

Haar kelk gelijkt een rijpe vrouwenmond
Die trilt wanneer ze aan de tijd gaat denken,
Die lacht hoewel reeds op de achtergrond
Verzadiging en bitter einde wenken.

Verschrompeld nu, gerafeld en verschoten
Gaan blaadjes moe over de zaadrok hangen
En worden huiveringwekkend vaal: het grote
Mysterie houdt de stervende omvangen.

John Donne

HEILIGE SONNETTEN 2

Dood, wees niet trots, al word je soms door velen
verschrikkelijk genoemd, je hebt geen macht,
want alle levens die je denkt te stelen,
die blijven, arme Dood, wat jij ook dacht.

Als rust en slaap, die ik met jou moest delen,
reeds heilzaam zijn, met welk een pracht
zal dan de slaap die komt ons kunnen helen,
rust voor je lijf, je ziel omhoog gebracht.

Voor kans en koningsmacht ben jij de man,
vergif en oorlog, ziekte en gebrek,
drugs en hypnose werken ook niet gek
en beter nog dan jij. Wat praal je dan?
Als na een korte slaap wij eeuwig leven erven,
sta jij toch machteloos. De Dood zal sterven.

Francis Quarles

ZACHEÜS

Ik kan haast zien met hoeveel haast hij wel
klom in de boom, Zacheüs. Maar hoe snel,
hoe bliksemsnel, stel je dat voor, schoot hij
omlaag toen Jezus riep en kwam nabij.
Hij keek niet of de takken wel gezond
of rot waren, hoe ver 't was van de grond.
Hij vreesde geen gevaar. Wie voor de val
vreest bij zo'n roep, die waagt ook niet met al.
Omlaag moest hij, door zulk een geest gedreven,
en als hij viel, dan recht in 't eeuwig leven.
Als uit de boom getuimeld leek hij wel.
Geen aangeschoten vogel valt zo snel.

Djalāl al-Dīn Muhammad Rūmī

VIER GEDICHTEN OP DE NACHT

1.
Deze nacht is grenzeloos gul.
Dit is geen nacht maar een huwelijk,
twee verenigd in bed die dezelfde woorden fluisteren.
Duisternis laat er gewoon een doek over vallen.

2.
Een nacht vol pijnlijke woorden,
mijn ergste verzwegen geheimen: alles
heeft met beminnen en niet beminnen te maken.
Deze nacht gaat voorbij.
Dan moeten wij aan het werk.

3.
De nacht komt zodat de mensen kunnen slapen
als vissen in zwart water. Dan dag.

Sommige mensen nemen hun gereedschap.
Anderen worden het maken zelf.

4.
Binnen in het water draait een waterwiel.
Een ster cirkelt rond met de maan.

We leven in de nachtoceaan en vragen ons af,
Wat zijn deze lichten?

Weet je nog hoe het water droomde
In onze slaperige baai,
Toen er in linie binnenstoomden
En langzaam meerden aan de kaai

Vier grijze schepen? Mateloze
Beroering, onrust brachten zij,
Gebruinde, lachende matrozen
Gingen ons achteloos voorbij.

Groots en verlokkend werd het leven…
Toen zijn de schepen weggegaan.
Ze wendden alle vier de steven
De nacht in, naar de oceaan.

En alles werd weer als tevoren,
De vuurbaak zond vermoeid zijn straal
Over de zee. De semaforen
Gaven een allerlaatst signaal.

Hoe weinig heeft een kind van node:
Wat waren jij en ik verblijd
Met al wat ons werd aangeboden,
Zelfs met de kleinste nieuwigheid.

Vind in een zakmes jaren later
Per ongeluk een korrel zand,
En weer is daar het wijde water
En het betoverende strand.

DIEREN

IK HEB MET EEN GEIT GEPRAAT

DE ALBATROS

De leden der bemanning vangen op de boten
vaak albatrossen en verdrijven zo de tijd
met deze wijdgewiekte lome reisgenoten
die 't zeilschip volgen dat op zilte diepten glijdt.

Eenmaal aan dek gestald, nadat hij is gegrepen,
laat deze vorst van het azuur beschaamd en plomp
zijn brede witte vlerken deerniswekkend slepen
als werkeloze riemen, hangend langs de romp.

Die hemelvaarder wekt een lachen en ontstellen!
Wat is hij log en lomp die eerst zo sierlijk was!
De een reikt met zijn smoelenschroeier, om te kwellen,
de ander aapt de kranke na met manke pas!

De Dichter lijkt die prins der hoogste regionen
die elke schutter tart en rijdt op de orkaan;
verbannen aan de grond, waar bek en vuilbek wonen,
kan hij door reuzenvleugels amper staan of gaan.

Charles Baudelaire

Jean de La Fontaine

DE RAAF EN DE VOS

Meester raaf zat in een eikeboom.
Hij klemde in zijn bek een heerlijk brokje Gouda.
Meester vos, gelokt door deze droom
Van geur, keek op en sprak: 'Doctor honoris causa,
U met uw wijs en alziend oog
En met uw glanzend zwarte toog,
Als ook uw stemorgaan zo mooi is als uw veren
Dan moet toch ieder dier u als een feniks eren!'
Meester raaf, ontroerd door zoveel eer,
Wipte van tak tot tak en boog zich wat naar voren,
Keek toen trots over zijn snavel neer
Op meester vos en om zijn stem te laten horen
Gaapte hij met zijn bek héél wijd.
Maar ja, de kaas was hij toen kwijt.
Hij hapte er nog naar, keek treurig naar beneden.
De vos pakte zijn prooi en fleemde toen tevreden:
'Denk eraan, mijn waarde heer,
Elke vleier schenkt zijn eer
Aan door 't lot verwende vrinden,
Die zichzelf belangrijk vinden.
Deze wijze les, helaas,
Kost u wel dit brokje kaas!'
Beschaamd verborg de raaf zich in de eiketakken
En kraste toen wat laat: 'Mij zul je niet meer pakken!'

Cesare Pavese

DE GOD-BOK

Het platteland is een gebied van groene geheimen
voor de jongen die er 's zomers komt. Als de geit bepaalde
bloemen vreet, zwelt haar buik en moet ze hard gaan rennen.
Als een man plezier heeft gemaakt met een meisje
– ze hebben haren daar beneden – zwelt haar buik op van het kind.
Als ze de geiten weiden, doen ze stoer en ze grijnzen,
maar in de schemering begint iedereen over zijn schouder te kijken.
De jongens weten het als de ringslang is langsgekomen
aan het kronkelende spoor dat achterblijft in de aarde.
Maar niemand weet het als de ringslang langskomt
door het gras. Het zijn de geiten die stil blijven staan
boven de ringslang in het gras en het lekker vinden hem te zogen.
De meisjes vinden het ook lekker als je aan ze zit.

Als de maan opkomt blijven de geiten niet meer rustig staan,
maar moet je ze verzamelen en naar huis drijven,
anders richt de grote bok zich op. Springend door de wei
stoot hij alle geiten zijn horens in de buik en verdwijnt. Hitsige meisjes
komen alleen naar het bos, in de nacht,
en als ze kreunen, languit in het gras, weet de bok ze te vinden.
Maar komt de maan op, dan richt hij zich op en stoot ze in de buik.
En de teven, die blaffen in het licht van de maan,
omdat ze hebben gehoord hoe de bok springt
op de heuveltoppen en de bloedgeur hebben geroken.
En de dieren rillen in de stallen.
Alleen de sterkste hofhonden knauwen aan hun touw
en een paar komen los en rennen achter de bok aan,
die ze besproeit en bezat met een bloed nog roder dan vuur,
en dan dansen ze allemaal, rechtop en jankend tegen de maan.

Wanneer als het dag wordt de hofhond knorrig en kaalgeplukt terugkomt,
nemen de boeren hem te pakken en trappen hem van achteren.
En de dochter die 's avonds rondzwerft, en de jongens die terugkomen
als het donker is, en een geit kwijt zijn, die krijgen op hun donder.
Ze dekken hun vrouwen, de boeren, en zwoegen zonder respect.
Dag en nacht gaan ze op pad en ze zijn niet bang
om in het maanlicht hun grond om te spitten en een vuur
van onkruid te maken in het donker. Daarom is de aarde
zo mooi groen en heeft ze, omgespit, bij de dageraad,
de kleur van de verschroeide gezichten. Ze gaan naar de wijnoogst
en ze eten en zingen; ze gaan de maïs uitsnijden
en ze dansen en ze drinken. Je hoort meisjes lachen
omdat iemand het over de bok heeft. Boven op de top, in de bossen,
langs de stenige hellingen hebben de boeren hem gezien,
op zoek naar de geit zijn horens in de boomstammen stotend.
Want als een beest niet kan werken en alleen
voor de fok wordt gehouden, maakt het graag dingen kapot.

Joachim du Bellay

Heer, ik verzeker u dat ik niets méér veracht
Dan de apen van het hof, die naast langdurig gapen
Slechts trachten dribbelend de prinsen na te apen,
Zich kledend zoals zij, in prinselijke pracht,

Die schaterend meelachen wanneer hun meester lacht;
Liegt hij, zij zeggen niets, want zwijgen is hun wapen,
Nog liever zagen zij, opdat hij zacht zal slapen,
De maan in 't middaguur, de zon om middernacht.

Wanneer zij iemand zien die gunstig wordt ontvangen,
Ze vleien hem, maar 't liefst nog zagen ze hem hangen;
Ontvangt hun heer hem koel, ze zien niet naar hem om.

Er is één ding waarmee ze mij het meest ontstichten:
In 't bijzijn van de vorst, met huichelende gezichten,
Lachen ze altijd maar, en weten niet waarom.

Umberto Saba

DE GEIT

Ik heb met een geit gepraat.
Natgeregend en verlaten,
vastgebonden, moegegraasd,
stond ze in een wei te blaten.

Dat toonloze gemekker was verwant
met mijn verdriet. En ik mekkerde terug,
eerst voor de grap en dan omdat verdriet oneindig is,
één stem heeft, onveranderd blijft, altijd.
Die stem hoorde ik klagen
in een godverlaten geit.

In een geit met semitisch gelaat
hoorde ik 't gekerm van ieder ander leven,
ieder ander kwaad.

César Vallejo

VERDRIECHT LXI

Vannacht stap ik van m'n paard,
voor de deur van het huis, waar
ik vertrok bij het kraaien van de haan.
Zij is gesloten en niemand antwoordt.

De stenen bank waarop moeder beviel
van mijn grote broer, opdat hij zadele
ruggen die ik ongezadeld had bestegen,
langs straten en hekken, dorpskind;
de stenen bank waar ik mijn verdrietige
kindertijd in de zon liet vergelen... En die rouw
die de voorgevel omlijst?

God in de vreemde vrede
niest, alsof ook hij roepende is, de lomperik;
hij snuift, stampend op het plaveisel. Dan twijfelt hij,
hinnikt,
spitst het oor naar lijzig oor.

Vader waakt vast biddend, en misschien
zal hij denken ik was wat laat.
De zusters, neuriënd hun simpele
illusies, lawaaierig,
bij het werk voor het feest dat nadert,
en er is bijna niets meer tekort.
Ik wacht, ik wacht, mijn hart
een ei op zijn tijd, dat verstopt geraakt.

Kroostrijke familie die wij zojuist
verlieten, niemand wakker vandaag, en geen kaars
op het altaar gezet opdat wij zouden terugkomen.

Ik roep nog eens, en niets.
Wij zwijgen en beginnen te snikken, en het dier
hinnikt, hinnikt nog meer.

Allen zijn voor altijd aan het slapen,
alles zo kits, dat mijn paard uiteindelijk
begint te knikkebollen van vermoeid
op zijn beurt, en dommelend, instemmend, zegt
dat het goed is, dat alles zeer goed is.

Hesiodos

DE HAVIK EN DE NACHTEGAAL

Nu wil ik aan de vorsten een verhaal vertellen,
hoewel zij zelf ook inzicht hebben. Zo sprak eens
de havik tot de nachtegaal met bonte hals,
haar hoog tot in de wolken voerend, stevig in
zijn klauwen vastgeklemd, terwijl ze erbarmelijk huilde,
omdat de kromme klauwen rondom in haar drongen.
Tot haar sprak streng de havik: 'Dwaas, wat krijs je dreigend?
Een die veel sterker is heeft jou nu in zijn macht!
Je gaat waar ik je breng, al ben je ook een zanger;
ik eet je op of laat je vrij, naar mijn believen.
Dwaas is wie zich met hen die sterker zijn wil meten!
Want winnen kan hij niet en zijn vernedering
bezorgt hem ook nog smarten.' Zo dus sprak de havik,
de vogel met zijn snelle vlucht en brede wiekslag.

Abū Firās

JAMMERKLACHTEN

Ach, in het woud zingt in de vroege morgen
een duif een droevig liedje, heel zwaarmoedig.
Zij zoekt de doffer waar ze was geborgen,
maar die is heengevlogen, al te spoedig.

En door het luide roepen van haar zorgen
voel ik mijn eigen smarten overvloedig.
Ik slaap niet in, nu haar de klachten worgen;
zij kan niet slapen, want ik jammer bloedig.

Ik weeklaag wel, maar zij begrijpt het niet.
Zij weeklaagt ook, maar van de zin van 't lied
ontgaat mij toch de diepere bedoeling.

Mensen en duiven krijgen moeilijk voeling.
Ik kan slechts merken dat zij lijden moet,
en enkel dat ik lijd, voelt zij heel goed.

Bai Juyi

'S NACHTS KRIJST EEN KRAAI

Laat keert hij terug over de muur, naar
zijn gevaarlijke slaapplaats in de tuin.
Op de bladerloze boom, wit van maanlicht,
bedekt glibberige rijp de zwiepende takken.
Van honger schor krijst hij met schrale keel.
Laag vliegt hij aan met vleugels zwaar van ijs.

In de fraaie zaal zitten de papegaaien
onwetend van wat koude is, of warmte.

Ibn al-Hammarah

INSOMNIA

Toen de vogel van de slaap
zich wou nestelen
in mijn oog

zag hij mijn wimpers
en bang voor het vangnet
vloog hij weg.

Ivan Andrejevitsj Krylov

DE AAP EN DE BRIL

De aap zijn ogen werden zwakker met de jaren;
Hij hoorde echter mensen vaak verklaren
Dat dat geen ramp was, want je hoefde maar
Een bril te kopen en dan was je klaar.
Hij kocht meteen zo'n zeven exemplaren;
Hij zit ermee te draaien in zijn hand,
Probeert ze op zijn kruin en op zijn staart te schuiven,
Hij ruikt eraan, begint erop te kluiven –
Maar nee, ze werken van geen kant.
'Verduiveld!' roept hij uit, 'Wat irritant,
Wie luistert naar de mens heeft geen verstand:
Ze hebben me gewoon wat voorgelogen;
Je hebt er helemaal geen donder aan.'
En in zijn woede en zijn onvermogen
Begon hij met de brillen op een steen te slaan,
Zodat de scherven in de rondte vlogen.

Helaas is dit ook bij de mens vaak het geval:
Als hij de waarde ergens niet van kent is hij veelal
Geneigd om het gebodene te laken;
En als hij ook nog aanzien heeft, dan zal
Hij vast zijn best doen het geheel te kraken.

Konstantin Dmitrijevitsj Balmont

REGEN

Rondom me ritselden de muizen,
Het huis sliep, leek wel doodgegaan.
En buiten bleef de regen ruisen
En strepen trekken langs het raam.

De regen leek niet aan te dringen.
De slinger ging maar heen en weer.
Onmachtig, leeg en moe van binnen
Herkende ik mezelf niet meer.

'k Ging in de zware stilte onder,
Was er geheel in opgegaan.
Ik werd het avondlijke donker,
Vergeten en tekort gedaan.

Voortvarend als een gravendelver
En monter als een kakkerlak
Herhaalde in de wand een kever
Aan één stuk door: tiktak, tiktak.

Geen rust het kevertje zich gunde,
Zijn hamertje sloeg een refrein:
Een serie minuscule punten,
Die het begin van alles zijn.

En in de stilte ingekomen
Bezwoeren menig-, menigwerf
Maar ingetogen de atomen
Van deze melodie mij: Sterf!

En ik, een dode, al gestorven,
Lijkwit als een gedoofde kaars,
Vernam verkondigende woorden
Die op mij wogen als iets zwaars.

En zachtjes tot zichzelve fluistrend
Zei iemand lispelend mijn naam,
En buiten bleef de regen ruisend
Z'n strepen trekken langs het raam.

Nikolaj Stepanovitsj Goemiljov

DE GIRAFFE

Je ogen zijn droever...een ándere droefheid...vandaag,
En brozer je armen, zo broos om je benen gerond...
Maar luister: ver, ver hiervandaan, aan de rand van het Tsjaad-
Meer zwerft het giraffedier rond.

Vol gratie, zo rank van gestalte, een weelde zo teer,
Zijn huid is met prachtige tovermotieven versierd,
De maan alleen waagt het zich daarmee te meten, wanneer
Zij fonkelend, sprankelend op wijde wateren wiegt.

Van verre lijkt hij op een bontgekleurd zeilschip, hij zweeft
En leven-en-lust van een vogelvlucht ligt in zijn gang,
Ik weet dat de aarde een wonder van schoonheid beleeft
Wanneer hij zijn marmeren grot zoekt bij zonsondergang.

Ik ken ook het spannende sprookje dat speelt in een land,
Gehuld in geheimen – van hartstocht, een jong opperhoofd,
De Zwarte Maagd... Jij hebt de loodgrijze nevel te lang
Geademd, aan niets dan de regen schenk jij nog geloof.

En hoe zal ik jou dan vertellen waar dromengeur waait,
In tuinen met palmbomen onder de tropische zon?...
Maar huil je? Kom, luister, ver, ver hiervandaan, bij het Tsjaad-
Meer zwerft het giraffedier rond.

Thomas Hardy

DE BLINDGEMAAKTE VOGEL

Waarom zing je zo vurig en schoon?
O de schande je aangedaan.
Dat God dat heeft toegestaan!
Nog voor je zelfs vliegen kon
Verblind door de gloeiende naald.
De nacht is voorgoed gedaald
En toch zing je zo vurig schoon!

En koestert geen wrok, geen nijd
Nu de pijn vergeten is
En zingt in de duisternis
Van eeuwige eenzaamheid
Na die steek van flitsend vuur,
En zingt zo zalig en puur
En koestert geen wrok, geen nijd.

Wie heeft liefde? Dit dier.
Wie lijdt en is welgezind,
Wie wordt niet verbitterd, schoon blind,
Schoon levend begraven schier?
Wie hoopt en verdraagt ieder ding?
Wie denkt er geen kwaad, maar zingt?
Wie rust er in God? Dit dier.

Aloysius Bertrand

HET DODE PAARD

De vilplaats! en links, onder zoden van spurrie en klaver, kerkhofgraven; rechts de galg met zijn hangkoord, die de voorbijgangers om een aalmoes vraagt, als een eenarmige bedelaar.

Hij hier, gisteren doodgemaakt, de wolven hebben hem het nekvlees in zulke lange repen stukgereten, dat je zou zeggen, dat hij nog voor de cavalcade opgesierd was, met een toef rode linten.

Iedere nacht, zodra het maanlicht de hemel zal doen verbleken, zal dat karkas de lucht invliegen met schrijlings een toverheks erop, die het met haar puntige hielknoken de sporen zal geven, terwijl de vrieswind in het orgel van zijn holle flanken blaast.

En als er op dat stille uur een slapeloos oog mocht wezen, wijdopen in een grafkuil van de dodenakker, dan zal het zich dadelijk weer sluiten, uit vrees om een spook tussen de sterren te zien.

De maan zelf ook al, één oog dichtgeknepen, knipt alleen nog maar met het andere, om als een dobberende vetpot de hond bij te lichten, die, magere vagebond, het water van een vijver lept.

Francis Ponge

DE OESTER

De oester, zo groot als een gemiddelde kei, ziet er ruiger uit, minder egaal van kleur, schitterend gebleekt. Het is een halsstarrig gesloten wereld. Toch kun je die openmaken: je moet haar dan in een doekje vasthouden, een gekarteld en niet erg veilig mes gebruiken en het verschillende malen opnieuw proberen. Nieuwsgierige vingers halen zich eraan open, breken hun nagels erop: het is een grof karweitje. De slagen die je haar toebrengt laten op haar omhulsel witte rondjes achter, een soort halo's.

Binnenin gaat er een wereld voor je open, om te eten en te drinken: onder een firmament (om precies te zijn) van parelmoer zakt het bovenste uitspansel in elkaar op het onderste uitspansel, om niet meer dan een poel te vormen, een slijmerig en groenachtig zakje, dat zichtbaar en geurend heen en weer vloeit, omboord met een zwartachtig kant langs de randen.

Soms, heel zelden, parelt een formule in hun parelmoeren keel, waarmee men zich dadelijk weet te tooien.

In de wildernis ligt het hert dood,
dat wordt met wit riet afgedekt.
Er is een meisje met de lome lente in haar hart
en een mooie heer die haar verleidt.

In het bos staan lage struiken,
in de wildernis ligt het hert dood,
dat wordt met wit riet ingepakt.
Er is een meisje puur als kwarts.

Rustig maar, voorzichtig,
kalm aan met mijn ceintuur,
laat de hond niet blaffen.

Joan Maragall

DE BLINDE KOE

Ze bonkt met haar kop tegen deze of gene stronk
en hijgt, terwijl ze naar het water gaat,
zo helemaal alleen, de koe. Z' is blind.
De jongen nam haar 't ene oog toen hij
de steen iets te zeker wierp; en over 't ander
groeide langzaam dat vlies: z' is blind, de koe.
Als vroeger gaat ze drinken aan de bron,
maar niet zo zeker meer ter been als toen,
en om de anderen geeft ze niet: ze gaat alleen.
De anderen doen rakelings de ravijnen langs,
de helling op, en de stilte van de oevers en de wei
terwijl de schellen maar gaan, en ze grazen
in 't wilde weg. Zij echter zou vallen.
Dan bonkt haar muil tegen de trog.
Ze trekt terug, beledigd, en keert dan weer,
buigt de kop naar 't water toe, en drinkt, zomaar.
Weinig, bijna zonder zin, zo drinkt ze. Dan gooit
ze 't gehoornde, enorme hoofd omhoog
met een grote en tragische zwaai, sluit even
de schelen over de dode ogen, en gaat dan
de weg terug, terwijl de zon, zonder het licht ervan,
maar brandt, en ze waggelt over de weg die ze nog weet,
en zwaait met de staart die lang is en lusteloos.

Théophile de Viau

ODE

Ik hoor vóór mij gekras van raven,
Een schim komt voor mijn ogen staan,
Twee wezels en twee vossen gaan
Dwars over 't bospad waar wij draven,
Mijn paard stuikt en beweegt niet meer,
Mijn dienaar valt stuiptrekkend neer,
Een bliksem doet de hemel splijten,
Een hellegeest verschijnt aan mij
En Charon roept me naderbij,
Ik zie de aardbol openrijten.

De beek gaat naar zijn oorsprong lopen,
Een trekos klimt een toren in,
Een adder paart met een berin,
Uit deze rots komt bloed gedropen;
Hoog op het oude belfort daar
Verslindt een slang een adelaar,
Uit ijs zie ik een vuurzee stromen,
De zon is als een zwarte bal,
Ik zie de maan die vallen zal,
Die boom is van zijn plaats gekomen.

Torquato Tasso

DE KATTEN VAN SINT-ANNA

Zoals de man die 's nachts aan 't scheepsroer staat,
terwijl de oceaan door storm bewogen
brullend wordt opgezweept en meegezogen,
zijn blikken doodvermoeid ten hemel slaat,

net zo richt ik me, o kat, in deze staat
van blinde rampspoed naar jouw heilige ogen,
die mij als 't poolgesternte in den hoge
zowel lichtbaken zijn als toeverlaat.

Och, daar is nóg een katje, 't lijkt nu wel
de Grote en de Kleine Beer. O fijne, goede,
dierbare poezen, lampen van mijn cel,

dat God jullie voor stokslagen behoede
en voeden mag met melk en vlees! O lichten,
blijf mij nabij en help mij bij dit dichten!

Edgar Allan Poe

DE RAAF

Wie op sombre winternachten, diep verzonken in gedachten,
Lezend over duistre machten uit een tijdperk van weleer,
Knikkebollend, wil gaan stoppen – ogen geven 't lezen op – en
Wie dan meent te horen kloppen, zachtjes kloppen, zeven keer,
Denkt: 't is een bezoeker, laat nog, zachtjes kloppend, zeven keer.
  Dat is wat het is. Niet meer.

De midwinterwinden woeien toen 'k mijn voeten voelde schroeien
Aan de haard die in zijn gloeien enge schijnsels wierp terneer.
Hoe verbeidde ik de morgen. 'k Had mijn boek juist weggeborgen:
Geen verlichting voor mijn zorgen – Leonoor kwam telkens weer
Voor mijn geest, mijn dierbre dode. Leonoor kwam telkens weer.
  Hier kent men haar naam niet meer.

't Ritselend nerveuze deinen van de purperen gordijnen
Had mijn krachten ondermijnd en 'k huiverde als nooit weleer.
Als een riet stond ik te beven. Om mij iets van rust te geven
Blufte ik luid: iemand wil even schuilen in dit hondenweer.
Een verlate gast wil even schuilen in dit hondenweer.
  Dat is wat ik hoor. Niet meer.

Langzaam kwam ik weer op krachten, baas weer over mijn gedachten.
'Vreselijk, ik liet u wachten, lieve dame, of mijnheer,
'k Gaf het lezen al haast op en was van plan ermee te stoppen
Toen ik zachtjes hoorde kloppen, zachtjes kloppen, zeven keer.
'k Was niet zeker maar nu wel, dus treedt u binnen. Wat een eer.'
  Duisternis alom. Niet meer.

In het duister: diepe lagen, dieper dan ik kon verdragen,
Visioenen, flarden, vlagen. Niemand droomde dit ooit eer.
En de stilte, als van spoken, bleef van tong of taal verstoken
Tot er fluisterend werd gesproken: 'Leonoor'. Door mij. Een keer.
Uit de verte klonk een echo: 'Leonoor' als tegenkeer.
  Dit alleen. Dit ja. Niet meer.

Juist wil ik mij hierin schikken, voel ik weer mijn knieën knikken
Want ik hoor nu weer getik en feller dan de voorge keer.
Is 't een luikje soms, dat rammelt? Hoe de boel hier zo vergammelt
Dat de raambedekking schrammelt. Zie, hoe ik die geest bezweer.
Zwijg, o rikketik van mij, en zie hoe ik die geest bezweer.
 't Is de wind die plaagt. Niks meer.

Kloek doe ik het luikje open. Wiekend nog komt aangelopen,
Statig stappend, bek halfopen, 'n Raaf, uit fabels van weleer.
Zonder aarzeling of tadel, zittend in het nobel zadel
Van de allerhoogste adel, strijkt hij op mijn deurpost neer.
Strijkt hij op het beeld van Pallas, pal boven mijn deurpost neer.
 Strijkt en zit en niks, niks meer.

Raaf met ebbenzwarte veren deed mijn smart in vreugd verkeren.
Een gezant van hoger sferen: een gevederd kamerheer.
'Is uw kruin dan kortgeschoren, heldenmoed u aangeboren,
Uit het schimmenrijk verkoren, daalt gij uit de nachtkust neer?
Noem uw hoge naam, bij Pluto, dalend uit de nachtkust neer.'
 Sprak de vogel: 'Nimmermeer.'

'k Hoefde niet mijn hoofd te breken. Wat hij zei begreep een leek en
't Beest had groot gemak van spreken. Strekt de tekst *hem* niet tot eer,
Ik maak vele schele ogen nu ik onverwachts kan bogen
Op een deurpostbeeld, bevlogen door een ravenzwarte heer.
Op het borstbeeld van de deurpost zit een ravenzwarte heer
 Die de naam draagt: Nimmermeer.

En de Raaf, zo hooggezeten, had zijn woordenschat versleten,
Uitgestort naar beste weten, had zijn ziel geleegd, niet meer.
Vredig zat hij in het duister, in de nis als in een kluister,
Luisterend naar mijn gefluister: 'Mijn geliefde vlood al eer.
Morgen vliegt gij weg, mijn vogel. Zo vervloog mijn hoop weleer.'
 Zei de vogel: 'Nimmermeer'.

Door dit woord, ad rem gesproken, was mijn geloof in hem gebroken.
Had hij 't woord niet opgedoken bij een ongelukkig heer
Die zijn leven liet verknallen en die, in de goot gevallen,
Dronken, slechts een lied kon lallen over neergang zonder keer?
Lijkzang van bedrogen hoop: een neergang zonder ommekeer.
  Ofwel: nimmer, nimmermeer.

Raaf met ebbenzwarte veren deed mijn smart in vreugd verkeren.
'k Zette een fauteuil, een leren, bij mijn nieuwe huisvriend neer.
Door te gokken en te gissen, 't leggen van verbintenissen,
Wilde ik zien uit te vissen wat mijn ravenzwarte heer,
Wat die barse, stuurse, steile, straffe, ravenzwarte heer
  Meende, krassend: 'Nimmermeer?'

Kon ik het maar achterhalen maar 'k vermocht niet in te dalen
In de vogel die zijn stalen ogen in mij boorde, als een speer.
'k Zat te midden van de tover en ik leunde achterover
Op een kussen goudgeloverd, goudgeloverd en van leer.
Op dat kussen goudgeloverd, goudgeloverd en van leer
  Leunt mijn liefste nimmermeer!

'k Voelde d' atmosfeer verdichten, geuren kwamen mij ontwrichten,
Kristallijnen toverlichten daalden voor mijn voeten neer.
Engelen, door God gezonden, zalving van mijn zielewonden
Opdat ik vergeten kon het beeld van Leonoor, zo teer.
Met vergetelgeuren wissen: 't beeld van Leonoor, zo teer.
  Sprak de vogel: 'Nimmermeer.'

'Monsterlijke onheilsbode, veren demon die ik noodde,
Vriend van Satan of een blode die een stormwind wierp terneer,
Desolaat maar ongebroken op mijn bange huis gedoken
Dat door leed is opgebroken, zeg me eerlijk, zwarte heer,
Zeg mij, zeg mij, wacht mij ooit vertroosting, zwarte heer?'
  Sprak de vogel: 'Nimmermeer.'

‘Monsterlijke onheilsbode, veren demon die ik noodde,
Ongevallig aan mijn Gode, aan mijn eigen Lieve Heer,
Zeg een mens die diep moet rouwen of hij ooit zijn hoop mag bouwen
Op het weerzien van zijn trouwe Leonoor bij ’t englenheir?
Met mijn liefste aller vrouwen: Leonoor bij ’t englenheir?’
    Sprak de vogel: ‘Nimmermeer.’

‘Dit is het signaal tot scheiden, boze vogel. Jou verbeiden
Ze in de hel, dus moet jij glijden in die zwavelpoel terneer.
Laat vooral geen zwarte veren ter herinnering aan het zeer en
Stoor mijn eenzaamheid niet, keer en ’k duld je aan mijn deur niet meer.
Trek je snavel uit mijn hart. Vertoon je aan mijn deur niet meer.’
    Sprak de vogel: ‘Nimmermeer.’

En de Raaf blijft rustig zitten. Zit zijn veren om te spitten.
Lijkt aan ’t Pallasbeeld te klitten. Jammer, ik heb geen verweer.
En zijn ogen hebben alles van een demon, niets van Pallas.
Door het kaarslicht schiet nogal ’s Ravenschaduw heen en weer
En mijn ziel, die in die schaduw op de grond drijft heen en weer,
    Die verheft zich – nimmermeer!

Feng Zhi

JONGE HONDJES

Een halve maand achtereen heeft het geregend,
sinds de geboorte kenden jullie alleen
somberte, nattigheid,
tot op een dag plotseling de regenwolken

uiteendreven en de zon de hele muur bescheen.
Ik zag dat jullie moeder met haar bek
jullie naar het zonlicht droeg, zodat jullie
voor het eerst licht en warmte

ontvingen over het hele lichaam.
Na zonsondergang droeg zij jullie
weer terug. Jullie hebben geen herinnering,

maar deze ene ervaring zal overgaan
in toekomstig geblaf, diep in de nacht
zal in jullie blaffen licht doorklinken.

Jean de la Fontaine

DE KREKEL EN DE MIER

De krekel sjirpte dag en nacht, zo lang het zomer was,
Wijl buurvrouw mier bedrijvig op en neer kroop door 't gras.
'Ik vrolijk je wat op,' zei hij. 'Kom, luister naar mijn lied.'
Zij schudde nijdig met haar kop: 'Een mier die luiert niet!'
Toen na een tijd de vrieswind kwam, hield onze krekel op.
Geen larfje of geen sprietje meer; droef schudde hij zijn kop.
Doorkoud en hongerig kroop hij naar 't warme mierennest.
'Ach, juffrouw mier, geef alsjeblieft wat eten voor de rest
Van deze barre winter. Ik betaal met rente terug,
Nog vóór augustus, krekelwoord, en zweren doe 'k niet vlug!'
'Je weet dat ik aan niemand leen,'
Zei buurvrouw mier toen heel gemeen.
'Wat deed je toen de zon nog straalde
En ik mijn voorraad binnenhaalde?'
'Ik zong voor jou,' zei zacht de krekel.
'Daaraan heb ik als mier een hekel!
Toen zong je en nu ben je arm.
Dus dans nu maar, dan krijg je 't warm!'

Wie leeft van kunst gaat door voor gek.
Vaak lijdt hij honger en gebrek.

David Herbert Lawrence

SLANG

Op een warme dag (ik liep in pyjama wegens de hitte)
Kwam naar mijn bron een slang,
Drinken.

In de diepe, vreemd geurende schaduw van de grote donkere broodboom
Liep ik de trap af met mijn kruik
En moest wachten, ik moest daar staan en wachten,
want zij was bij de bron vóór mij.

Ze liet zich door een kloof in de aarden muur in de schaduw glijden,
Sleepte haar geelbruine zachte buik traag omlaag over de rand van de trog,
En liet haar keel rusten op de stenen bodem,
Waar waterdruppels uit de kraan een heldere kleine plas hadden gelaten
Nipte ze met haar stram muiltje,
Dronk water in haar lang lenig lijf,
In volkomen stilte.

Iemand was vóór mij aan mijn bron
En ik, als tweede, stond daar en wachtte.

Ze hield op met drinken, hief haar kop, zoals ook koeien plegen te doen,
En vaag keek ze naar waar ik stond, zoals drinkend vee pleegt te doen.
Haar gevorkte tong flitste van tussen haar lippen, even scheen ze te mijmeren, –
Ze bracht haar kop omlaag en dronk opnieuw.
Ze was bruin als de aarde, goudkleurig als het brandend binnenste van de aarde,
Op deze dag in juli op Sicilië, met in de verte van de Etna de eeuwige rookpluim.

De stem van mijn opvoeding zei:
Ze moet dood
Want de zwarte, zwarte slangen op Sicilië zijn goedaardig, de gele zijn giftig.

En stemmen in mij zegden, als je een man was
Nam je nu een stok en brak haar en maakte haar af.
Maar moet ik bekennen hoe mooi ik haar vond,
Hoe verheugd ik was nu ze als gast in alle stilte gekomen was om van
mijn bron te drinken,
En bedaard en in vrede en zonder dank zou terugkeren
Naar het brandend binnenste van de aarde?

Was ik te laf om haar te doden?
Was het perversiteit nu ik verlangde met een slang te spreken?
Was dit nederigheid nu ik me vereerd voelde?
Ik voelde me echt vereerd.

En voortdurend die stemmen
Was je niet zo bang, je maakte ze af!

En het was waar, ik was bang, erg bang.
Maar desondanks nog meer vereerd
Omdat ze mijn gastvrijheid had gezocht
Vanuit de zwarte deur van de geheime aarde.

Toen ze genoeg gedronken had
Hief ze haar kop, ietwat dromerig als iemand die, voldaan, gedronken heeft
En haar zwarte gevorkte tong flitste
Alsof ze haar lippen likte.
En ze keek om zich heen als een godin, zonder aandacht, naar de hemel,
En traag wendde ze haar kop.
Langzaam, heel langzaam, als in een diepe droom
Maakte ze met haar lijf een bocht om terug te keren naar de barst in de aarde.

En toen ze haar hoofd in die vreselijke holte bracht,
Zich traag optrok, haar schouders rustig steun gaf en verder naar binnen gleed

Overviel me een soort gruwel, iets als protest omdat ze zich terugtrok in
die afschuwelijke zwarte opening,
Bewust koos voor duisternis, bezig was haar lang lichaam mee te sleuren
in die zwarte hel.

Ik zette mijn kruik neer, zocht om me heen,
Greep een zwaar stuk hout
En gooide het naar de watertrog.

Ik geloof niet dat ik haar trof,
Maar het deel van haar dat nog zichtbaar was verdween in een flits,
alle waardigheid verloren, in de aarden muur.
Ik zag het, en gefascineerd en roerloos stond ik in de felle stilte
van dat middaguur.

Ik had spijt, onmiddellijk.
Wat een miserabel gebaar was dit, vulgair, laag.
Ik verachtte mezelf en mijn mensenopvoeding,

En ik dacht aan de albatros,
En ik wenste dat ze zou terugkeren, mijn slang,

Want ik zag haar opnieuw als een koningin
Een verbannen koningin ongekroond in haar zwarte wereld
En die nu als eerherstel opnieuw gekroond moest worden.

Zo liet ik mijn kans verloren gaan met een van de vorstinnen des levens
En ik heb iets uit te boeten:
Mijn kleinheid.

Saigyō-Hōshi

DRIE TANKA'S

Uit een boom, die staat
naast een verwilderde akker,
de stem van een duif
roepende om haar makker;
eenzame, vreselijke avond.

Daar ik zou denken
dat de werkelijkheid gewis
werkelijkheid is,
hoe kan ik dan denken dat
dromen werkelijk dromen zijn?

Zou de veldkrekel
door het dieper kleuren van
de herfst en de kou
's nachts aldoor verzwakken?
Zijn gesjirp klinkt steeds verder weg.

DOOD

ALLES WAT DOOD IS, IS WONDERBAAR EN ONUITSPREKELIJK

BALLADE TOT SLOT

Alzo besluit François Villon
zijn testament, berooid en bloot.
En hoort ge straks het carillon
ten teken dat zijn leven vlood,
kleedt u dan in een rouwkleed rood.
Want hij zweert bij zijn eigen zaad
dat liefde schuld heeft aan zijn dood,
als hij dit aards bestaan verlaat.

Dit is geen grootspraak van Villon;
Men jaagt hem voort als schobbejak.
En tussen hier en Rousillon
is elke struik en elke tak
getooid met flarden van zijn frak.
Want waar hij mint, daar zaait hij haat,
dat jaagt hem voort van dak tot dak,
tot hij dit aards bestaan verlaat.

Zo draagt hij als de dood hem haalt
wat vale vodden en niet meer...
Maar door die vodden pronkt en praalt
hoog opgericht zijn liefdesspeer,
scherp als de tong die door het leer
der degenriem zijn gaten slaat.
Daarmee snoeft hij een laatste keer
voor hij dit aards bestaan verlaat.

ENVOOI
Prins Dood, fel als een kiekendief,
hij heft het glas als laatste daad.
Hij kust de wijn, zijn trouwste lief,
als hij dit aards bestaan verlaat.

François Villon

Dylan Thomas

GA IN DIE NACHT NIET AL TE LICHT

Ga in die goede nacht niet al te licht.
De oude dag moet laaien en weerstaan;
Raas, raas tegen het sterven van het licht.

De wijze, die eens voor het duister zwicht,
Omdat zijn woord geen bliksemstraal kon slaan,
Gaat in die goede nacht niet al te licht.

De goede, na de laatste golf, wellicht
Trok hem een groene baai tot dansen aan,
Raast, raast tegen het sterven van het licht.

De woeste, die zong van de zonneschicht,
Tot ook hij leerde treuren om haar baan,
Gaat in die goede nacht niet al te licht.

De sombere, die met doods verblind gezicht
Ogen als meteoren op ziet gaan,
Raast, raast tegen het sterven van het licht.

En jij, mijn vader, die daar droevig ligt,
Vloek, zegen mij met een verbeten traan.
Ga in die goede nacht niet al te licht.
Raas, raas tegen het sterven van het licht.

Walt Whitman

VERZOENING

Woord over alles, mooi als de lucht,
Mooi dat de oorlog en al zijn bloedbaden door de tijd heen volkomen verloren worden,
Dat de handen van de zusters Dood en Nacht onophoudelijk, opnieuw en altijd opnieuw, deze bezoedelde wereld zachtjes wassen,
Want mijn vijand is dood, een man goddelijk als mezelf is dood.
Ik kijk waar hij ligt, wit en stil in zijn kist – Ik kom nader,
Buig en raak met mijn lippen lichtjes het witte gelaat in de kist.

Johann Wolfgang von Goethe

DE ELFENKONING

Wie rijdt er zo laat door nacht en wind?
Het is een vader met zijn kind.
Hij houdt de jongen vast in zijn arm,
Omklemt hem stevig en houdt hem warm. –

Waarvoor toch ben je zo bang mijn zoon? –
Voor de elfenkoning, met mantel en kroon;
Zie jij dan, vader, de elfkoning niet? –
Mijn zoon, dat is een nevelsliert. –

'Mijn liefste kind, kom mee met mij!
Zo'n leuke spelletjes spelen wij:
Vol bonte bloemen staat ons strand;
Mijn moeder kleedt ons met goud en kant.' –

Ach vader, ach vader, heb je niet gehoord
Waarmee de koning mij zachtjes bekoort? –
Wees rustig, blijf rustig, mijn kind!
In dorre bladeren ritselt de wind. –

'Ga mee met mij en leer mij kennen;
Mijn dochters zullen jou verwennen,
Ze dansen elke nacht, mijn lieve knaap,
En wiegen en zingen je daarna in slaap.'

Ach vader, ach vader, kijk ginds naast de baan:
Zie je de koning zijn dochters niet staan? –
Mijn zoon, ik zie ze helder en klaar;
Het lijken die oude grijze wilgen daar. –

'Ik hou van jou, je bent al wat nu voor mij telt;
En ben je niet willig, dan gebruik ik geweld.' –
Ach vader, ach vader, nu raakt hij me aan!
Elfkoning heeft mij pijn gedaan! –

De vader huivert, hij rijdt gezwind,
Hij houdt in zijn armen het kermende kind,
Bereikt de hoeve ternauwernood;
Het kind in zijn armen was dood.

Anoniem

VERDRIET | uit 'Gilamesj', fragment achtste tablet

Toen de ochtendschemering aanbrak,
zei Gilgamesj tegen zijn vriend:
'Enkidoe, mijn vriend,
je moeder, de gazelle, en je vader, de wilde ezel,
hebben je voortgebracht.
Vier onagers hebben je gevoed met hun melk
en het vee leerde je alle weideplaatsen kennen.
Laten de wegen die wij naar het cederwoud gingen,
dag en nacht om je huilen en niet zwijgen.
Laten de Ouden van het grote Oeroek, het Oeroek van de schaapskooien,
om je huilen.
Laat het volk, dat na onze dood voor ons bidt,
om je huilen.
Laten de toppen van de bergen die zij samen hebben beklommen,
om je huilen.
Laten de steppen als een vader en de velden als een moeder
om je huilen.
Laten de ceders uitbreken in tranen van hars,
de ceders tegen wie zij ons in onze woede hadden bewapend.
Laten de beren, hyena's, luipaarden, tijgers, herten en jakhalzen,
de leeuwen, wilde stieren, steenbokken, al het vee en al de wilde dieren
om je huilen.
Laat de heilige rivier de Oelaï, aan de oever waarvan wij hanig liepen,
om je huilen.
Laat de schone Eufraat, waarvan wij zo vaak het water uit leren zakken
dronken,
om je huilen.
Laten de jonge mannenvan het Oeroek van de schaapskooien,
die zagen hoe wij de Hemelstier doodden,
om je huilen.

———

Ik ben als een vader en een moeder voor je geweest.
Ik zal om je huilen in jouw steppe.
Jonge mannen, hoort!
Ouden van Oeroek, luistert!
Ik huil om Enkidoe, mijn vriend.
Als een klaagvrouw klaag ik.
Bijl aan mijn zijde!
Mijn rechterhand!
Dolk in mijn riem!
Schild dat vóór mij is!
Mijn feestkleed!
Mijn mannelijk vuur!
Een boze geest is opgestaan en heeft alles van mij weggenomen.
Mijn vriend, het opgejaagde muildier,
de wilde ezel van het gebergte,
luipaard van de steppe,
met wie ik samen bergen heb beklommen,
de Hemelstier gegrepen en gedood,
en Choembaba, de machtige koning van het cederwoud, heb verslagen,
wat is dit voor slaap die jou in zijn greep houdt?
Draai je om naar mij!
Je luistert niet!'
Maar hij sloeg zijn ogen niet op.
Gilgamesj voelde zijn hart: het sloeg niet meer.
Hij bedekte het gezicht van zijn vriend als een bruid.
Hij cirkelde als een adelaar om hem heen.
Als een leeuwin die van haar welpen is beroofd,
liep hij onrustig voor zijn vriend op en neer.
Hij rukte zijn haar uit en gooide het op de grond.
Hij trok zijn mooie kleren uit en wierp ze van zich af
alsof ze besmet waren.

Oelai: de rivier de Karoen in Iran,
in de hellenistische periode in het Grieks 'Eulaios' genoemd.

Giosuè Carducci

ANTIEKE KLACHT

De boom waar je je kleine
kinderhandje naar reikte,
de groene granaatappelboom
met zijn mooie rode bloemen

deed in de stille eenzame
tuin meteen alles bloeien
en juni laaft hem met
licht en met warmte.

O bloem van mijn gekwetste
en verdorde plant,
jij laatste en enige bloesem
van het zinloze leven,

rust in de koele aarde,
rust in de donkere aarde:
nooit meer brengt de zon je vreugde,
nooit meer wekt jou de liefde!

Edith Irene Södergran

DE MAAN

Alles wat dood is, is wonderbaar
en onuitsprekelijk:
een dood blad en een dode mens
en de schijf van de maan.
En alle bloemen kennen het geheim,
en het bos bewaart het,
dat de kringloop van de maan om de aarde
de baan van de dood is.
De maan spint haar wonderlijk web
waar de bloemen van houden,
de maan spint haar feeërieke net
rond alles wat leeft.
De maansikkel maait de bloemen
in de nachten van het late najaar,
en alle bloemen wachten eindeloos verlangend
op de kus van de maan.

Alfred, Lord Tennyson

IN MEMORIAM VII

Donker huis, waar ik ben aanbeland
Weer in die lange kille laan,
Deuren, waar mijn hart ging sneller slaan
Als steeds, verlangend naar een hand,

Een hand die ik nog grijpen wou –
Bezie mij, want ik vind geen rust;
Ik sluip, als was het schuldbewust,
Naar deze deur, voor dag en dauw.

Hij is niet hier; ver hier vandaan
Leeft alles op daar in de stad
En door de miezel heen breekt mat
De dag aan op de kale laan.

Er was een jongen, jullie kennen hem zeker,
Klifs en eilanden van Winander!
Vaak 's avonds, als de sterren in beweging
Kwamen langs de kam van de heuvels,
En er aan- en uitgingen, dan ging hij daar alleen
Tussen de bomen staan of bij het glinsterende meer,
En dan vouwde hij zijn vingers in elkaar, drukte
Zijn handpalmen stevig opeen, bracht ze voor
Zijn mond en, net of hij een instrument bespeelde,
Bootste hij het geschreeuw van de uilen na
Opdat ze hem zouden antwoorden. En dan riepen
Ze door de waterrijke vallei en riepen ze opnieuw,
Gehoor gevend aan zijn roep, met trillend geschal
En lange uithalen, gekras, gehuil, en echo's die
Zich luid herhaalden, opnieuw en opnieuw: een onstuimig
Toneel van vrolijkheid, van opgewekt kabaal. En, indien
Het voorviel dat een diepe stilte de spot dreef met zijn
Kunde, dan kon het dat net in die stilte, terwijl hij
Hing te luisteren, met een lichte schok van milde
Verwondering, diep in zijn hart hem de stem bereikte van
Een stortvloed uit de bergen, ofwel drong het
Waarneembare onverhoeds in zijn gedachten
Met een schat aan statige beelden: de rotsen,
De bossen en die onzekere hemel, te gast
In de boezem van het roerloze meer.

Mooi zijn de bossen, en prachtig de plek,
De vallei waarin hij werd geboren; het kerkhof hangt
Op een helling boven de dorpsschool,
En niet ver van die oever waar ik 's avonds was
Voorbijgekomen, stond ik ruim een half uur
Bij het graf, sprakeloos –
Van hem die tien was toen hij stierf.

Zbigniew Herbert

MENEER COGITO. DE ACTUELE POSITIE VAN DE ZIEL

Sinds enige tijd
zit meneer Cogito's ziel
op zijn schouder
hij laat zijn schouder hangen

dat geeft de toestand
van bereidheid aan

het plaatsen van de ziel
op de schouder
is een delicate operatie
te voltrekken
zonder koortsige haast
zonder scènes bekend
van oorlogen
evacuaties
belegerde steden

de ziel mocht graag
van gedaante veranderen
nu is ze als een rots

heeft haar klauwen
in meneer Cogito's linkerarm
geslagen
wacht

misschien verlaat ze
meneer Cogito
in zijn slaap
of volgt het afscheid

in het volle daglicht
van het volle bewustzijn
kort als het gefluit
van een gebarsten spiegel

voorlopig
zit ze op zijn schouder
klaar om weg te vliegen

Het schijnt dat er een ander schip
op een bepaald uur op zee voorbij zal varen.
Het is niet van staal en de vlaggen
zijn niet oranje gekleurd:
niemand weet van waar,
niemand weet het uur:
alles is toebereid,
er is geen salon zo fraai, alles is klaar
voor het voorbijgaand gebeuren.
Het schuim ligt klaar
als een fijn tapijt
geweven met sterren,
daarachter het blauw,
het groen, de ultramarijne beweging,
alles wacht.
En de geopende rotsen,
schoon, gewassen, eeuwig,
hebben zich in het zand geschikt
als een cordon kastelen,
als een cordon torens.
Alles
is klaar,
de stilte is uitgenodigd
en zelfs de mensen, altijd verstrooid,
willen deze verschijning niet missen:
zij hebben hun zondagse pak aangedaan,
zij hebben hun laarzen gepoetst,
zij hebben hun haren gekamd.
Ze worden langzaam oud
en het schip vaart niet voorbij.

Leonidas van Tarente

Ongeluksvogel! Ze hebben je vlak langs de rijweg begraven.
  In je gammele kist liggen je botten bloot.
Daar moet een wiel of een as van een kar overheen zijn gereden.
  Stumper, je ligt in de weg. Straks word je verder geplet.
Stukje bij beetje verbrijzelen wagens de rest van je ribben.
  Niemand weet wie je bent, niemand heeft tranen voor jou.

Carl Michael Bellman

EPISTELS VAN FREDMAN 81 | Aan twistzoeker Löfberg in het sterfhuis bij de tolboom van Danto, geschreven aan het graf

Zie je de duisternis, Movitz, mijn vriend,
  Waar onze schaduwen toeven,
Zie je hoe 't purper en goud zich ontbindt
  In de zwarte groeve.
Eens wenkt Charon op zijn wilde rivier,
En dan is het uit met al je vertier;
  'k Zie ook de doodgraver wenken.
Laat ons dan nu op de akker alhier
  Onze zuster gedenken.

Vredige schuilplaats, verborgene schoot,
  Met je belommerde stenen,
Waar Mooi en Lelijk door tijd en door dood
  Zich tot stof verenen!
Nooit zocht afgunst zich een weg naar dit oord,
't Geluk, dat toch elders graag wordt bekoord,
  Zal bij een graf niet verwijlen.
Hier wordt de rust door geen vijand verstoord;
  Die breekt vroom nu zijn pijlen.

Nu klept het klokje, de grote klok luidt,
  Koorknapen staan aangetreden;
Terwijl de cantor de wijding besluit
  Klinkt hun schrille bede.
Dan beweegt de stoet zich over het pad,
Langs graven en langs vergeeld rozenblad;
  Tot ze tot tranen bewogen
Hier aan de groeve haar bede hervat,
  Zwart, en diep neergebogen.

Zo ging ter ruste, na ruzies en feest,
  Twistzoeker Löfberg, je gade;
Daar, waar je reikhalzend nog en bedeesd
  Omkijkt langs de paden.
Altijd maakte ze ons vrolijk en blij;
De ledige glazen schonk ze weer bij,
  Maar ach, ze is ons ontvallen.
Dorstig ben ik, en dorstig was zij,
  Ja, wij dorsten hier allen.

John Keats

OP DE DOOD

I

Kan dood slaap zijn, als leven dromen is
en het geluk vervliet als ijdele schijn?
De korte vreugd laat ons geen heugenis
en toch lijkt ons sterven ons de diepste pijn.

II

Vreemd is het, dat de mens op aarde zwerft
en leeft in weedom, maar geen uur verzaakt
zijn doornig pad; en dat zijn blik hier derft
het zicht op streken waar hij straks ontwaakt.

Kakinomoto no Hitomaro

NA DE DOOD VAN ZIJN VROUW

Toen mijn vrouw in Kara leefde
Wilde ik met alle geweld bij haar zijn
Maar ik kon haar niet steeds bezoeken
Vanwege de vele onderzoekende blikken...
De mensen zouden ons geloof ontdekt hebben
Als ik haar te veel had achtervolgd.
Daarom bleef onze liefde geheim als een meer door rotsen omgeven;
Ik aanbad haar in mijn hart,
Aan de toekomst denkend, wanneer we bij elkaar zouden zijn,
En zij veilig zou leven onder mijn bewaking
Als met iemand die een groot schip loodst.
Wel, plotseling is er een boodschapper gekomen
Die me haar dood aankondigde.
Ze is gegaan als een vergeeld blad in de herfst.
Dood zoals de dag sterft bij zonsondergang
Verloren als de helle maan achter een wolk.
Ze is niet meer, zij wier ziel
Aan de mijne vastzat als een alg.
Toen het me werd aangekondigd
Wist ik noch wat te doen, noch wat te zeggen;
Maar bij dit bericht
En in de hoop dat mijn wond zich heelt
Al is het voor een duizendste
Ben ik naar de marktplaats van Kara gegaan
Waar mijn vrouw altijd boodschappen deed.
Daar stond ik stil en luisterde ik,
Maar ik hoorde haar stem nergens,
En toch zongen de vogels in het Uhebi-gebergte!
Geen vrouw die langsliep leek zelfs ook maar op mijn vrouw
Ik kan slechts haar naam zeggen en mijn mouw schudden.
In de herfst in de bergen
Wat een gele bladeren!
Ach! Hoe zal ik mijn liefde moeten zoeken...
Die zo ver weg is gegaan?
Ik ken deze bergstreek helemaal niet.
Ik zie de boodschapper komen,
Hoewel de gele bladeren vallen.
O ja! ik herinner me
Hoe op een dag als deze we elkaar plachten te zien...
Mijn vrouw en ik!

Rabindranath Tagore

LIEDJES 24

Neem het diminuendo van het laatste lied met je mee.
Spreek het laatste woord nu je gaat.

Duisternis valt,
er is weinig tijd.
In het dovend schemerlicht
raakt de reiziger de richting kwijt.

De laatste zonnestralen sterven weldra in het westen.
Uit het tamalbosje klinkt de laatste pauwenschreeuw.

Wie is zij die het onbekende zoekt,
en mijn tuinhek opent voor de laatste keer?

Mozes Ibn Ezra

EN WAAR ZIJN DE GRAVEN

En waar zijn de graven, zovele graven
Van al wie stierf op aarde sinds het begin der tijden?
Graf graaft zich in graf,
Grafsteen en obelisk verpulverd tot hetzelfde stof,
Lichamen opgehoopt op lichamen in een beweginloze orgie –
Alle slapen bij elkaar in diepe kuilen,
Stukken kalk,
Gekleurde robijnen.

George Herbert

DOODSANGST

 De Wijzen meten berg en dal,
de diepe zeeën, staten, koninkrijken,
zij lopen met hun staf door 't groot heelal.
 Twee dingen enkel blijken
te groot voor hen, voor wat de wijsheid weet:
zonde en liefde, niemand die ze meet.

 Wat zonde is, men ziet het, waar
diep in een tuin een man zich wringt van pijn,
zodat met bloed van angst doordrenkt zijn haar,
 zijn huid, zijn kleren zijn.
Zo drukt de zonde Hem, die alles draagt,
dat zij de pijn door al zijn aderen jaagt.

 Hoe liefde smaakt, dat zegge hij,
die drinkt van 't sap dat aan het kruis een speer
tevoorschijn bracht, doorborende de zij
 van hem die voor ons lijdt, de Heer.
De liefde is een drank zo zoet, zo fijn,
mijn God kent haar als bloed, en ik als wijn.

Ik hoorde een Vlieg – toen ik stierf –
De Stilte in mijn Woonst
Was als de Stilte in de Lucht –
Tussen twee Stormen door –

Elk Oog rondom – was opgedroogd –
En allen haalden heel diep Adem
Voor de laatste Tocht – alsof de Vorst
Werd opgemerkt in het Vertrek –

Ik deed afstand van Herinnering –
Vermaakte wat van mij vermaakbaar
Was – En dan kwam zij ertussen,
Die Vlieg was daar –

Met Blauw – onzeker stamelend Gezoem –
Tussen het licht – en mij –
En dan faalden de Ramen – en dan
Zag ik niet langer hoe te zien –

Hélinand de Froidmont

HET LIED VAN DE DOOD

XXXI

De Dood: een ren die alles kooit;
De Dood, een klauw die alles plooit,
Die vastprangt wat hij heeft ontrukt,
Die naar elkeen een rouwkap gooit
En blote grond als wade strooit.
De Dood die alle levens plukt;
De Dood die elk geheim ontrukt
En vrij maakt wie werd onderdrukt.
De Dood die elk met 't zijne tooit;
De Dood die paus en vorst bejukt;
De dood die arme lui verrukt
Maar rijke profiteurs berooit.

L

God! Waarom jaagt men zo verwoed
Op het genot van 't vlees en 't bloed?
Waarom bederft men zijn natuur
Om pret, die snel is uitgewoed
En die subiet duur wordt beboet?
Die angel prikt met giftig vuur,
Verwondt de ziel met een kwetsuur,
Die fel en eeuwig is van duur,
Om pret die snel is uitgebloed!
Weg vraatzucht, ontucht, geil en guur!
Voor mij geen feesten, weids en duur:
'k Word liefst met kool en prei gevoed.

Alfonsina Storni

IK GA SLAPEN

Gebit van bloemen, kap van morgendauw,
handen van kruiden, jij, bezorgde min,
houd de lakens van aarde voor me klaar
en de donsdeken van gekaarde mossen.

Ik ga slapen, mijn min, leg mij in bed.
Zet bij mijn hoofdeinde een nachtlampje,
een sterrenbeeld, eentje dat je bevalt,
ze zijn allemaal goed, demp het licht wat.

Laat mij alleen: je hoort de knoppen breken...
Van boven af wiegt jou een hemelse voet
en een vogel trekt een paar cirkels om je

te doen vergeten... Dank je. Ach, dit nog:
als hij nog een keer zou telefoneren,
zeg dat hij niet meer belt, want ik ben weg...

Toen de dichteres wist dat ze ongeneeslijk ziek was, stuurde ze dit gedicht naar de krant 'La Nación' en pleegde zelfmoord door zich in de Rio de la Plata te storten.

Vittoria Colonna

STUURLOOS

Ik voel tussen de winden en de rotsen
van deze hoge zee mijn scheepje kraken.
En reddeloos lijk ik op drift te raken,
terwijl de golven over 't dek heen klotsen.

De dood doofde in één keer met een trotse
haal van zijn hand mijn helder lichtend baken,
en zee en storm en nacht en ontij maken
dat angst en vrees hard op mijn bootje botsen.

Ik ben niet bang voor 't zingen der Sirenen
noch voor een schipbreuk op de woeste baren,
maar wel voor 't feit dat ik zonder degene

die mij de weg wees, stuurloos door moet varen:
hij die mijn leven luwte heeft geschonken
ligt nu helaas diep in de dood verzonken.

Ceraman Kottampalattut

Hoe groot het ook is,
mijn verdriet is begrensd,
want om me te doden was het niet sterk genoeg.
Op de met onkruid bezaaide, zoute grond van de verbrandingsplaats,
op een hoop brandend hout
ligt ze,
haar bed verblindend vuur.
Mijn vrouw is dood, zij hoort tot de andere wereld,
en toch ben ik hier nog.
Dit leven is vreemd.

Rosalía de Castro

ALLEEN!

Zacht waren de middagen,
lachend de morgens,
maar haar droefheid was zwart
als het verweesd zijn.

Zij ging weg in de vroege morgen
en kwam terug in de schemering;
maar of ze ging of kwam,
niemand sloeg acht op haar.

Op een zachte dag nam zij
de weg naar het strand...
Omdat niemand haar wachtte,
keerde zij niet meer terug.

Na verloop van drie dagen
wierp de zee haar aan wal,
en daar waar de raaf neerstrijkt,
ligt zij eenzaam begraven.

Henri Michaux

OP WEG NAAR DE DOOD

Op weg naar de Dood,
Ontmoette mijn moeder een grote ijsbank;
Ze wilde praten,
Het was reeds laat,
Een grote watten ijsbank.

Ze keek naar ons, mijn broer en mij,
En toen weende ze.

We zegden haar – waarlijk absurde leugen – dat we het wel begrepen.
Toen glimlachte ze bevallig als een heel jong meisje,
Wat ze in waarheid is,
Een lieve bijna schalkse glimlach;
Daarna werd ze opgenomen in het Ondoorschijnende.

Edgar Lee Masters

HET GRAS OP DE HEUVEL

Waar zijn Elmer, Herman, Bert, Tom en Charley,
de zwakkeling, de poteling, de grappenmaker, de dronkaard, de vechtjas?
Zij slapen allen onder het gras op de heuvel.

De een bezweek aan tyfus,
de ander verbrandde in een mijn,
de derde werd doodgeslagen bij een ruzie,
de vierde stierf in de gevangenis,
weer een ander viel van een brug, waar hij werkte voor vrouw en kinderen ...
En nu slapen, slapen ze allen onder het gras op de heuvel.

Waar zijn Ella, Kate, Mag, Lizzie en Edith,
de teerhartige, de goedhartige, de opzichtige, de trotse, de vrolijke?
Zij slapen allen onder het gras op de heuvel.

De een stierf in een heimelijk kraambed,
de ander door onbeantwoorde liefde,
de derde door mishandeling in een bordeel,
de vierde door teleurstelling toen zij het onbereikbare begeerde,
weer een ander, die was uitgevlogen naar Londen en Parijs,
werd hier ter aarde besteld door Ella, Kate en Mag...
En nu slapen, slapen ze allen onder het gras op de heuvel.

Waar zijn oom Isaäc en tante Emily,
en Kincaid, de postbode, en Houghton, de koster,
en de stokoude majoor Walker die nog helden
van de vrijheidsoorlog persoonlijk had gekend?...
Zij slapen allen onder het gras op de heuvel.

Naast hen legde men de zonen, gevallen in de oorlog,
de dochters, verbrijzeld onder het leven,
en hun verweesde kinderen, troosteloos schreiend...
En nu slapen, slapen, slapen ze allen onder het gras op de heuvel.

Waar is Jones, de oude straatmuzikant
die, spelend met het leven, negentig werd,
door sneeuwstormen liep met een open hemd,
dronk, zwierde, en om niets en niemendal gaf,
niet om geld, niet om liefde, niet om de hemel?
Hoor, hij mompelt in zijn slaap over hoe ze vroeger visten,
hoe ze vroeger paardenrennen hielden in Clary's Grove,
en wat Abraham Lincoln heeft gezegd
jaren geleden te Springfield.

Christina Georgina Rossetti

DE WEG BERGOP

'Kronkelt de weg niet tot de top?'
  'Jawel, tot waar hij gaat.'
'Hoelang dan duurt de reis bergop?'
  'Van 's morgens vroeg tot 's avonds laat.'

'Is er een rustplaats tot de morgen?'
  'Een dak voor als de trage donkere tijd begint.'
'En houdt het duister het dan niet verborgen?'
  'Weet maar dat je de herberg vindt.'

'Zie ik nog reizigers op weg naar daar?'
  'Zij die al eerder zijn gegaan.'
'Eens ginds, klop ik dan aan of roep ik maar?'
  'Je blijft er niet lang buiten staan.'

'Vind ik er troost, zo moe en door de reis geplaagd?'
  'Beloond word je, je werken opgesomd.'
'Is er een bed voor mij en al wie erom vraagt?'
  'Jawel, een bed voor ieder die er komt.'

Arthur Rimbaud

DE SLAPER IN HET DAL

Een kuil vol groen waar een rivier door zingt
Die ’t kruid met flarden zilver onbesuisd
Bespat; vanaf het fier gebergte blinkt
De zon: een klein dal dat van stralen bruist.

Een jong soldaat, blootshoofds, met open mond,
De nek in blauwe kers gedompeld, ligt
In openlucht te slapen op de grond,
Bleek in zijn groene bed vol plenzend licht.

Zijn voeten in het lis, zo slaapt hij. Zwakjes
Lachend zoals een ziek kind, soest hij zachtjes:
Natuur, wieg hem vol warmte: kou heeft hij.

De geuren doen zijn neusvleugels niet trillen;
Hij slaapt in de zon, één hand op zijn stille
Borst, rechts twee rode gaten in de zij.

Victor Hugo

OCEANO NOX

Ach, hoeveel kapiteins en hoeveel zeelui allerhande
Die ooit met blij gemoed vertrokken naar de verre landen,
Zijn in die doffe, doodse horizon vergaan!
Ach, hard en droevig lot, hoeveel zijn er verdwenen!
In bodemloze zeeën, door geen maan beschenen,
Voorgoed bedolven in de blinde oceaan!

Ach, hoeveel schippers en matrozen vonden hier hun graf!
Het noodweer van hun leven rukte elke bladzij af.
Eén zucht en alles is verstrooid of uitgegoten!
Geen mens weet waar ze stierven, hoe en met hoeveel.
Maar elke golf die langs een buit gleed, droeg zijn deel;
Een nam de manschap aan, een andere de boten!

Geen mens kent jullie lot, het lot van mannen die verkwijnd
Al rollen door een troosteloze wijdte zonder eind
En met hun dode koppen botsen op een klip!
Hoeveel bejaarde ouders die nog bleven dromen,
Bestierven het toen bleek dat geen terug zou komen,
Dat ze gevallen waren tussen wal en schip.

Soms op een avond blijkt dat geen van jullie is vergeten.
Want menigeen veegt, op een roestig anker neergezeten,
Het stof van jullie namen, die tot groot vertier
In liedjes en verhalen dan een rol gaan spelen,
In kussen ook die iemand van uw kroost kon stelen.
Intussen slapen jullie in het groene wier.

‘Waar zijn ze? Zijn ze koning op een eiland?’ hoort men vragen.
‘Verlieten zij ons voor een oever die meer vrucht kan dragen?’
Straks raakt men zelfs de piëteit voor jullie kwijt.
De man verdwijnt in zee, de naam uit de herinnering.
De tijd legt aangezwarte schaduw op de schemering
En dwingt de oceaan in sombere vergetelheid.

Ook jullie schaduw valt uit ieders ogen weldra weg.
De ene heeft zijn bootje toch, de andere zijn eg?
Verlaten in de nachten dat de storm regeert,
Spreekt elke weduwe met bleek gelaat en zachte
Stem nog over jullie, moe van al dat wachten,
En pookt het vuur op dat haar haard en hart verteert.

En als tot slot het graf hun ogen sluit, is er niet een
Die nog hun namen weet, zelfs niet de nederigste steen
Daar op het enge kerkhof, waar de echo klinkt;
Zelfs niet de wilg die in de herfst zijn blad verliest;
Zelfs niet het liedje dat een bedelaar zo triest
En monotoon ginds aan het oude brugje zingt!

Waar zijn de zeelui, afgegleden in de zwarte nacht?
Ach zee, met hoeveel spookverhalen ben je toch bevracht!
Ach diepe zeeën, moeders vrezen jullie graf!
Bij hoogtij geven jullie de verhalen door
En wat wij ’s avonds horen is het wanhoopskoor
Van jullie stemmen, en ze komen op ons af!

Nâzım Hikmet

TESTAMENT

Vrienden, als ik die dag niet meer zie,
als ik sterf voor de bevrijding,
breng me dan naar Anatolië
en begraaf me daar op een kerkhof in een dorp.

Laat de arbeider Osman, die werd vermoord
        door Hasan Bey, aan mijn ene zijde liggen
en laat Ayse die stierf vóór het kind, dat ze baarde
bij het graan, een maand oud was, aan mijn andere zijde liggen.

Laat tractoren en liederen aan het kerkhof voorbijtrekken,
de geur van frisse mensen en benzine in de vroege ochtend,
de velden in gemeenschappelijk bezit, water in de greppels,
geen vrees voor droogte, geen vrees voor gendarmes.

Wij zullen deze liederen niet eens horen,
de doden die gestrekt onder de aarde liggen,
        ontbinden daar als zwarte takken,
ze liggen onder de aarde, stom, blind, doof.

Maar ik heb deze liederen gezongen,
            lang voor ze werden gemaakt,
ik heb de benzinegeur geroken,
lang voor de tractoren werden ontworpen.

Mijn buren aan beide kanten,
de martelares Ayse, de arbeider Osman,
zij leden aan het grote verlangen in hun leven,
misschien zonder het te weten.

Vrienden, als ik sterf voor die dag,
– en daar ziet het aardig naar uit –
begraaf me dan op een dorpskerkhof in Anatolië
en als het goed uitkomt,
als er een plataan boven me staat,
dan hoef ik geen grafsteen of zo...

Emily Brontë

GEEF DAT IK SLAPEN MAG

Geef dat ik slapen mag en geen
bewustzijn mij meer plaagt,
dat sneeuw zich legt over mij heen
of regen langs mij vlaagt –
Het is de hemel niet, die het heet
verlangen in mij stilt,
het helse vuur bij wat ik deed,
bij wat ik wil, wordt mild!

Dit heb ik eens gezegd, dit blijf
ik zeggen, altijd weer:
drie goden, in dit tenger lijf,
gaan dag en nacht tekeer –
Al is de hemel voor hen te klein,
ik draag hen in mij om,
en weet: zij zullen in mij zijn
tot ik voorgoed verstom!

Geef dat van hun verwoed tumult
ik eens zal zijn bevrijd,
dat ik door stilte word omhuld
en nooit meer, nooit meer lijd!

Anoniem

Op de dag dat we sterven
daalt de wind neer
en neemt
onze voetsporen mee.

De wind maakt stof
om de afdrukken te vullen
die wij
wandelend achterlieten.

Want anders
zou het de indruk wekken
dat wij
nog leven.

Daarom is de wind
hij die komt
om onze voetsporen
uit te blazen.

Georg Trakl

AAN DE KNAAP ELIS

Elis, als de merel in het zwarte bos roept,
Dit is je ondergang.
Je lippen drinken de koelte van de blauwe bergbron.

Laat maar, als je voorhoofd zacht bloedt
Oeroude legenden
En donkere uitleg van de vogelvlucht.

Maar jij gaat met tedere stappen de nacht in
Die vol purperen druiven hangt
En je beweegt de armen mooier in het blauw.

Een doornstruik klinkt,
Waar je maanachtige ogen zijn.
O, hoe lang ben jij, Elis, gestorven.

Je lichaam is een hyacint
Waarin een monnik de wassen vingers doopt.
Een zwarte grot is ons zwijgen,

Daaruit komt somtijds een zachtmoedig dier
En laat langzaam de zware oogleden neer.
Op je slapen drupt zwarte dauw,

Het laatste goud van vervallen sterren.

Anoniem

De dood is bij mij vandaag
als gezond zijn voor wie ziek is
als het bed uit na een lange kwaal.

De dood is bij mij vandaag
als mirregeur
als zitten onder een zeildoek op een winderige dag.

De dood is bij mij vandaag
als lotusgeur
als neerzitten op het strand van dronkenschap.

De dood is bij mij vandaag
als het einde van de regen
als thuiskomen na de oorlog ver weg.

De dood is bij mij vandaag
als de lucht wanneer het opklaart
als de wens je thuis te zien na jaren gevangenschap.

Ben Jonson

HOEWEL IK JONG BEN

Hoewel ik jong ben, en mij nog vergis
Zowel in wat nu Dood of Liefde is,
Hoor ik dat zij door pijlen zijn gehard,
En dat ook beide richten op het hart.
Ook wonden zij, vernam ik mettertijd,
Liefde met hitte, Dood met killigheid.
Extremen zijn het, in omstrengeling;
Ze slaan dus, vrees ik, op eenzelfde ding.

Het is als bij een bouwval net zo goed
Iets dat ontploffen ofwel vallen moet;
Of als een weg die naar ons laatste uur
Zou ijlen met een golf of hemelvuur;
Even gezwind als Liefdestoorts of -speer
Slaat ook de koude hand des Doods ons neer;
Tenzij het vuur der Liefde er in slaagt
Dat koude uit de grafkuil wordt gejaagd.

Gottfried Benn

MORGUE

1 KLEINE ASTER

Een verzopen brouwersknecht werd op de tafel neergesmakt.
Iemand had een donkerlichtlila aster
tussen de tanden geklemd.
Toen ik van de borst
onder de huid
met een lang mes
tong en gehemelte wegsneed,
moet ik haar geraakt hebben, want ze gleed
in de hersenen ernaast.
Ik stopte ze in zijn buikholte
tussen de houtwol
toen hij werd dichtgenaaid.
Drink je vol in je vaas!
Rust zacht,
kleine aster!

2 MOOIE JEUGD

De mond van een meisje dat lang in het riet gelegen had,
zag er zo afgeknabbeld uit.
Toen men haar borstkas openbrak, zat haar slokdarm zo vol gaten.
Tenslotte vond men in een loge onder het middenrif
een nest met jonge ratten.
Een tenger zusje had de dood gevonden.
De rest leefde van lever en nieren,
dronk het koude bloed en had
hier een mooie jeugd achter de rug.
En mooi en snel kwam ook hun dood:
men wierp ze allemaal het water in.
Hoe de kleine snuiten piepten!

3 KRINGLOOP

De eenzame maaltand van een hoer
die onbekend gestorven was,
droeg een goudvulling.
De andere waren als bij stille afspraak
op de vlucht gegaan.
De aflegger sloeg hem eruit,
verpandde hem en ging uit dansen.
Want, zei hij
alleen aarde hoort tot aarde weer te keren.

4 NEGERBRUID

Toen lag op kussens van donker bloed gebed
de blonde nek van een blanke vrouw.
Het zonlicht laaide in haar haar
en likte langs haar lichte dijen
en knielde om haar bruiner borsten
die nog niet door zonde of geboorte waren aangetast.
Naast haar een neger: de hoefslag van een paard
brak hem het voorhoofd en de ogen. Hij boorde
twee tenen van zijn vuile linkervoet
naar binnen in haar kleine witte oor.
Maar zij lag te slapen als een bruid:
aan de rand van haar eerste liefdesgeluk,
als klaar voor het vertrek op vele hemelvaarten
van het jonge warme bloed.
Tot men
het mes in haar sneeuwwitte keel liet zinken
en een purperen schort gestorven bloed
om haar heupen wierp.

5 REQUIEM

Op elke tafel twee. Mannen en vrouwen gekruist.
Elkaar nabij, en naakt, en toch de pijn voorbij.
De schedel stuk. De borst kapot. De lichamen
bevallen nu een allerlaatste maal.

Elk vult een kom of drie, van brein tot teelbal.
En de tempel Gods en Satans stal liggen
nu borst aan borst op de bodem van een kuip
en grijnzen over Golgotha en Zondeval.

De rest in kisten. Louter nieuwgeboorten:
mannenbenen, kinderborst en vrouwenhaar.
Een tweetal dat zich eens hoereerde
leek wel door hetzelfde moederlijf gebaard.

Anoniem

DODENZANG

Het dier wordt geboren, het trekt, het sterft.
En de grote koude heerst.

Het is de grote koude van de nacht, het is het duister.

De vogel vliegt uit, hij trekt, hij sterft.
En de grote koude heerst.

Het is de grote koude van de nacht, het is het duister.

De vis paait, hij trekt, hij sterft.
En de grote koude heerst.

Het is de grote koude van de nacht, het is het duister.

De mens komt ter wereld, hij eet, hij slaapt,
hij trekt, hij sterft.
En de grote koude heerst.

Het is de grote koude van de nacht, het is het duister.

De hemel is licht geworden, de ogen zijn gedoofd,
de sterren schitteren.

De koude is beneden, het licht is boven.

De mens is gestorven, de schaduw is verdwenen,
de gevangene is vrij.

De schaduw is verdwenen, de gevangene is vrij.

Khmwum, Khmwum, U roepen wij aan.

Khmwum, Khmwum, U roepen wij aan.

Maar toch komt ooit de dood, en 't leven dat het lijden
Hooghartig heeft getart, voelt eens zijn overmacht,
De felle zon verdort die korte bloemenpracht,
Dit broze flesje breekt in het geweld der tijden.

Die fakkels die rondom hun flakkerend licht verspreiden
Versmoren als hun was verbrand is tot de schacht,
De kleuren van dat doek verliezen al hun kracht,
Die golf zal op het strand in vlokkend schuim verglijden.

Ik heb de flits gezien die bliksemt in de lucht
En hoorde 't rommelen dat dreunt met dof gerucht
Wanneer de donderbui steeds nader dreigt te komen.

Ik zag de sneeuw die smelt, het land in waternood,
Het brullend leeuwenjong zag ik tot rust gekomen;
Leef toch, o mensen, leef, maar toch komt ooit de dood.

Paul Valéry

HET VRIENDSCHAPPELIJKE BOS

Wij hadden zoveel zuivere gedachten,
terwijl we samen langs de lange wegen
voortliepen, hand in hand, en uren zwegen
tussen de duistere bloemen vol verwachten.

We liepen als verloofden daar te dazen,
alleen, de groene nacht over de velden.
We deelden 't sprookje dat zij ons vertelde:
de maan, die vriendschap sluit met alle dwazen.

Daarna zijn wij gestorven op het mos
in dit besloten fluisterende bos,
ver van de wereld en geheel alleen.

Daarboven, in 't onmetelijke licht,
zijn wij weer samen met een droef gezicht,
dierbare stiltevriend met wie ik ween.

Juan Ramón Jiménez

IK ZOU GRAAG SLAPEN

Ik zou graag slapen deze nacht
nu jij dood ligt, slapen,
slapen, slapen terzijde
van jouw volkomen slaap
om te zien of ik je zo
bereiken kan!

Slapen, een morgenstond in de avond
bron van de rivier, slapen;
twee dagen die samen opgaan
in het niets, twee stromen
die aan het eind samenvloeien;
twee eenheden alsof het één is
tweemaal niets alsof het niets is.

Ik zou zo graag je dood verslapen.

Ach bedevaarders die, het hoofd gebogen,
misschien uit heimwee, onze stad betreedt,
komt u, zoals wij aan uw pelgrimskleed
en aan uw aanschijn onderscheiden mogen,

van zo ver dat u niet, uit mededogen
met de bedroefde stad, weent om haar leed,
daar u als vreemden niet de reden weet
die ons tot deze weeklacht heeft bewogen?

Als u de oorzaak van haar smart wilt horen,
weet ik dat, als u aanstonds verdergaat,
de tranen in uw ogen zijn verschenen.

De stad heeft haar geliefde vrouw verloren,
haar Beatrice; als men van haar praat,
doet men de vreemdeling die luistert, wenen.

Giosuè Carducci

OP DE MONTE MARIO

Plechtstatig op de top van de Monte Mario
staan in de kalme en heldere lucht de cipressen
en zien hoe door de grauwe velden
de Tiber geruisloos vloeit,

ze zien in de stilte onder hen Rome
zich uitstrekken en voor hen, als een reuzenherder
die zijn kudde hoedt, rijst Sint-Pieter.

Schenkt, o vrienden, boven op deze lichtende heuvel,
schenkt er de gouden wijn, laat de zon er zich in spiegelen,
en laat je glimlach zien, o mooie meiden,
want morgen sterven wij.

Laat, o Lalage, ongedeerd in het geurige bos
de eeuwig glorieuze lauwerboom,
maar dat hij, wijl hij je haar tooit,
minder schittert dan jij.

Reik mij bij die verzen die peinzend heenvliegen,
de vrolijke schaal en de liefelijke bloem
van de kortstondige roos, die de winter
troost brengt en sterft.

Morgen sterven wij zoals gisteren stierven
die wij liefhadden; gestorven in het geheugen,
gestorven in de gevoelens, zullen wij als zwakke schimmen,
zachtjes verdwijnen.

Sterven zullen wij; altijd zwoegend zal de aarde
draaien om de levenwekkende zon, die elk ogenblik
duizenden en nog duizenden levens
als gensters doet spatten,

levens waarin nieuwe liefde zal trillen,
levens die zich in een nieuwe tijd zullen storten
en voor nieuwe goden toekomsthymnen
zullen zingen.

En gij die nog niet geboren zijt,
wier hand de toorts zal overnemen, die wij loslaten,
ook gij zult verdwijnen, stralende scharen,
in de eeuwigheid.

Vaarwel nu, aarde, jij moeder van mijn zwakke gedachte
en van mijn ijdele ziel! Hoeveel glorie
en hoeveel smart zult gij nog bestendig
om de zon wentelen?

Tot de dag komt dat het mensenslag,
samengepakt om de evenaar door de onophoudelijke vlucht
van de warmte, geheel uitgeput, nog één man en één vrouw zal tellen

die te midden van het puin der bergen,
in de uitgestorven wouden,
doodsbleek en met waterige ogen je zullen zien ondergaan,
o zon, op dit geweldige ijsveld.

Rolf Jacobsen

PLOTSELING. IN DECEMBER

Plotseling. In december. Ik sta tot mijn knieën in de sneeuw.
Praat met je en krijg geen antwoord. Je zwijgt.
Mijn lief, het is zover. Ons hele leven,
je glimlach, tranen, moed. Je naaimachine
en het werken 's nachts. En al onze reizen:
– onder de sneeuw. Onder de bruine krans.

Alles ging zo snel. Twee starende ogen. Woorden
die ik niet begreep, die je zei en nog eens zei.
En plotseling niets meer. Je sliep.
En nu liggen ze hier. Al die dagen en zomernachten,
de druiven in Valladoid, de zonsopgang in Nemi
– onder de sneeuw. Onder de bruine krans.

Bliksemsnel als een licht dat uitslaat
ebben alle beeldsporen weg achter je oog,
weggewist van de lei van je leven. Of niet soms?
Jouw nieuwe jurk, mijn gezicht en onze trap
en alles wat je mee naar huis bracht. Is het weg
– onder de sneeuw. Onder de bruine krans?

Liefste, zeg, waar is onze vreugde nu,
je goede handen en je glimlach,
je haar, een krans van licht om je gezicht, je moed
en dat overschot aan leven en aan hoop?
– onder de sneeuw. Onder de bruine krans.

Kameraad achter de dood. Neem me met je mee.
Zij aan zij. Laat ons het onbekende zien.
Het is zo verlaten hier, de tijd wordt donker.
De woorden zo schaars en niemand luistert meer.
Liefste, jij die slaapt. Eurydice.
– onder de sneeuw. Onder de bruine krans.

Christina Rossetti

LIED

Wanneer ik dood ben, liefste,
    Zing geen droef lied voor mij,
En plant geen rozen op mijn graf,
    Geen doodcipres erbij,
Sta boven mij als groen gras
    In druppels dauw gekleed,
En als je wil, herinner,
    En als je wil, vergeet.

Ik zie daarginds geen schimmen,
    Ik voel de regen niet,
Ik hoor daarginds geen nachtegaal
    Die zingt, als van verdriet,
En dromend in de schemer
    Die opkomt noch verglijdt,
Vind ik herinneringen,
    Vind ik vergetelheid.

Paul Celan

FUGA VAN DE DOOD

Zwarte melk van de vroegte we drinken haar 's avonds
we drinken haar 's middags en 's morgens we drinken haar 's nachts
we drinken en drinken
we graven een graf in de lucht daar ligt men niet krap
Er woont een man in dit huis hij speelt met de slangen hij schrijft
hij schrijft als het schemert aan Duitsland je goudblonde haar Margarete
hij schrijft het en komt uit z'n huis en de sterren beginnen te flonkeren
hij fluit z'n honden naar buiten
hij fluit z'n joden naar voren beveelt ze een graf in de aarde te graven
hij beveelt ons speel dat de dans kan beginnen

Zwarte melk van de vroegte we drinken je 's nachts
we drinken je 's morgens en 's middags we drinken je 's avonds
we drinken en drinken
Er woont een man in dit huis hij speelt met de slangen hij schrijft
hij schrijft als het schemert aan Duitsland je goudblonde haar Margarete
Je asgrauwe haar Sulamith we graven een graf in de lucht daar ligt men niet krap

Hij roept steek dieper de grond in jullie hier jullie daar zing en speel
hij rukt aan het staal van z'n riem hij zwaait het z'n ogen zijn blauw
steek dieper de spaden blijf spelen opdat men zal dansen

Zwarte melk van de vroegte we drinken je 's nachts
we drinken je 's middags en 's morgens we drinken je 's avonds
we drinken en drinken
er woont een man in dit huis je goudblonde haar Margarete
je asgrauwe haar Sulamith hij speelt met de slangen

Hij roept speel de dood eens wat zoeter de dood is een meester uit Duitsland
hij roept strijk de violen wat triester dan stijg je als rook naar de hemel
dan krijg je een graf in de wolken daar ligt men niet krap

Zwarte melk van de vroegte we drinken je 's nachts
we drinken je 's middags de dood is een meester uit Duitsland
we drinken je 's avonds en 's morgens we drinken en drinken
de dood is een meester uit Duitsland en blauw zijn z'n ogen
hij raakt je met kogels van lood hij staat daar onbewogen
er woont een man in dit huis je goudblonde haar Margarete
hij hitst z'n bloedhonden tegen ons op hij schenkt ons een graf in de lucht
hij speelt met de slangen en droomt dat de dood is een meester uit Duitsland

je goudblonde haar Margarete
je asgrauwe haar Sulamith

ZIN, ONZIN

GEEF MIJ NOG WAT WIJN WANT HET LEVEN IS NIETS

SMART OP JADE TREDEN

Uit jade treden welt een blanke dauw,
De lange nacht doorweekt haar gazen sokjes.
Neer laat ze 't kristallijnen deurgordijn
Dat flonkert, en zo staart ze naar de maan.

ONTSPANNING

Terwijl ik dronk viel ongemerkt de nacht,
Mijn kleren zaten onder bloesemblaadjes.
In mijn roes stapte ik op de maan in de beek –
De vogels zijn weg en nergens een mens!

Li Bai

Mijn feilen, onfortuin en liefdes gloed
Hadden tot mijn verderf samengezworen;
Feilen en de fortuin gingen verloren
Naast liefde, die alléén mij boeten doet.

Het is voorbij nu; maar in mijn gemoed
Leeft zó het leed om dingen mij beschoren
Dat mijn gekrenkte toorn mij heeft bezworen
Dat ik nooit naar geluk meer streven moet.

Gefaald heb ik altijd, mijn hele leven.
Ikzelf heb de Fortuin reden gegeven
Mij te kastijden voor mijn dwaas verwachten.

Van liefde mocht ik slechts bedrog beleven.
O! kon ik dit verharde hart slechts even
Verzadigen aan wraak, met wraak verzachten!

Marcus Valerius Martialis

CARPE DIEM

Titullus, luister naar mijn raad:
geniet van 't leven, 't uur is laat,
was je er als schoolknaap mee begonnen –
dát was al laat. En zo geronnen.
Maar jij geniet zelfs niet nu je oud
en afgeleefd bent. Nee, je sjouwt
de deuren af van rijke snaken
om complimenten te gaan maken,
je transpireert, je wang is nat
van kussen van een hele stad.
Je rent, het ruitervolk vooruit,
over drie forums, tot je stuit
op de Colossus of de drempel
van een of andre drukke tempel.
En dan weer moet je nog gaan kijken
naar zaken in drie andre wijken.

Wel, graai en schraap en stapel op
en drijf de hebzucht maar ten top!
Hóé lang je maandelijkse staten,
eens moet je alles achterlaten.
Hóé blank je kist vol zilvergeld,
hóéveel betalingen je telt,
je erfgenaam zal rustig zweren
dat er niets viel te legateren.

Terwijl jij dan op baar of steen
gestrekt ligt, brandhout om je heen
steeds hoger rijzend, met papieren
dicht aangevuld in alle kieren
tussen de takken, zal die draak
met nauw verholen leedvermaak
je huilende eunuchen kussen.
Je zoon, om zijn verdriet te sussen,
zal de eerste nacht al na je dood
gaan slapen met je bedgenoot.

Anoniem

ZEVEN SENRYŪ 'S

Zo'n witte reiger!
hij stapt, alsof het water
zijn voeten vuilmaakt.

Zo beeldschoon was zij
alsof ze was geboren
zonder haar ouders.

Je wrijft soms even
al je eenzame verdriet
aan een anders rug.

Zo zacht is de bruid,
zelfs de schoonmoeder krijgt haar
tanden er niet in.

'Sluit het huis goed af
voor 't slapengaan!' herhaalt hij,
en gaat inbreken.

'Hij is nog niet dood!'
en ze krijgt op haar kop
omdat ze al huilt.

Allemaal kleingeld!
de courtisane moet wel
even giechelen.

Vladimír Holan

MENSELIJKE STEM

Stenen en sterren dringen ons hun muziek niet op,
bloemen zijn stil, dingen verzwijgen zelf iets,
dieren verloochenen terwille van ons
hun harmonie tussen onschuld en geheim,
de wind heeft altijd de verlegenheid van een enkel gebaar en wat
zang is, weten alleen de zwijgende vogels
die je op Kerstavond verraste met een ongedorste schoof.

Te bestaan is genoeg voor ze en dat is niet te vertellen.
Maar wij, wij zijn bang, en niet alleen in het donker,
ook bij vruchtbaar licht
zien we onze naaste niet
en geschrokken, wanhopig vloekend,
schreeuwen wij: 'Ben je daar? *Zeg iets!*'

Konstantínos Petrou Kaváfis

DE STAD

Je zei: 'Ik ga naar een ander land, ik ga naar een andere zee.
Er zal een andere stad te vinden zijn, die beter is dan deze.
Iedere poging van me wordt een onherroepelijk vonnis,
en mijn hart is – alsof het een dode was – begraven.
Mijn geest zal, tot wanneer, in deze ontbinding blijven.
Waarheen ik mijn ogen wend, waar ik ook kijk,
donkere ruïnes van mijn leven zie ik hier,
waar ik zoveel jaren doorbracht en vernietigde en te gronde richtte.'

Nieuwe plaatsen zul je niet vinden, je zult geen andere zeeën vinden.
De stad zal met je meegaan. Op dezelfde wegen
zul je rondgaan. En in dezelfde buurten word je ouder,
en in deze zelfde huizen zul je vergrijzen.
Altijd zul je komen in deze stad. Naar een elders – hoop dat niet –
is er geen schip voor jou, is er geen weg.
Zoals je je leven hier te gronde hebt gericht,
in deze kleine uithoek, heb je het vernietigd op de hele aarde.

Erik Axel Karlfeldt

IK BEN EEN ZINGENDE STEM

Ik ben een zingende stem op grote kale vlakten,
waar geen oor mij hoort en waar geen echo klinkt.
Ik ben een dwalend licht over 't meer in zwarte nachten,
een grillig vuur, dat weldra in het donker weer verzinkt.

Ik ben een dwarrelend blad in wijde najaarslanden.
Mijn leven is een spel met aller winden koor.
Of 'k boven op een berg of in een greppel zal belanden,
dat raakt me niet, daar ben ik zelf niet verantwoordelijk voor.

Michail Joerjevitsj Lermontov

DE DROOM

In 't dal van Dagestan, de hitte schroeide,
Lag ik verstild, mijn borst met lood doorwond;
En uit de diepe, verse wonde vloeide
Mijn bloed in trage druppels op de grond.

Ik lag alleen op 't zand, de steile wanden
Verdrongen zich om mij, immens en groots;
Terwijl het zonlicht op hun toppen brandde –
En ook op mij – sliep ik de slaap des doods.

En in mijn droom zag ik de meisjes dansen
Des avonds op een feest in bonte rij;
De jonge vrouwen met hun bloemenkransen
Spraken voortdurend vrolijk over mij.

Terwijl die vrolijke gesprekken klonken,
Zat een van hen daar in zichzelf gekeerd,
Haar jonge ziel in droef gepeins verzonken,
God weet door welk verdriet zij werd verteerd.

Van 't dal van Dagestan was 't dat zij droomde;
Daar lag het lichaam van een vriend, verstild;
En uit de wonde in zijn borstkas stroomde
Het trage zwarte bloed, al haast verkild.

Giacomo Leopardi

OP DE BEELTENIS VAN EEN MOOIE VROUW | uitgehouwen op een grafmonument

Zo was jij: nu lig je in
de grond als stof en bot. Op de aarde staat
alleen de starre steen die zonder zin
zwijgend de vlucht der tijden gadeslaat
en slechts herinnering
en droefheid achterlaat, verloren beeld
van schoonheid die verging. Die zoete blik,
die beven deed als hij, zoals nog steeds,
in iemands richting ging; die mond, die als
een volle vaas 't geluk
deed overlopen; die begeerde hals
zo warm en teer; die liefdevolle handen,
die door hun zachte druk
andermans handen huiverend doortrilden;
die borst, bij 't zien waarvan de
mensen zichtbaar ontkleurden en verstilden:
dat alles is nu heen
en eerloos wordt je lichaam
aan 't oog onttrokken door de stomme steen.

Tot aardgruis zonder waarde
verpulvert wat ons de eerste afdruk scheen
van 's hemels luister: oergeheim van de aarde.
Vandaag is 't beeld der schoonheid in onze ogen
een rijke bron van voelen en van denken
die nimmer op zal drogen,
een lichtglans uit den hoge
die deze woestenij nog hoop kan schenken,
een bovenaards verblijden,
een gouden zicht op werelden en tijden
die in geluk gevat
glimlachend naar ons wenken,
maar morgen blijkt dat wat
ons als een hemels beeld verschenen is
afzichtelijk tot stof
en slijk uiteen te vallen,
en dan beseffen we allen
hoe 't wonder dat ons trof
voor altijd uit ons oog verdwenen is.

Muziek laat door te zingen
onmetelijke dromen
en ijle hunkeringen
diep door de ruimten der verbeelding stromen,
zodat de mensengeest door uit te zwerven
als op een zee van lust
wegzwemmend van de kust
van louter welbehagen denkt te sterven,
maar als één vals akkoord
gevoeld wordt of gehoord,
dan ligt dat paradijs al weer in scherven.

O mens, als jij zo'n broos
en nietig stofje bent,
waarom is dan je geest zo eindeloos?
En als je 't hoogste zoekt,
hoe simpel kan dan 't laagste elk moment
aan jouw verheven denken
de diepste duisternis en wanhoop schenken?

Ik sloeg mijn armen om die schouders, keek
naar wat zich achter haar tot kijken leende,
hoe de verschoven stoel mijn blik ontweek
en zich met de verlichte muur vereende.
De lichtkracht in het lampje was versterkt,
het geeft versleten meubels niet veel kansen:
zo leek het divanleer te zijn bewerkt
om meer in geel dan donkerbruin te glanzen.
Leeg was de tafel, glad glom het parket,
de kachel leek tot schaduw te verschralen,
landschap in stoffig raam verstard – 't buffet
alleen scheen meer bezieling uit te stralen.
Een mot vliegt cirkelend de kamer rond,
hij maakt mijn blik los uit zijn starre staat en
had ooit een spook hier in dit huis gewoond,
dan heeft dat het verlaten. Het verlaten.

K'oeng Foe-Tse

EPITAAF

Aan elke sneeuw ontspruiten anemonen.
Bij oude graven worden kindren groot.
Wij die aan de aarderand bij bronnen wonen
Zien de zonsopgang voor het morgenrood.

De vloed zal steeds de barre rots ontvluchten,
De maan 's nachts vrouwen lokken aan het glas;
De herfst toont, eeuwig trots, weer purpre vruchten,
Eeuwig de krekel sjirpen zal in 't gras.

Er lopen paarden leeg met losse teugel.
Reeds waait de tijd de roem weg van de slag.
Wat blijft van 't heldendom? Een weke heuvel
Die onkruid voert als flarden van een vlag.

Joseph Freiherr von Eichendorff

DE VERLATE WANDELAAR

Waar zal ik volgend voorjaar zijn gebleven?
Vroeg ik toen ons lied door de groene dalen
En hoeden door de luchten mochten dwalen,
Want elke kruin was vol jong lenteleven.

Ik wist slechts dat de winter was verdreven,
Dat vogels van een toverland verhalen,
Rivieren zeewaarts gaan en morgenstralen
Hun rode licht voor altijd zouden geven.

Nu valt alweer de avond. De beminden
Zijn moe en hopen thuis hun rust te vinden.
De nachtwind laat verdroogde kruinen beven.

Kom toch naar huis, zo roepen avondklokken
En in mijn eenzaamheid vraag ik geschrokken:
Waar zal ik volgend voorjaar zijn gebleven?

VROUWENSMART

De maan verzinkt, de sterren slinken: haast de dageraad!
Het lampje is nog niet gedoofd, de droom wou niet gelukken.
Ze kleedt zich aan om bij de poort opnieuw weer uit te zien –
Die ochtend had de eksterroep nog zo zijn komst voorspeld!

CITERSPEL

Ze speelt de citer – kassiehouten fretten –
Met blanke handen voor de jade kamer.
Omdat ze wil dat hij naar haar zal kijken
Beroert ze af en toe een foute snaar.

GEBED TOT DE NIEUWE MAAN

Ze komt naar buiten, ziet de nieuwe maan
En daalt de treden af om neer te knielen
In stil gebed want niemand mag haar horen –
De noordenwind waait door haar gazen rok.

DE OVERWOEKERDE STADSMUUR

De wind waait door de bomen op de stadsmuur,
Het gras bedekt de paden langs de muur.
Binnen de muur is het bij volle maan
Een gaan en komen van de spoken.

Er zijn drie tijdperken in het geheugen.
Het eerste lijkt pas gisteren gebeurd.
De ziel rust onder hun heilige gewelf,
Het lichaam ligt gekoesterd in hun schaduw.
De lach is nog niet weggestorven, tranen stromen,
De inktvlek is niet van de tafel afgeveegd –
En een kus ligt als een zegel op het hart,
Onvervangbaar, onvergetelijk, een vaarwel...
Maar deze toestand duurt niet lang...
Er is al geen gewelf meer boven je, en ergens
Staat in een stille voorstad een verlaten huis,
Waar het 's winters koud is, en 's zomers heet,
Waar spinnen zijn en stof op alles ligt,
Waar vurige brieven smeulen,
En portretten heimelijk veranderen,
Waar mensen heen gaan als naar een graf
En, thuisgekomen, snel hun handen wassen,
En een verdwaalde traan wegpinken
Van de vermoeide oogleden – onder een diepe zucht...
Maar de klok tikt door, de ene lente
Vervangt de andere, de lucht wordt roze,
Steden veranderen van naam,
Er zijn al geen getuigen meer van de gebeurtenissen,
Niemand om mee te huilen, of herinneringen op te halen.
En langzaam gaan de schaduwen van ons heen,
Die wij niet langer oproepen,
Hoe vreselijk zou hun terugkeer voor ons zijn.
En, eenmaal ontwaakt, blijkt dat wij zelfs niet meer
De weg weten te vinden naar dat verlaten huis,
En, rood van schaamte en woede, rennen wij
Er heen, maar alles (als in een droom)
Is anders: mensen, dingen, muren,
En niemand kent ons – wij zijn vreemden.
Wij zijn verdwaald... Mijn God!
En dan komt het bitterste moment:
Wij worden ons bewust van de onmogelijkheid
Dat verleden plaats te geven in ons leven,
En het is ons bijna even vreemd geworden

Als voor onze buren in het huis hiernaast;
En ons bewust, dat wij de doden niet zouden herkennen,
Maar dat het hen die God van ons gescheiden heeft
Heel goed vergaan is zonder ons – en
Zelfs beter...

Hugo von Hofmannsthal

BALLADE VAN HET UITERLIJKE LEVEN

En kinderen groeien op met diepe ogen,
Die van niets weten, groeien op en sterven,
En alle mensen gaan hun eigen wegen.

En zoete vruchten rijpen uit de zerpe
En vallen 's nachts omlaag als dode vogels
En liggen een paar dagen en bederven.

En altijd waait de wind en altijd eender
De woorden die wij zeggen, die wij horen,
De loomheid en de lust in onze leden.

En straten voeren door het gras en oorden
Zijn hier en ginds, vol toortsen, bomen, vijvers,
En dreigende en totterdood verdorde...

Waarom zijn deze opgericht, en lijken
Zij nimmer op elkaar en zijn zovele?
Wat doet het lachen voor het wenen wijken?

Wat baat dit alles ons en deze spelen,
Waar wij toch groot en eeuwig eenzaam zijn
En zwervende geen enkel doel nastreven?

Wat kan zoveel aanschouwd te hebben baten?
En nochtans zegt híj veel die 'avond' zegt,
Een woord waaruit weemoed en droefheid druipt

Als zware honing uit de holle raten.

Takuboku Ishikawa

VIJF TANKA'S

Voor de grap had ik
mijn moeder op de rug genomen.
Ze was zo licht
dat ik huilde van emotie
en geen drie stappen kon doen.

Na mijn arbeidsdag
werk ik tot laat in de nacht,
en toch blijf ik arm.
Waarom zit ik zwijgend hier
en staar ik naar mijn handen?

Waar ga jij vandaag
weer naartoe, mijn vrolijk hart?
Je stok in de hand
wandel je weer heel alleen
de voordeur van mijn borst uit.

Sommige herinneringen
doen mij rillen
alsof ik
vuile sokken
aantrok.

Vergat
mijn medicijn in te nemen.
Moeder berispt mij, –
doet zo goed berispt te worden
na al die jaren...

Quintus Horatius Flaccus

ODEN I

V

Welke tengere knaap overgoten met geur
poogt in het tuinprieel onder de rozenhaag,
Pyrrha, jou te belagen?
Voor wie vlecht je het blonde haar,

argeloos prachtvertoon? Ach, menigmaal zal hij
tranen storten om trouw en grillen der goden,
zeeën zwart van de stormen
in verbijstering gadeslaan,

hij, die nu zo naïef geniet van je gouden glans,
die jou altijd verliefd, altijd de zijne waant,
niet gewend aan een windstoot.
Deerniswekkend is wie zich baadt

in jouw stralende schijn. Ik heb de tempelwand
een votiefplaat gewijd, waar ik als drenkeling
mijn druipnatte kleren
dankbaar schonk aan de god der zee.

Rabindranath Tagore

DE VEERBOOT

Een veerboot steekt de rivier over, keert weer.
Sommigen gaan naar huis, anderen gaan weg van huis.
Twee dorpen op twee oevers kennen elkaar.
Van ochtend tot avond varen mensen heen en weer.
Ergens anders grijpen zovele conflicten plaats, zovele rampen;
geschiedenis wordt gemaakt, ongedaan gemaakt, herschreven.
Schuimend op cascades van verspild bloed
zwellen en barsten gouden kronen als zeepbellen.
De recentste hunkeringen en verlangens van de beschaving
geven gif over als zoete teugen.
Hier op twee oevers staren twee dorpen naar elkaar,
hun namen vrijwel onbekend voor de grote, wijde wereld.
Dagelijks pendelt de veerboot op het water,
met sommigen die naar huis gaan, anderen die weggaan van huis.

Ik meet mijn tijd niet meer af aan klokken
maar aan het langer worden van de schaduw:
dichterbij mijn eenzaamheid, dichterbij de nacht
waarin een god de lijken van drenkelingen laat spreken.

Zie hoe de nieuwe maan 's avonds in mijn hand opkomt
en de doden hun kleren te drogen hangen.
Ach, wilde een van hen maar mijn gezicht verfrommelen
zodat ik mij niet meer hoef te herkennen.
Zij ligt nog op het bed met de afdruk van haar minnaars handen
en haar liefdesnacht duurt in alle eeuwigheid.

Clive Staples Lewis

SONNET

De sterren komen op. De tuinen geuren
vol schaduwen, het is hier stil en goed,
je hoort een vleermuis die zijn ronde doet,
en nachtvlinders die zacht en zoemend zeuren;
gloeiwormpjes kruipen rond met glinsterkleuren.
En nu een kamer die mijn rust behoedt,
met kussens om te slapen, diep en zoet,
met lakens koel en wit. Dan kan gebeuren
dat ik daar kom waar men papaver strooit
en met een toverspons twaalf hele uren
wegveegt, als was het niets. Waarom dan nooit
een jaar, waarom kan dit niet langer duren
tot pijnloos duizendmaal een dag verglijdt,
en dan – waarom niet tot in eeuwigheid?

Peter Hille

HYMNE AAN DE DOMHEID

Domheid, verheven godin,
Heilige patrones,
Gij die op gouden troon –
Op uw laag voorhoofd de fonklende kroon,
Stompzinnig verheven, lachend
Met heel uw brede gezicht –
Koninklijk zetelt:
Zie met vriendelijke ogen neer
Op uw trouwe, uw eigen
U na-dommende kinderen.
Domheid, verjaag uit het land
Kunstenaars, dichters en denkers,
Onze verachters;
Vernietig de boeken – vernietig
Droomboek en rekentabel,
Maar spaar, zo smeken wij u:
'Weten en Kunnen', spaar ons 'De Lach'!
Dan zullen wij u een ezeltje brengen,
Uw lievelingsdier,
Uw lieve, zachte, domorige
Lievelingsdier,
En een gouden voerbak erbij
En een purperen laken van distels.

Else Lasker-Schüler

VERZOENING

Er zal een grote ster in mijn schoot vallen...
Laten we waken vannacht,

In de talen bidden
Die als harpen zijn ingekerfd.

Laten we ons verzoenen vannacht –
Er stroomt zo veel God over.

Kinderen zijn onze harten,
Die zoet en moe willen rusten.

En onze lippen willen elkaar kussen,
Waarom aarzel je?

Grenst mijn hart niet aan het jouwe –
Altijd kleurt je bloed mijn wangen rood.

Laten we ons verzoenen vannacht,
Als wij liefkozen, sterven we niet.

Er zal een grote ster in mijn schoot vallen.

Hesiodos

DE DOOS VAN PANDORA

Vertoornd sprak toen tot hem de wolkengaarder Zeus:
'Jij zoon van Iapetos, in denkkracht aller meester,
je bent nu blij dat je het vuur gestolen hebt,
mijn geest te slim bent af geweest – wat voor jezelf
een grote ramp wordt en voor komende geslachten.
'k Geef hun als boete voor dat vuur een vloek die allen
de ziel verblijdt, als zij hun eigen vloek omarmen!'
Zo sprak hij en hij lachte luid, der goden en
der mensen vader, en hij gaf Hèphaistos opdracht,
god hoogvermaard, meteen een mengsel aarde en water
te kneden, en het mensenspraak en -kracht te geven,
en het van aangezicht te doen gelijken op
de eeuwige godinnen, zodat zij zou hebben
't verleidelijk mooie uiterlijk van een jong meisje.
Athene moest haar bezigheden leren: weven
van kunstig weefsel; en de gouden Aphrodite
moest gratie gieten om haar hoofd en pijnlijke
begeerte en de smarten die het lijf verteren.
Een hondse geest en gluiperige aard moest Hermes,
Geleider, Argos' moorder, in dit wezen leggen.
Zo sprak hij en zij luisterden naar heerser Zeus,
de zoon van Kronos; de vermaarde Krombeen vormde
meteen uit aarde iets als een meisje, eerbied wekkend,
naar 't raadsbesluit van Kronos' zoon, en de godin,
Athene met haar schitterend oog, gaf haar een gordel
en schonk haar luister; goddelijke Gratiën
en de verheven Peithoo hingen gouden snoeren
rondom haar lichaam en de schoongelokte Horen
bekransten haar met lentebloemen in het rond.

Pallas Athene schikte heel die fraaie luister
aan haar tot een geheel; Geleider, Argos' moorder
schiep in haar borst naar 't raadsbesluit van Zeus die dreunt
leugens en vleitaal en een gluiperige aard.
Maar ook kreeg zij de klank der stem van hem, heraut
der goden, en hij gaf als naam aan deze vrouw
Pandora; alle goden immers die hun woning
op de Olympus hebben hadden haar geschonken –
als gave én als ramp voor het brood etend mensdom.

Ondanks Prometheus' waarschuwing aanvaardt zijn domme broer Epimetheus het geschenk uit handen van Zeus. Doordat de vrouw het vat met gruwelen opende, worden de mensen sindsdien bezocht door allerlei plagen, al kunnen zij ze tot hun geluk niet zien aankomen.

'Wat is er heerlijker dan lust en tweespraak, tuin en lente –'
Waar is het, schenker? Spreek! Wat is de reden voor dit beiden?

'Neem elk tijdstip heerlijkheid in handbereik te baat.
Niemand heeft er weet van hoe zijn arbeids uitkomst luidt.

De levenssamenhang is aan een haar gebonden. Heb
verstand – meelijden met uw zelf. Wat ís het 'leed der tijden'...

Het Eeuwig-Levenswater, Irams weeldehof van Eden –
wat betekent het, dan: beeklandschap, dan: wijn die streelt?'

Daar kuis en dronken beiden één geslacht toe horen – wiens
behaagzucht dient mijn hart geschonken – wat heet: vrije wil?

Het omsluierde geheim... Wat weet de hemel... Stil...
Ach klager, wat geldt uw geschil met die 't gordijn bedient?

Zijn fout en flater van de slaaf niet wat zijn faam verdient –
beduidt vergeving en genade des Erbarmers iets?

De wijn der Paradijsbron wou de vrome; Hafiz, glazen.
Wie van beiden wordt het, die de Schepper uitverkiest?

Albert Samain

DE TOREN

Waar van mijn gouden twaalf paleizen geen voldoet,
geen dag mijn koninklijk gemoed nog kan bekoren,
heb op een avond ik mijn marmren troon voorgoed
doen plaatsen op het hoogste van mijn hoogste toren.

En daar, verheven boven mensen en gedrang,
leef ik alleen in 't stil azuur, en onbewogen
aanschouw ik hoe zonsopgang en zonsondergang
zich spieglen in 't verlaten water van mijn ogen.

Ik leef verbleekt, de smaak van sterven in mijn mond.
Onder mijn voeten slaapt de Aarde als een hond,
terwijl mijn handen 's nachts tussen de sterren waren.

Niets heeft mijn eeuwig starende ogen afgeleid;
niets heeft mijn lege hart vervuld, waar wijd en zijd
slechts dromen op de zee van mijn verveling varen;

de Leegte heeft mijn ziel doen worden als de hare.

Yosa Buson

ZES HAIKU'S

Op de tempelklok
zit het kleine vlindertje
rustig te slapen.

Bovenop het dak
ligt een natte kinderbal
in lenteregen.

In deze stilte
staan de toppen der wolken
in 't hart van het meer.

Het sneed door mij heen;
bij het bed van mijn dode vrouw
trapte ik op haar kam.

Gij moet blijven. Ik
moet gaan. Heden is tweemaal
de herfst begonnen.

Wat een koud geluid
als de pootjes van een rat
trippelen op een bord.

Anoniem

EN GEEN SOLDAAT MEER ZIJN

Zovele schrale meisjes. Ontloofd
als jonge boompjes. – Allen ga ik ze voorbij,
want allen staan ze rij aan rij
en hoofd aan hoofd.

Wat kunnen mij thans nog de goden schelen,
en in mijn dorpje 't avondrood?
Ik heb honderd wonden en niets meer kan ze helen.
Ik heb de dood gezien zo dikwijls en zo groot.

Ogen van kinderen zijn als gouden regen.
Voorzichtig dragen zij de bekers wijn.
Ik wil mij te slapen leggen op publieke wegen
en geen soldaat meer zijn.

François Villon

BALLADE VAN DE MOLLIGE MARGOT

Ik min haar en ik dien haar met plezier,
ben ik daarom soms dwaas of zonder eer?
Ik ben haar kamerdienaar en cipier
en voor haar liefde grijp ik schild en speer.
Komen er klanten, dan legt zij zich neer;
ik neem zolang de wijnkruik op mijn schoot.
Ik breng hen water, kaas of fruit en brood.
En als ze goed betalen zeg ik: vriend,
kom weer wanneer de bronst u daartoe noodt,
in dit bordeel dat ons tot woning dient.

Soms, als Margot uit bed komt zonder geld,
maak ik me kwaad... Zo maakt ze mij tot schand!
Dan haat ik haar, dan bulder ik en scheld
en neem haar keurslijf en haar jak ter hand
en schreeuw dat ik die houd als onderpand.
Dan gaat zij als een dollevrouw te keer
en vloekt zelfs bij de kruisdood van de Heer!
Vervolgens sla ik haar, dat is verdiend...
Maar waar ik haar ook sla, zij slaat mij weer
in dit bordeel dat ons tot woning dient.

Dat lucht ons op... Ik laat een harde wind
die als een mesttor stinkt door heel ons kot.
Ze lacht erom en knijpt mij welgezind
in bil en been en buik en noemt mij zot.
En dronken slapen wij als een marmot...
En na ’t ontwaken zoekt zij haar verblijf
boven op mij... want in haar mollig lijf
rust onze vrucht, die tere zorg verdient.
Ik steun en kreun onder dat warm bedrijf
in dit bordeel, dat ons tot woning dient.

ENVOOI
Vorst, hagel, sneeuw en storm gaan mij voorbij.
Ik dien de ontucht en de ontucht mij...
Luid lach ik om de huwelijkse staat:
lood om oud ijzer! Geld om liefdesdaad!
Oneerbaarheid is mijn geëerde vriend...
Naar eer verlang ik niet, mij telt de baat
in dit bordeel dat ons tot woning dient.

Georg Trakl

KASPAR HAUSER LIED | voor Bessie Loos

Hij had waarlijk de zon lief, die purper de heuvel afdaalde,
De paden van het bos, de zingende lijster
En de vreugde van het groen.

Ernstig was zijn wonen in de schaduw van de boom
En zuiver zijn gelaat.
God sprak een tere vlam tot zijn hart:
O mens!

Stil vond zijn stap de stad in de avond;
De donkere klacht van zijn mond:
Ik wil een ruiter worden.

Hem echter volgden struik en dier,
Huis en schemertuin van witte mensen
En zijn moordenaar zocht naar hem.

Voorjaar en zomer en mooi de herfst
Van de rechtvaardige, zijn stille stap
Langs de donkere kamers van dromenden.
’s Nachts bleef hij met zijn ster alleen,

Zag dat sneeuw viel in kale takken
En in de schemerende hal de schim van de moordenaar.

Zilver verzonk het hoofd van de ongeborene.

Emile Verhaeren

DE VEERMAN | voor Camille Lemonnier

De veerman, riemen in de handen,
al heel de tijd in strijd stroomop,
een halm groen riet tussen de tanden.

Maar ach, zij die hem riep,
ginds aan de overzij, over de golven,
en almaar verder, ver over de golven,
zij week in nevelwolken.

De vensterramen met hun ogen,
de torenwijzers op de oever
zagen hem slaven en sloven,
zijn hele lijf gekromd, geplooid,
over de woeste golven.

En plots een riem die brak,
de stroom joeg het stuk wrak
op snelle golven naar de zee.

En zij die naar hem riep,
leek ginder ver in wind en mist
nog wilder met de arm te zwaaien
naar hem die niet te naderen wist.

De veerman, met de riem die overbleef,
begon zo hard te zwoegen nu
dat heel zijn lijf van moeite kraakte,
zijn hart van koorts en angsten rilde.

En eensklaps brak het roer,
de stroming voer
het dode wrakhout naar de zee.

De vensterramen op de oever
als ogen groot en koortsig,
de torenwijzers als verweesde
mijlpalen langs de waterkant:
ze volgden stijf en star
de dwaze man die onverzettelijk
zijn dwaze tocht toch verderzet.

En zij die ginder naar hem riep
gaf in de mist een schreeuw, een schreeuw
de blik vol angst gericht
op water zonder einde, zonder zicht.

De veerman als een man van staal,
lijkbleek, rechtop, te midden van de storm,
één riem nog in de hand:
hij beukte op de golven, hield toch stand.
Zijn oude zienersogen
doorzochten de spokige ruimte
vanwaar hem steeds de stem bereikte,
een jammerklacht onder een kille lucht.

De laatste roeiriem brak
en als een strohalm bracht
de stroom hem jachtig naar de zee.

De veerman liet de armen hangen
en dof bezweek hij op zijn bank,
vergeefse moeite brak zijn lenden.
Een schok bracht toen zijn sloep op drift,
hij zag de oever achter zich:
hij was niet eens van wal gestoken.

De vensters en de torenwijzers
met ogen groot en strak
waren getuige van zijn laatste ijver;
de veerman oud en taai
hield – God mag weten voor hoelang – toch nog
de halm groen riet tussen de tanden.

Francesco Petrarca

CANZONIERE 267

Ach mooi gelaat waarin de ogen straalden,
ach tred en houding, sierlijk en vol kracht!
Ach stem die harde harten heeft verzacht
en 't beste in de mens naar boven haalde!

Ach lieve glimlach die mijn lot bepaalde
en mij een dodelijke wond toebracht!
Verheven ziel, bestemd tot grote macht
als u in beter tijden naar ons daalde!

U bent de vlam die mij heeft aangedreven,
u bent de adem die mij leven doet.
Nooit zal ik dit verlies te boven komen.

De laatste maal dat ik u zag, bij leven,
hebt u mijn hoop met tederheid gevoed.
De wind heeft onze woorden meegenomen.

Giuseppe Ungaretti

IK BEN EEN SCHEPSEL | Valloncello di Cima Quattro, 5 augustus 1916

Als deze steen
van de S. Michele
zo koud
zo hard
zo uitgedroogd
zo weerbarstig
zo geheel en al
onbezield

Als deze steen
is mijn gehuil
dat niet te zien is

De dood
betaal je
levend af

Matsuo Bashō

ZES HAIKU'S

O, oude vijver!
Een kikvors springt van de kant,
geluid van water.

Afscheid van 't voorjaar:
de vogels schreien; tranen
in 't oog van de vis.

Ik stond in de tempel
en keek naar de maan,
met mijn werkelijk gezicht.

Een fazant, die schreeuwt;
naar vader en moeder, die
dood zijn, verlang ik.

Namiddagstilte!
Het sjirpen van de krekels
dringt door de rotsen.

In de winterzon
op mijn paard vastgevroren
zit mijn schaduwbeeld.

Baba Tahir

TWEE KWATRIJNEN

Uw zwarte haren speelden langs uw wangen.
'k Werd door een zwoele nardusgeur bevangen,
En zag te laat aan iedere zijden lok
De scherven van verliefde harten hangen.

Die nooit van 's Hemels kennis wilden horen,
Nooit in de herberg hun verstand verloren,
Wat weten zij van winst of van verlies?
Zij worden niet vervloekt en niet verkoren.

Er zijn ziekten erger dan ziekten,
Er zijn pijnen die geen pijn doen, zelfs niet in de ziel,
Maar pijnlijker dan alle andere.
Er zijn gedroomde angsten, werkelijker
Dan die welke het leven met zich brengt, er zijn gevoelens
Die men voelt alleen door ze te denken
En die meer de onze zijn dan 't leven zelf.
Er zijn zo vele dingen die, zonder bestaan,
Bestaan, die tergend traag bestaan
En tergend traag de onze zijn, de onze en onszelf...
Boven het troebel groen van de brede rivier
De witte circumflexen van de meeuwen...
Boven de ziel de nutteloze wiekslag
Van wat niet was, ook niet kon zijn, en alles is.

Geef mij nog wat wijn, want het leven is niets.

Boris Leonidovitsj Pasternak

HAMLET

De zaal werd stil. En ik sta op de planken,
Ik draal nog even leunend aan de deur.
En ik vang op in verre echoklanken
wat in mijn leven om mij heen gebeurt.

De nacht, het duister sluipen starend nader
en duizenden binocles draaien aan.
Indien het mogelijk is, abba, vader,
laat deze beker ditmaal langs mij gaan.

Ik hoef mij niet voor deze rol te schamen,
ik heb jouw eigenzinnig oogmerk lief,
maar wat nu gaat, dat is een ander drama
en liever zag ik, dat je mij onthief.

De vijf bedrijven volgen vaste regels
en onafwendbaar eindigt ieder ding.
Ik ben alleen. En alles wordt gehuichel.
Het leven leven is geen wandeling.

De hoogste volkomenheid gelijkt het water –
niets valt af te dingen op het water:
het is van nut voor alle mensen,
maar het gaat daar niet prat op.
Het is te vinden op plaatsen,
die iedereen verafschuwt
en daarmee bewijst het, dat het
zich bijna op de ware weg bevindt.

Zoals: een stevig fundament bij het wonen,
zoals: goedheid bij het geven,
zoals: ernst bij het streven,
zoals: redelijkheid bij het denken,
zoals: zorgvuldigheid bij het regeren,
zoals: bekwaamheid bij het volbrengen,
zoals: het juiste moment bij het beginnen.

Omdat het zich niet gelden laat en niet opspeelt,
is het onberispelijk.

Anoniem

ZEVEN SENRYŪ'S

Langzaam verschrompelt
de hogepriester, maar op
zo'n mooie manier.

Op weg naar zijn dood
deed hij een stap opzij voor
de modder op straat.

Al wou je ook maar
één enkele meloen stelen –
't hele veld beweegt!

Wanneer de bisschop
ooit eens een wind laat, heeft hij
er geen gelaten.

De aankomstlijn:
omdat hij de laatste is,
hinkt hij.

Het raam opengooiend –
de eigenaar van het huis wil hem
ook het uitzicht verkopen.

Toen men haar als 'Mevrouw' aansprak,
kocht zij iets
dat dubbel zo duur was.

Charles Baudelaire

SPLEEN

De regenmaand die heel de stad haar wrevel toont,
Giet uit haar kruik een grote plens van zwarte kilte
Over 't nabije kerkhof met zijn schimmenstilte,
En zorgt voor dood in buurten waar de armoe woont.

Mijn kat die een plavuis als ligplaats zoekt, draait ook
Al woelziek met zijn lijf, geplaagd door schurft en schraalte;
Een oude dichtersziel die in de goot verdwaalde,
Prevelt de trieste woorden van een kleumend spook.

De beiaard klaagt, het rokend houtblok begeleidt
Met zijn falset de klok die aan verkoudheid lijdt,
Terwijl in een spel kaarten met een muffe lucht,

Noodlottig erfgoed van een wijf met waterzucht,
De schoppendame en de mooie hartenboer
Duister verslag doen van hun laatste *grand amour*.

Nguyên Trãi

EEN PLOEG EN EEN SPADE

Een ploeg en een spade, dat is alles,
een rij chrysanten, en orchideeën,
een lapje grond om bonen te planten: meer heb ik niet nodig.
Vrienden komen, vogels zingen en bloemen wuiven: welkom!
De maan stapt met me mee als ik water haal voor de thee.
De oude Po Yi bleef zuiver en bleef blij,
Yen-tzu bleef arm en hield ervan.
Laat de wereld zich maar druk maken,
ik hoef geen lof, ik ben spotdoof.

Insomnia. Homerus. Alle zeilen strak.
Ik las de lijst der schepen door tot halverwege:
Als kraanvogels in lange rijen opgestegen
Trok het konvooi uit Hellas over 't watervlak.

Die stoet van kraanvogels die koerst naar een ver land
De vorstenhoofden glanzend van het schuim der goden
Had iets, Achaeërs, u naar deze stad geboden
Als Helena niet eerst in Troje was beland?

Homerus en de zee: liefde drijft alles, iedereen.
Wie zegt me wat te doen, nu zelfs Homerus zwijgt.
De zwarte zee, die oorverdovend brult en dreigt,
Spoelt weldra met geraas over mijn kussen heen.

Penǒ Petkov Slavejkov

OP EEN KRUISPUNT

Ik stopte op een kruispunt. Naar drie zijden
strekten zich drie wegen in de verte uit.
Aan het begin van elke weg stond er ook een opschrift:
Naar zichzelf. Naar de anderen. De middenweg.
En ik keerde terug van waar ik halt hield –
en tot nog toe ging ik slechts op wegen,
die slechts begaanbaar schijnen,
maar waarop men geen uitweg ziet.

Jorge Luis Borges

DE WROEGING

Ik heb de ergste zonde begaan
Die een mens begaan kan. Ik ben niet
Gelukkig geweest. Laat de meedogenloze gletsjers
Der vergetelheid me meesleuren en verzwelgen.
Mijn ouders hebben me verwekt voor het
Hachelijke, prachtige spel van het leven,
Voor de aarde, het water, de lucht, het vuur.
Ik heb ze bedrogen. Ik ben niet gelukkig geweest.
Hun prille wens is onvervuld gebleven.
Mijn geest heeft zich toegelegd
Op de symmetrische disputen van de kunst,
Die futiliteiten vlecht. Ze hebben me moed vermaakt.
Ik ben niet moedig geweest. Nooit wijkt van mijn zijde
De schaduw van de ongelukkige die ik ben geweest.

Ik zat op een steen
En sloeg been over been.
Daarop leunde ik mijn elleboog
Terwijl ik op mijn handen woog
Met mijn kin en met mijn wang.
Toen dacht ik diep en lang
Hoe je in de wereld moet leven
En geen raad kon ik geven
Hoe je drie dingen moet verwerven
Zonder één ervan te derven.
Twee ervan zijn eer en overvloed,
Waarbij het ene het andere schade doet;
Het derde is Gods genade,
Die meer waard is dan beide samen.
Ik had ze graag in een schrijn
Maar het kan helaas niet zijn
Dat bezit en wereldse eer
En Gods genade te meer
In één hart samenkomen.
Brug en weg zijn hen ontnomen,
Hen belaagt het verraad,
Geweld woedt op de straat,
Vrede en recht vergaan van pijn.
De drie dingen zijn niet veilig eer die twee weer beter zijn.

Guillaume Apollinaire

EEN PRACHT VAN EEN ROSSIGE VROUW

Hier sta ik dus voor u een man van veel vernuft
Die het leven kent en van de dood al wat een levende kan weten
Die het verdriet en genot van de liefde heeft ervaren
Die weleens een ideetje heeft kunnen lanceren
Die een paar talen kent
Die flink veel heeft gereisd
Die getuige was van de oorlog als artillerist en infanterist
Die gewond is geraakt aan zijn hoofd getrepaneerd onder chloroform
Die zijn beste vrienden in de vreselijke strijd verloor
Ik weet van nieuw en oud al wat één mens kan weten van die twee
Ik laat de oorlog voor vandaag even de oorlog
Nu ik onder ons en voor ons vrienden
Mijn oordeel geef over die lange strijd tussen traditie en inventie
    Tussen de Orde en het Avontuur

Jullie wier mond is gemaakt naar het beeld van die van God
Mond die de orde zelf is
Wees mild als jullie ons vergelijkt
Met hen die de perfectie van de orde waren
Wij die overal op zoek zijn naar het avontuur

Wij zijn geen vijanden van jullie
Wij willen jullie vreemde weidse gebieden schenken
Waar het bloeiende mysterie zich aandient bij ieder die het plukken wil
Er zijn daar nieuwe vuren nooit geziene kleuren
Talloze ongrijpbare droombeelden
Die we werkelijkheid moeten schenken
Wij willen de goedheid verkennen een enorm terrein waar alles zwijgt
En ook is er de tijd die we weg kunnen jagen of terug laten komen
Heb meelij met ons die steeds strijden op de scheidslijnen
Van het oneindige en de toekomst
Heb meelij met ons dwalen meelij met onze zonden

Haast zomer het seizoen van gewelddadigheden
De lente en mijn jonge jaren zijn volbracht
O Zon het is de tijd van vlammend hete Rede
    En ik wacht
Met haar voorgoed te volgen tot ze zacht en wijzer
Geworden is zodat ik enkel van haar hou
Ze komt en trekt me aan zoals magneten ijzer
    En kijk ze blijkt een pracht
    Van een rossige vrouw

Haar haren zijn van goud ze lijken
Een fraaie lichtflits die blijft duren
Of van die vlammetjes die prijken
Op rozen in hun laatste uren

Maar lach lach om mij
Mensen van overal vooral mensen van hier
Want er zijn zoveel dingen die ik jullie niet durf te zeggen
Zoveel dingen die jullie me niet zouden laten zeggen
Heb meelij met mij

Wystan Hugh Auden

MUSÉE DES BEAUX ARTS

Wat het lijden betreft vergisten zij zich nooit,
De Oude Meesters: hoe goed begrepen zij
Zijn menselijke rang; hoe het plaatsheeft
Terwijl iemand anders aan het eten is of een raam opent of net traag voorbijloopt;
Hoe, terwijl de oudere mensen eerbiedig, vol hartstocht
Op de wonderbaarlijke geboorte wachten, er altijd
Kinderen zijn die niet per se wilden dat het gebeurde, schaatsend
Op een vijver aan de rand van het bos;
Zij vergaten nooit
Dat zelfs het verschrikkelijke martelaarschap zich moet voltrekken
Ergens in een hoek, op een rommelige plek
Waar de honden doorgaan met hun hondse leven en het paard
Van de beul zijn onschuldige billen schurkt aan een boom.

Op Breughels Icarus, bijvoorbeeld: zoals alles zich
Op zijn dode gemak van de ramp afkeert; de man achter de ploeg
Zou de plons gehoord kunnen hebben, de verloren kreet,
Maar voor hem was het geen belangrijk fiasco; de zon scheen
Zoals het moest op de witte benen die verdwenen in het groene
Water; en het kostbare, fragiele schip dat iets merkwaardigs
Gezien moet hebben, een jongen die uit de hemel viel,
Moest ergens heen en zeilde rustig door.

Ik zei haar dat de stoepen smerig waren,
De mensen somber, en bewolkt de luchten,
Dat weemoed en verdriet mijn hart bezwaren,
Dat al die saaie dagen mij doen zuchten,
Dat alles – schouwburg, bals – mij tegenstaat...
    'O, inderdaad?'

Ik zei dat cholera de steden kwelde,
– Veel mensen stervend, anderen gestorven... –
En dat de poëzie bij ons niet telde,
Dat veel talent door drankzucht werd bedorven,
Dat men hier doelloos door het leven gaat...
    'O, inderdaad?'

Ik zei: uw broer gaat er een eind aan maken,
Hij heeft zich op het slechte pad begeven...
Ik zei: U moet er niet van streek door raken,
Maar uw papa liet hedennacht het leven,
De opgeroepen dokter kwam te laat...
    'O, inderdaad?'

Paul Verlaine

| Het regent zachtjes op de stad. *Arthur Rimbaud*

Weer huilt het in mijn hart
Zoals het buiten regent;
Wat voor gevoel zo zwart
Dringt binnen in mijn hart?

O zacht regengeluid
Op straat en op de daken!
Voor mijn landerigheid
O dat zingend geluid!

't Huilt zomaar in dit hart
Dat zichzelf niet kan harden.
Wat! Geen die jou verraadt?...
Dit hart huilt zomaar wat.

Dit is het ergste lijden,
Dat ik niet weet waarom –
Liefde of haat, geen van beide –
Mijn hart toch zo moet lijden!

Ted Hughes

HOE WATER BEGON TE SPELEN

Water wilde leven
Het ging naar de zon en keerde schreiend terug
Water wilde leven
Het ging naar de bomen die ze verbrandden
En keerde schreiend terug
Ze verrotten en het keerde schreiend terug
Water wilde leven
Het ging naar de bloemen ze verwelkten
Het keerde schreiend terug
Het wilde leven
Het ging naar de schoot het ontmoette bloed
Het keerde schreiend terug
Het ging naar de schoot het ontmoette het mes
Het keerde schreiend terug
Het ging naar de schoot en vond maden en vergankelijkheid
Het keerde schreiend terug het verlangde te sterven
Het ging naar de tijd ging door een stenen deur
Het keerde schreiend terug
Het ging op zoek in de ruimte naar het niets
Het keerde schreiend terug het verlangde te sterven

Tot het geen traan meer overhad

Het lag op de bodem van alle dingen

Volkomen verweerd en moe   volkomen helder

Anoniem

IN DE KROEG | uit 'Carmina Burana'

Als wij in een kroeg vertoeven,
kan de dood ons niet beproeven,
maar verlangen wij te spelen,
want dat zal ons nooit vervelen.
Wat ons in een kroeg kan boeien,
waar het geld de wijn laat vloeien,
moeten wij hier onderzoeken,
hoor, het staat niet in de boeken.

Zie ons drinken, zie ons spelen,
zie ons kijven en krakelen.
Van degenen die er gokken,
zijn er veel die moeten dokken:
sommigen winnen mooie pakken,
anderen druipen af in zakken.
Hier vreest niemand voor zijn leven,
nee, hier wordt het glas geheven.

Eerst op wie de wijn betalen,
waaraan wij ons hart ophalen.
Eenmaal op de bajesklanten,
driemaal ook op ons, vaganten,
viermaal op de christenzielen,
vijfmaal op wie ons ontvielen,
zesmaal op de valse nonnen,
zeven op de straatbaronnen.

Achtmaal op verlopen fraters,
negen op verdoolde paters,
tienmaal op de varensgasten,
elfmaal op de bulderbasten,
twaalfmaal op de boetelingen,
dertien op de vreemdelingen.
Zo op paus als koning klinken
allen zonder te verpinken.

Mannen drinken, vrouwen drinken,
rauwen drinken, flauwen drinken,
zij hier drinken, die daar drinken,
knechten en ook meiden drinken,
vluggen drinken, manken drinken,
zwarten drinken, blanken drinken,
rechten drinken, krommen drinken,
slimmen drinken, dommen drinken.

Armen en bedrukten drinken,
stakkers en mislukten drinken,
jongen drinken, grijzen drinken,
vromen drinken, wijzen drinken,
zusters drinken, broeders drinken,
grootmoeders en moeders drinken,
mannen drinken, vrouwen klinken,
honderd klinken, duizend drinken.

Amper zes florijnen kunnen
hun genoeg voldoening gunnen,
als zij allen buiten zinnen
drinken, zij 't ook blij van binnen.
Ons verachten alle mensen,
die de wijndrinkers verwensen.
Mogen al wie ons verachten
in de heetste hel versmachten.

Sophocles

LIED VAN DE MENS

Veel is vreemd op deze wereld
niets is vreemder dan de mens.
Hij reist over de witte zee: bij storm
en ontij reist hij langs de hoge golven.
Jaar na jaar mat hij de aarde af
godin van alle goden – onsterfelijk en onvermoeibaar.
Hij ploegt: de beesten trekken de voren.

Hij vangt de vogels in zijn netten
het wild – de vissen in zijn mazen.
Hij is vernuftig: met zijn kunst
temt hij de geiten uit de bergen.
De paarden met hun wilde manen
en de stier legt hij het juk om
sterk en onverzettelijk.

Hij spreekt hij denkt snel als de wind.
Hij maakt wetten voor de stad.
Hij beschermt zich tegen koude
regen en bliksem. Hij weet raad op alles:
radeloos zal hij wel nooit meer zijn.
Ongeneeslijk ziek geneest hij zich.
Alleen de dood ontkomt hij niet.

Met zijn kunst groter dan verbeelding
– zijn vernuft – wil hij vandaag het kwaad
en gisteren het goed. Eert hij de wetten
en de goden dan is zijn stad groot.
Is hij driest dan vergaat zijn stad:
dan is hij mijn vriend niet meer –
dan wijs ik hem uit mijn huis.

REGISTER

REGISTER INLEIDENDE GEDICHTEN

www.lannoo.com
www.boekenwereld.com

Vormgeving Dooreman
Zetwerk Mario Debaene

Voor Nederland: Atlas, Amsterdam
D/2005/45/482
ISBN 90 774 4132 8
NUR 306